简明内蒙古地方史

本书编写组

A Brief History
of Inner Mongolia

人民出版社

责任编辑：任　宗
封面设计：汪　阳
版式设计：王欢欢
责任校对：史伟伟

**图书在版编目（CIP）数据**

简明内蒙古地方史／本书编写组　著 . — 北京：人民出版社，2022.11
ISBN 978－7－01－025089－2

I. ①简⋯　II. ①本⋯　III. ①内蒙古－地方史　IV. ① K292.6

中国版本图书馆 CIP 数据核字（2022）第 173824 号

简明内蒙古地方史
JIANMING NEIMENGGU DIFANG SHI

本书编写组

人民出版社 出版发行
（100706　北京市东城区隆福寺街 99 号）

北京雅昌艺术印刷有限公司印刷　新华书店经销

2022 年 11 月第 1 版　2022 年 11 月北京第 1 次印刷
开本：710 毫米 ×1000 毫米 1/16　印张：22.5
字数：252 千字

ISBN 978－7－01－025089－2　定价：58.00 元

邮购地址 100706　北京市东城区隆福寺街 99 号
人民东方图书销售中心　电话（010）65250042　65289539

# 前　言

　　习近平总书记强调，我国辽阔疆域是各民族共同开拓的，我们悠久的历史是各民族共同书写的，我们灿烂的文化是各民族共同创造的，我们伟大的精神是各民族共同培育的。我国是统一的多民族国家。在五千多年的文明历史中，各民族交往交流交融，追求国家大一统、推进民族大融合始终是历史发展的主流。中华民族多元一体是一个显著特征，各民族不断交融汇聚，熔铸形成了你中有我、我中有你、血脉相连、不可分割的多元一体的中华民族。特别是近代以来，在反帝反封建、争取国家独立和民族解放的伟大斗争中，各族人民血流到了一起，心聚在了一起，守望相助、并肩作战，中华民族自我意识真正觉醒，实现了从自在到自觉的伟大转变。一部中国史，就是一部各民族交融汇聚成多元一体中华民族的历史，就是各民族共同缔造、发展、巩固统一的伟大祖国的历史。

　　地处祖国北部边疆的内蒙古，幅员辽阔，横跨"三北"，外接俄蒙，历史上就是多民族聚居区域。在古代，是农耕文明与游牧文明交叠交汇的"滩头"，是不同民族交往交流交融的热土，是不同文化碰撞融合的舞台。众多的氏族、部落，以及匈奴、东胡、乌桓、鲜卑、柔然、突厥、回鹘、契丹、蒙古、满、汉

1

等，在这片土地上往来兴替、繁衍生息。虽不免时有冲突，但始终改变不了和平交往的主流。各民族的互学互鉴互融互通从未止步，为中华民族的形成和兴盛作出了重要贡献。从西辽河流域的红山文化到黄河流域的仰韶文化，从赵武灵王胡服骑射到北魏孝文帝汉化改革，从昭君出塞和亲到匈奴内迁归汉，从汉武帝经略广袤北疆到忽必烈建立大一统元朝，从"走西口"到"旅蒙商"，长城两边各民族之间交往交流交融从未间断，共同构筑了中华民族共同体诞育、形成、发展和巩固的历史发展进程。

近代以来，救亡图存成为中华民族面临的重大课题。在抵御外敌侵略、推翻三座大山的革命历程中，内蒙古各族人民日益深刻认识到，只有中国共产党的领导，只有与全国各族人民一起共同奋斗、共求解放，才有前途和希望。在中国共产党的领导下，内蒙古各族人民同仇敌忾、共御外辱，彻底摆脱了民族压迫和阶级压迫，为维护祖国统一、建立新中国作出了重要贡献。作为我们党领导建立的第一个省级少数民族自治区，内蒙古是党的民族区域自治制度最早付诸实施的地方。在中国共产党民族政策指引下，内蒙古开启了繁荣发展的新纪元，建立起平等团结互助和谐的社会主义新型民族关系，书写了"最好牧场为航天"、"三千孤儿入内蒙"、"克服困难捐粮畜"、"齐心协力建包钢"等体现家国一体、各族同心的历史佳话，以经济发展、社会稳定、民族团结、边疆安宁的发展建设成效，赢得并呵护了"模范自治区"的崇高荣誉。

事实证明，没有中国共产党的领导，就没有内蒙古的巨大发展成就，更不会有各族人民团结进步、繁荣发展的大好局面。这是历史的必然结果，也是现实的深刻启示。今天的内蒙古，各民族守望相助、其乐融融，像石榴籽一样紧紧抱在一起，共同守卫祖国边疆，共同创造美好生活。

历史是最好的教科书。自治区党委宣传部组织编写的《简明内蒙古地方史》，坚持以习近平新时代中国特色社会主义思想为指导，深入贯彻习近平总书记关于加强和改进民族工作的重要思想和关于历史的重要论述，深入挖掘自古以来内蒙古大地上各民族"一起走过"、"一起走来"的历史事实，生动展现各民族交往交流、共生共享等"一起生活"的现实经历，客观展示各族人民"共同建设"、"共同开发"的生动实践，以丰富的史实、严密的逻辑，证明各民族始终你中有我、我中有你、谁也离不开谁的不易真理。

"内蒙古"这一概念并非古已有之，而是清代以后逐渐形成的。我们讲述内蒙古地区的历史，是以今天内蒙古自治区的行政区划为研究的地理范畴，把我国历史上各个时期在这个区域内发生的事件，都作为本书叙述和研究对象。当然，在涉及我国古代具体历史事实、人物和个别政权的时候，不可避免谈及周边地区。

《简明内蒙古地方史》共五个篇章，上起远古、下讫中华人民共和国成立，按照历史发展阶段，分别是远古至秦汉时期、魏晋南北朝隋唐时期、辽宋夏金元时期、明至清中期、晚清民国时期，充分运用历史文献、考古实物、文化遗存等，全面系统、科学准确地反映内蒙古地区从史前至中华人民共和国成立的历史发展脉络，展现内蒙古地区悠久的历史和厚重的人文底蕴，展现内蒙古在我们统一多民族国家形成发展中的地位和作用，力求以鲜活的历史教育引导各族人民牢固树立正确的中华民族历史观，铸牢中华民族共同体意识，不断增强各族人民对伟大祖国、中华民族、中华文化、中国共产党、中国特色社会主义的认同。

本书编写组

2022 年 11 月

# 目 录

## 第五章　晚清民国时期　/ 269

——全面融入国家一体进程与党领导下内蒙古自治区成立

# 第一章

## 远古至秦汉时期

——早期文明发展与纳入大一统王朝治理体系的开端

在人类早期阶段，我国经历了旧石器时代、新石器时代和青铜时代。内蒙古地区是中国古代文明起源、形成与发展的重要区域，也是农耕文明与游牧文明交错发展的地带。"大窑文化""萨拉乌苏文化""金斯太文化""红山文化""海生不浪文化"等史前考古学文化，反映了旧石器时代到新石器时代远古先民的活动状况。进入青铜时代，先民们经历了从采集狩猎到农业，再到农业与游牧业并举的社会演进历程。匈奴、乌桓、鲜卑等游牧人群，以"逐水草迁徙"的方式生活在内蒙古及周边地区并与中原发生着广泛的联系。秦汉时期，建立了大一统的中央集权国家，历史发展进入了新的阶段。战国时期的燕、赵、秦三国以及后来的秦汉王朝，通过修筑长城、设置郡县、开辟道路、屯垦戍边等活动，把内蒙古地区纳入到了中原政权的管理体系。自远古至秦汉时期，内蒙古地区生活的各民族或相互征伐，或和平相处，在碰撞和交往中促进了交融，书写了胡服骑射、昭君出塞等历史佳话，共同创造了灿烂的中华文化。

# 第一节　石器时代与青铜时代

中华民族在广袤的神州大地上生息繁衍。在中华文明的起源、形成和早期发展中，我国许多地方的史前文化都是重要的实物见证，揭示出中华文明"多元一体"形成发展的历史过程。内蒙古地区①历史悠久。大窑文化遗址的石器制造活动延续了 50 万年之久，兴隆洼文化遗址发现了人类早期培育的粟、黍种子，红山文化在距今 5000 年前就跨入了初级文明阶段。在从石器时代、青铜时代到秦汉一统的漫长历程中，古代先民在这片土地上繁衍生息，创造出了既有共性又有个性的地域文化，勾勒出了中华文明起源、形成、发展的基本图景。

## 一、旧石器时代文化

旧石器时代是内蒙古地区人类历史的第一篇章。在广袤的内蒙古大地上，发现多处远古先民的痕迹，其中最具代表性的有大窑文化遗址、萨拉乌苏文化遗址和金斯太文化遗址。这些遗址所

---

① 本书所称内蒙古地区，系指今内蒙古自治区行政区划内的所有区域。这些区域，在清代以前，无论是我国历史上北方民族政权管辖期间，还是中原王朝统治时期，都不是完整的地方行政区，在近现代历史上也是几经变动。新中国成立前后，内蒙古现在的行政区划才逐步确定。

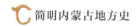
代表的年代从距今 50 多万年延续到距今 1 万年，石器制作技术从早期打制石核、石片，发展到晚期制作石叶、细石叶。

### （一）大窑文化

位于今呼和浩特市东北保合少镇大窑村南山的大窑文化遗址，是内蒙古地区迄今发现的最早的古人类活动遗址。遗址主体是一处从旧石器时代早期一直使用到新石器时代晚期的大型石器制造场，时间从距今 50 万年前延续到距今 1 万年前。大窑文化揭示出，从旧石器时代早期起，大青山南麓就有远古先民过着狩猎采集的生活，并且利用这里良好的石材打制石器，制作狩猎工具。

### （二）萨拉乌苏文化

萨拉乌苏文化遗址发现于今鄂尔多斯市乌审旗萨拉乌苏河沿岸。遗址中曾发现动物化石、人工打制石器和儿童门齿化石，其中发现人类化石 20 余件，在萨拉乌苏地域活动的先民，最初被考古学界命名为河套人。河套人体质特征很接近现代人，属于晚期智人。萨拉乌苏文化遗址出土的石制品多以石英岩、燧石为原料，可分为刮削器、尖状器和雕刻器等，体形细小。遗址内还发现很多加工过的羊角和鹿角，这些工具主要用于捕获并割取动物的皮肉，显示出狩猎是河套人的重要生活来源。

### （三）金斯太文化

发现于今锡林郭勒盟东乌珠穆沁旗一处天然洞穴的金斯太文化遗址，显示远古先民曾在这里长期居住。金斯太文化遗址属于旧石器时代晚期遗存，距今 3 万—1 万年。遗址地层堆积较厚、文化遗迹丰富，是继北京周口店、河南郑州织机洞之后，中国北方地区发现的又一处重要的古人类洞穴遗址。遗址发现的野马、披毛犀、鹿、野牛、转角羚羊、骆驼等动物化石，反映着先民在温带大陆性干旱半干旱草原环境下的生活。

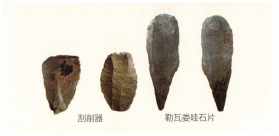

刮削器　　勒瓦娄哇石片

金斯太洞穴遗址及出土石器

位于内蒙古锡林郭勒盟东乌珠穆沁旗

内蒙古地区在旧石器时代向新石器时代过渡阶段，还有满洲里的扎赉诺尔遗址、海拉尔的松山遗址、呼和浩特的大窑南山二道沟遗址、察哈尔右翼中旗的大义发泉遗址、阿拉善的巴彦浩特遗址等，其中扎赉诺尔遗址出土有人类头骨化石。这些遗址的发现，表明在距今1万多年前，内蒙古各地都有远古先民的活动。

## 二、新石器时代文化

新石器时代的文化遗址在内蒙古各地分布广泛，在以西辽河流域为中心的内蒙古东南部和以黄河流域为中心的内蒙古中南部分布相对集中。这两个区域的新石器文化虽有着各自的发展轨

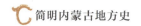 

迹，但在中华文化起源过程中都发挥了重要作用。

## （一）内蒙古东南部的新石器时代文化

以西辽河流域为中心的内蒙古东南部地区是中国新石器时代最重要的文化区之一，考古学家苏秉琦先生提出的"中国早期六大文化区系"之一的北方新石器文化区系，重心就是这个区域。这里分别孕育了小河西文化（距今 8500 年）、兴隆洼文化（距今 8200—7200 年）、赵宝沟文化（距今 6800—6000 年）、富河文化（距今 7200—7000 年）、红山文化（距今 6500—5000 年）和小河沿文化（距今 5000—4000 年）等史前文化。其中，兴隆洼文化、红山文化最具代表性。

### 1.兴隆洼文化

首次发现于今敖汉旗宝国吐乡兴隆洼村的兴隆洼文化，广泛分布于内蒙古及东北地区。兴隆洼遗址发现了中国北方地区保存最完整、年代最早的聚落遗址，出土大量石器、骨器、陶器等。石器包括石锄、石铲、石斧、石磨盘、石杵等。骨器有磨制精良的锥、镖、针等。从发现较多鹿角、狍骨和胡桃楸的果实硬壳推断，兴隆洼文化已经进入原始农业阶段，同时狩猎、采集经济仍占有

兴隆洼遗址清理出的房屋基址

位于内蒙古赤峰市敖汉旗

相当比重。还发现炭化的粟、黍，其中粟是世界上发现最早的小米实物遗存。玉器有玉玦、匕形器和斧、锛、凿等工具。还有石头堆塑的猪龙形图案，是目前所能确认的最早的猪首龙的图腾。玉器和猪龙形图腾的发现，表明早在

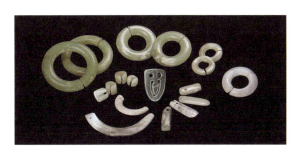

兴隆洼文化玉器

出土于内蒙古赤峰市敖汉旗兴隆沟第一地点

8000 多年前，这里的先民已出现由氏族向国家转变的趋势。兴隆洼文化以鲜明的地域特色，证明内蒙古地区是中华文明的重要发源地之一。

2. 红山文化

首次发现于今赤峰市东郊红山后遗址的红山文化，分布范围较广，向北越过西拉木伦河，向南越过燕山到达华北平原北缘和渤海沿岸，向东越过医巫闾山到达下辽河西岸。红山文化在西拉木伦河、老哈河、大小凌河流域分布最为密集。红山文化在中华文明起源和发展中占有重要地位。从红山文化出土的墓葬发现，随墓主

红山文化玉龙

出土于内蒙古赤峰市翁牛特旗三星塔拉

红山文化陶人像

出土于内蒙古赤峰市敖汉旗兴隆沟遗址第二地点

人生前地位、身份不同，墓葬的规模、形制及分布位置均有明显的差异，而且随葬玉器的数量、种类及组合关系方面均有相应的变化。玉器在红山文化中已非一般性随葬品，而是标识墓主人级别高低的载体，代表一整套等级化的用玉制度。红山文化考古表明，伴随专职祭祀人员成为特权阶层，社会结构发生了重大变化，祭司阶层与普通社会成员之间形成了复杂的社会关系，而且祭司阶层内部，也再度产生分化，是当时社会结构趋于复杂化的标志。等级制度的确立、祭祀礼仪系统的成熟、建筑及手工业的迅猛发展、玉礼制度的出现，无不显示出当时的社会发生了明显的质变，已进入初级文明社会。

## （二）内蒙古中南部的新石器时代文化

新石器时代，内蒙古中南部有裕民文化（距今 8400—7600 年）、仰韶文化鲁家坡类型与石虎山类型（距今 6800—6000 年）、庙子沟文化（距今 5800—5000 年）与老虎山文化（距今 4500—4300 年）等，其中，裕民文化、老虎山文化最具代表性。

1. 裕民文化

首次发现于今内蒙古乌兰察布市化德县德包图乡裕民村的裕民文化，分布于阴山北麓的草原地带。裕民文化有半地穴式居址的小型村落，属于旧石器时代向新石器时代过渡的阶段。裕民文化的社会组织和栖居形态更加复杂，遗址堆积和文化内涵复杂多样。出土的圜底陶器有贝加尔湖地区的风格，表明这一地区与贝加尔湖地区的先民有着交流往来。

2. 老虎山文化

以凉城县老虎山遗址命名的老虎山文化，分布于阴山南麓、南流黄河两岸和岱海地区。遗址中的石砌城堡、祭祀台、烧制白灰敷壁、火塘等，表明当时社会发展水平达到了新阶段。石砌城堡将人类居址由地下、半地下移至地面，马面、瓮城、角台等防御性建筑的出现，对中国古代城池防御性建筑产生了深远影响。

### 三、石器时代的文化交流

旧石器时代，内蒙古地区的先民就与中原地区保持着交流。大窑遗址的先民并非孤立存在，他们与蓝田—丁村人、北京人均已建立密切联系。萨拉乌苏遗址的石器形制及其制作技术，均与同时期的欧洲史前文化相同。金斯太遗址的石器制作的"勒瓦娄哇"技术，也反映了其与欧亚大陆各地同时期的文化互动关系。

进入新石器时代，内蒙古地区与周边地区的文化交流更加频繁。兴隆洼文化创造的"之"字纹样迅速向外扩散，分别到达了中原地区的北福地一期文化、磁山文化以及裴李岗文化，证明当时存在一条南北文化交流的通道。裕民文化创造了麻点纹样，并很快将这种装饰技术沿黄土高原传入关中地区的老官台文化。这两条路线，在此后相当长时期内，成为内蒙古地区与黄河流域文化交流的重要通道。

距今 7000—6000 年前后，地区间文化交流加速。活跃于华北平原的仰韶文化后岗类型一路向北，跨过燕山到达内蒙古东南部地区，文化元素融入赵宝沟文化、红山文化。后岗类型沿滹沱河西进，到达岱海地区，产生仰韶文化石虎山类型，继而进入鄂尔多斯高原。关中地区的仰韶文化半坡类型也拓展到内蒙古中南部，出现仰韶文化鲁家坡类型。至此，内蒙古中南部地区成为中原黄河流域文化系统的重要组成部分。

距今6000—5000年前后，西辽河流域与黄河流域腹地继续保持交流，并呈现新特征。红山文化出土的彩陶罐，腹部绘有

红山文化彩陶罐

出土于内蒙古赤峰市阿鲁科尔沁旗

来自黄河流域的玫瑰花，还有来自中亚的菱形方格纹，并与红山文化本土产生的龙纹图案交织在一起。这一时期，中原黄河流域和内蒙古东南部密切的文化交流，催生出红山文化的坛、庙、冢，体现了内蒙古史前文化中集神权、军权于一身的王权因素的产生，使内蒙古的东南部出现了照亮中华大地的第一道文明曙光。①

距今5000—4000年前后，内蒙古地区史前文化更迭显著。小河沿文化中出土的壶、豆和仿生型陶器，表明其与黄河下游大汶口文化联系密切。内蒙古中南部地区出现空三足器鬶，代表了不同文化融合后产生的新元素，这对于整个中原乃至周边地区长时段、大规模的文化传承与转变产生了深远影响。②鬶最终演变为鬲，成为夏商周三代礼制的重要载体。

---

① 参见苏秉琦：《象征中华的辽宁重大文化史迹》，载《华人·龙的传人·中国人——考古寻根记》，辽宁大学出版社1994年版，第91页。

② 苏秉琦：《晋文化问题——在晋文化研究会上的发言（要点）》，载《华人·龙的传人·中国人——考古寻根记》，辽宁大学出版社1994年版，第18页。

内蒙古地区作为中华文明起源、发展的重要区域，与黄河流域的中原文化区始终保持着密切的联系，两个区域文化间的碰撞与交融，有力地推动了中华文明的形成与发展。

## 四、青铜时代文化

距今 4000 年前后，内蒙古地区与黄河流域腹地、长江流域几乎同时步入青铜时代。这一时期，青铜的开采、冶炼、铸造和使用，石城与土城的大量出现，标志着进入人类文明的新阶段。

### （一）内蒙古东南部的青铜时代文化

这一时期，内蒙古东南部的夏家店下层文化（距今 4000—

3500 年 ） 和 夏 家
店 上 层 文 化（距今
3000—2500 年 ） 最
具代表性，二者因赤
峰市夏家店遗址的发
掘而得名。

夏家店下层文化
的年代大体相当于夏
代至商代早期，文化
遗址分布广泛，几乎
遍布燕山南北。这一
时期农业成为主要经

三座店石城聚落遗址

位于内蒙古赤峰市松山区

11

济形态，农作物的种植使先民能够将聚落拓展到更广阔的地区，推动了社会文明的进程。青铜冶炼技术获得快速发展，青铜器被普遍使用。石城大量涌现，防御功能明显增强，表明当时社会存在着战争冲突。赤峰市松山区的三座店石城聚落遗址，外有城墙环绕，内部结构复杂，建筑错落有致。

二道井子聚落遗址

位于内蒙古赤峰市红山区

赤峰市红山区二道井子聚落遗址更加典型，该遗址规模大、堆积层次复杂、保存状况完好，被誉为"东方的庞贝"。

夏家店下层文化出现了显著的社会分化现象。随着聚落体系的复杂化，催生出政治管理组织，初步形成以城邑为核心的城邦，与黄河流域二里头文化和海岱地区的岳石文化等，共同形成了早期的国家形态。

夏家店上层文化所处的年代大致相当于西周至春秋时期，代表性遗址有克什克腾旗龙头山遗址、翁牛特旗大泡子遗址、林西县大井铜矿遗址、松山区夏家店遗址、宁城县南山根遗址和小黑石沟遗址、敖汉旗周家地遗址等。这一时期，玉器锐减，石城基本消失，青铜铸造技术有所发展。武器、车马器和动物装饰品等青铜器，既体现了本地文化因素的传承，又体现了蒙古高原各地青铜文化的影响。考古证明，夏家店上层文化与中亚、西亚乃至欧洲诸多地区保持着密切的交往。

### （二）内蒙古中南部的青铜时代文化

朱开沟文化和西岔文化是内蒙古中南部青铜文化的代表。朱开沟文化因伊金霍洛旗朱开沟遗址的发掘而得名，年代相当于夏商时期，集中分布于内蒙古黄河流域。朱开沟文化出土的大量青铜器，既受到中原商文化兵器、盛储器、礼器的影响，也具有自身特征，如刀、耳环和指环等，成为早期北方系青铜器的典型代表。西岔文化因发现于呼和浩特市清水河县西岔村而得名，其年代相当于商周时期，分布范围主要集中于南流黄河东岸。与朱开沟文化青铜器相比，西岔文化的青铜器不但种类和数量显著增加，而且铸造工艺更为复杂。

从朱开沟文化和西岔文化看，生活在内蒙古中南部的先民创造的青铜文化，既与中原青铜文化有深厚渊源，又保持了自身特色，展现了青铜时代中华文明多元多样的特点。

## 五、青铜时代的文化交流

公元前 2000 年左右，晋南豫西地区诞生了中国历史上第一个世袭制王朝——夏。二里头文化是夏文化的代表。与此同时，夏家店下层文化在内蒙古东南部地区强势崛起，推动了其时万邦林立局面的形成。二里头文化沿太行山西麓与华北平原两条路线北上，对夏家店下层文化产生了影响，出现明显具有礼器性质的爵、盉及鬶等器物。这些礼器蕴含的礼仪制度与价值观念，在内蒙古东南部得以扎根。而夏家店下层文化也将极具特点的、繁缛抽象的彩绘纹饰输送到中原地区，成为夏商时期青铜纹饰的重要素材。夏家店下层文化与二里头文化的交流互动，开启了青铜时代文化往来的先河。

许季姜簋及铭文

出土于内蒙古赤峰市小黑石沟遗址

在朱开沟文化的早期阶段，曾出土具有关中地区客省庄文化特征的绳纹鬲、单耳罐和双耳罐等器物，表明客省庄文化元素在黄河流域北上注入了朱开沟文化。至朱开沟文化晚期阶段，主要分布于中原地区的商文化也进入内蒙古中南部地区，为朱开沟文化的铜鼎、爵、戈等增添了典型的早商文化因素。朱开沟文化呈现出的多元文化交汇互融图景，显示出该时期文化交往范围的扩大与人群往来的频繁。

西周至春秋时期，夏家店上层文化的一些高等级贵族大墓中也发现有成组的青铜礼器。这些礼器并非夏家店上层文化的原创品，而是由中原地区输入的物品。由此可知，不仅是器物作为文化载体北向传播，中原礼制也在地域上向北拓展，推动了内蒙古地区和中原地区两种文化传统的长期相互融合。

内蒙古地区史前文化开放包容，源远流长，始终保持了与以中原为主的周边地区以及中亚、西亚、欧洲的交流，推动了中华文明的发展与中华民族多元一体格局的形成。

## 第二节　夏商周至秦汉时期北方各族的活动

夏商周时期，见于甲骨文及其他文献记载的部族，如荤粥、土方、鬼方、猃狁、犬戎、林胡、楼烦、东胡等，都曾在内蒙古地区活动。匈奴崛起后，在中国建立起第一个统一北方各族的游牧民族政权，与中原各政权和战交往数百年。与此同时，处于汉、匈之间的东胡后裔乌桓、鲜卑等与汉、匈频繁往来。随后，匈奴、乌桓、鲜卑等大批南迁，与华夏族进一步交往融合。

### 一、春秋战国时期内蒙古地区诸族

春秋战国时期，山戎、义渠、林胡、楼烦、东胡等族活动在北方地区，与中原晋、秦、燕、赵等诸侯国相邻。在诸侯国争霸拓地的过程中，这些部族一部分进入中原，逐渐与华夏族融合，也有一部分向北迁移，成为匈奴的一部分。

山戎、东胡活动区域包括内蒙古东南部地区。山戎在春秋初期十分强大，曾于公元前 8 世纪末侵扰郑、齐等诸侯国，被击败。公元前 664 年（燕庄公二十七年），山戎进攻燕国，燕国向齐国求救。齐军大败山戎，燕国得以向北开辟大片土地。

战国时期，东胡成为威胁燕、赵等国的主要部族。东胡主要活动在内蒙古东部的呼伦湖以东、大兴安岭北段，以及西拉木伦河流域，老哈河、大凌河流域。

战国中期，燕国实力较弱，不得不送人质给东胡。燕将秦开在东胡作人质期间，掌握了其风土人情、军事地理等重要信息。燕昭王执政后，国力强盛，秦开被召回并委以重任，率军进攻东胡。东胡大败，北退千余里。燕国在原东胡活动的地区设置上谷、渔阳、右北平、辽西、辽东五郡，并修筑长城。

东胡曾与赵国争夺代地。公元前 273 年（赵惠文王二十六年）左右，赵国打败东胡，夺回代地。赵孝成王时期（前 265—前 245 年在位），赵将李牧又一次击败东胡。

东胡虽被燕、赵两国击败，但仍与同时期的匈奴、月氏一起雄踞北方，并不断与匈奴发生纷争。公元前 206 年前后，东胡被匈奴冒顿单于打败，部众溃散。一部分民众及牲畜被匈奴掠走，其他大部分部众分为乌桓、鲜卑，成为匈奴的属部，每年向匈奴缴纳牛、马、羊皮等"皮布税"。

林胡、楼烦在内蒙古中南部地区活动，先后与晋、燕、赵等国为邻。在与林胡、楼烦等游牧部族的交往中，赵武灵王发现这些部族所穿服饰更有利于日常活动和军事行动，其骑马、射箭技术也比中原的兵车、长矛更为机动灵活。于是力排众议，在赵国推行"胡服骑射"改革。

经过改革，赵国的军事实力大大增强，并大败林胡、楼烦。被打败后的林胡、楼烦，除一部分归属赵国外，还有一部分仍活动在赵长城以北。赵孝成王时期，李牧在大败匈奴骑兵的同时，再次打击了林胡余部。秦朝末年，进入中原的楼烦骁骑还参与到刘邦、项羽的楚汉之争。

义渠活动在今内蒙古鄂尔多斯西南部地区、宁夏回族自治区青铜峡市以东、甘肃省庆阳市西北一带。公元前 6 世纪，义渠日渐强大，筑城池数十座，首领自封为王，与邻近的秦国时战时和。公元前 318 年（秦惠文王更元七年），赵、韩、燕、楚、魏五国联军攻秦失败，但胜利的秦军遭到后方义渠人的袭击。秦昭襄王（前 306—前 251 年在位）继位初期，其母宣太后摄政，采取怀柔政策，与义渠保持 30 多年的友好关系。公元前 272 年（秦昭襄王三十五年），宣太后诱杀义渠王，义渠部众溃散。

秦国将原义渠活动的大片土地纳入治理范围，设置陇西、北地、上郡等郡。大部分义渠部众成为秦国郡县管辖下的编户，逐渐融入华夏族。还有一部分义渠部众向北方迁移，成为匈奴属部。西汉时，一部分义渠人逃离匈奴降汉，被安置在汉边郡，部分男丁加入到边郡的骑兵编队，随汉军防御匈奴。

## 二、战国秦汉时期匈奴在北方地区的活动

战国时期，匈奴逐步将北方诸族置于其统治之下，在中国建立了第一个统一北方各族的游牧政权，持续与中原政权碰撞交融长达数百年。

### （一）匈奴的崛起

匈奴最初活动在东胡以西、月氏以东以北地区，南与林胡、楼烦、义渠为邻。随着秦、赵、燕等国的发展，林胡、楼烦、东胡、义渠等族破散，匈奴不断吸纳以上各部残余力量，实力日渐壮大。"当是之时，冠带战国七，而三国边于匈奴"[1]。匈奴占据

---

① 司马迁：《史记》卷一一〇《匈奴列传》，中华书局 1959 年版，第 2886 页。

的阴山一带，与秦、赵、燕三国隔长城相望。阴山东西千余里，草木茂盛，野兽众多，是匈奴早期活动的重要地带，冒顿单于曾以此为"苑囿"①，不断发展壮大。

赵孝成王时期，匈奴单于率十余万骑进入赵国边境，被赵将李牧击败。秦灭六国后，秦始皇派遣蒙恬发兵 30 万进攻匈奴，夺取匈奴属部楼烦、白羊占据的"河南地"（今乌加河以南地区，包括巴彦淖尔市、鄂尔多斯市及乌海市广大地区），匈奴单于不得不率部众退至漠北。为防止匈奴南下，秦朝采取了一系列措施，如派兵屯驻、修筑长城、迁入内地百姓等，加强了对阴山以南地区的治理。公元前 210 年（秦始皇三十七年），蒙恬被害，戍边士卒、百姓逃散，匈奴乘机又回到阴山地区。

公元前 209 年（秦二世元年），冒顿单于杀死其父头曼单于，自立为单于，开始一系列东征西讨。他先后打败与其并立的东胡、月氏等强族，在北方独树一帜；乘秦末北方空虚、楚汉相争之际，重新占领"河南地"；西汉初年，征服其北部的浑庾、丁零、鬲昆、楼兰、乌孙、呼揭等，结束了北方草原长期以来各自为政、互不统属的局面。

鹰顶金冠饰
出土于内蒙古鄂尔多斯市杭锦旗

匈奴政权是中国历史上第一个统一北方草原的游牧政权，控制的地域东达辽河，西至葱岭，北至

---

① 班固：《汉书》卷九四下《匈奴传》，中华书局 1962 年版，第 3803 页。

贝加尔湖，南抵长城，今内蒙古大部分地区都在匈奴政权的管辖范围。匈奴将所征服的广大地区分为左、中、右三部进行管理，单于直属地居于疆域中部。

匈奴政权有一套比较完整、有效的管理体系。单于是最高统治者，左右大且渠、左右骨都侯等异姓贵族辅佐单于处理政务。单于以自己所在家族为核心进行分封，家族成员"各有分地"①。单于子弟被封为左贤王、左谷蠡王、右贤王、右谷蠡王，分驻各地。通过自上而下的分封以及兵民一体的统治方式，单于将所属诸部族纳入政权管理体系，实行有效治理。

### （二）匈奴在西汉时期的活动

经过冒顿单于的一系列征战，匈奴实力日渐强盛。汉初，高祖刘邦率30万大军进攻匈奴，却被冒顿单于纵兵40万包围在白登山（今山西省大同市以东马铺山）。在陈平的谋划下，刘邦突出重围。公元前199年（汉高祖八年），刘邦采纳刘敬提出的和亲建议。汉朝以嫁公主、提供物资等方式与匈奴"和亲"。

匈奴从上到下都喜爱内地物品，部众频繁往来于长城边塞，与内地进行关市贸易。"和亲"期间，汉、匈之间基本上没有较大的争战，但也常有匈奴骑兵南下，侵扰汉朝云中、北地、上郡、上谷等郡。

经过几十年的休养生息，西汉国力强盛起来，汉武帝决定反击匈奴。公元前127年、前121年、前119年，经过三次大规模战争，西汉取得决定性胜利，收复了"河南地"，夺取了河西走

① 司马迁：《史记》卷一一〇《匈奴列传》，中华书局1959年版，第2891页。

廊等，"是后匈奴远遁，而漠南无王庭"[1]，被迫退向漠北。

公元前 105 年（汉元封六年），匈奴单于率部整体向西北迁移，加强对西域控制的同时，伺机南下西河、定襄、云中、五原、朔方、酒泉、张掖等郡，这些郡县辖境中的大部分在今内蒙古地区。汉朝相应采取屯田、筑城、迁入人口等措施，加强了对以上郡县的治理。

公元前 74 年（汉元平元年）左右，匈奴屡次发兵入侵乌孙，乌孙多次向西汉求救。公元前 72 年（汉本始二年），汉、乌孙联合发兵 20 多万共同击败匈奴。单于率兵反击乌孙，获取丰厚的财物辎重。但在返回途中，遭遇大雪，匈奴的士兵、牲畜等被大量冻死。不久，匈奴又遭受丁零、乌桓、乌孙等的抢掠，人口、牲畜锐减。连年的天灾人祸，动摇了匈奴政权的统治基础。公元前 57 年（汉五凤元年），匈奴统治阶层发生内乱，先后出现 5 个单于争权夺位的现象。各单于互相攻击，数以万计的部众死于战乱，十之八九的畜产遭受损耗，人民食不果腹，政权处于分崩离析的边缘。

为摆脱危机，呼韩邪单于采纳大臣的建议，于公元前 56 年（汉五凤二年）率 5 万余部众南下"称臣入朝事汉"[2]。在汉朝的支持和帮助下，呼韩邪单于重新统一了匈奴各部。公元前 51 年（汉甘露三年），呼韩邪单于入汉觐见汉宣帝，接受册封，并请求在光禄塞下留居，为汉保卫受降城（今乌拉特后旗乌力吉苏木）。于是，汉设置西河、北地属国，以安置匈奴部众。

---

① 司马迁：《史记》卷一一〇《匈奴列传》，中华书局 1959 年版，第 2911 页。
② 班固：《汉书》卷九四下《匈奴传》，中华书局 1962 年版，第 3797 页。

公元 1 世纪初，王莽实行错误的民族政策，导致汉、匈关系恶化。匈奴脱离了与中原王朝的附属关系，并趁中原混乱之际，试图恢复其原有势力，采取了许多与中原对抗的手段，利用乌桓、鲜卑侵扰汉边，离间西域与中原的关系，扶持卢芳割据政权与初立的东汉对抗等。

### （三）匈奴在东汉时期的活动

东汉初，被匈奴单于立为割据一方的"汉帝"卢芳从匈奴返回边塞，建都九原县，一度控制了五原、朔方、云中、定襄、雁门五郡和代、安定及北地郡的局部地区，并设置郡守、县令。但卢芳难孚众望，不断有部将脱离其控制而归附东汉。与此同时，汉光武帝采取分化瓦解的策略，使卢芳愈加孤立。42 年（汉建武十八年），处于内外交困中的卢芳携妻子逃入匈奴，十数年后客死他乡。46 年（汉建武二十二年），匈奴境内遭遇旱蝗灾害，草木尽枯，人畜饱受饥饿与病疫的折磨。乌桓乘机攻击匈奴，迫使其北退，匈奴再次陷入分崩离析的局面。

48 年（汉建武二十四年），匈奴统治阶层发生内讧。驻牧在漠南地区、管领南边八部的右薁鞬日逐王比（呼韩邪单于之孙）南下归附汉朝，承袭其祖父号，自立为呼韩邪单于。从此，匈奴政权分裂为南、北两部，留在漠北的匈奴，史称"北匈奴"。

南匈奴附汉称臣后，汉光武帝"乃诏有司开北鄙，择肥美之地，量水草以处之"①，资助匈奴贵族大批财物，帮助单于在五原塞设单于庭。其后，南匈奴单于庭又相继迁入云中、西河二郡。

---

① 范晔：《后汉书》卷八九《南匈奴列传》，中华书局 1965 年版，第 2966 页。

东汉派中郎将率兵驻守西河郡，护卫单于。南匈奴部众 4 万—5 万人被安置在北地、朔方、五原、云中、定襄、雁门、代、上谷等郡（包括今内蒙古河套地区、鄂尔多斯高原、呼和浩特平原、乌兰察布高原）。原来从八郡逃离的汉民众又被安置回本土，他们与匈奴人杂居共处，一起戍守、经营北部各边郡。

南匈奴附汉后，得到东汉王朝的支持和丰厚的经济援助。安定富足的生活吸引了北匈奴部众纷纷南下。到 90 年（汉永元二年）前后，内附的匈奴人口达 23 万之多。大批匈奴民众内附，扩大了游牧民族与农耕民族之间经济、政治、文化等多方面的交流。

89 年（汉永元元年），南匈奴与汉将窦宪、耿秉联合进攻北匈奴，俘获人众 20 多万，北匈奴遭受重创。91 年（汉永元三年），北匈奴单于率众西迁，后转徙中亚、欧洲。至此，匈奴政权瓦解。其中，留在漠北的匈奴人有 10 余万落[1] 加入了鲜卑。

入居塞内的南匈奴部众不断南迁，集中到并州中部的汾河流域一带。东汉末年，南匈奴部众被分成 5 部，各部民众受东汉直接管辖，不需缴纳贡赋。

### 三、秦汉时期乌桓、鲜卑在北方地区的活动

乌桓、鲜卑原是东胡的一部分。东胡被匈奴打败后，部众溃散，余部在乌桓山（今阿鲁科尔沁旗西北 140 里处）和鲜卑山（今科尔沁左翼中旗西 30 里处）[2] 一带活动，史称“乌桓”“鲜卑”。

---

[1] “落”，为“户”之意。林幹：《匈奴通史》，人民出版社 1986 年版，第 120 页。

[2] 乌桓山、鲜卑山的具体位置，学界多从清人张穆之说。

后来，乌桓逐渐活动在老哈河流域，与汉朝北方五郡相邻；鲜卑活动在西拉木伦河流域。西汉时期，乌桓南迁后，鲜卑也向南迁徙，占据了原乌桓活动区域。乌桓、鲜卑的活动区域大致包括今内蒙古的东北部、东南部地区。

春秋战国时期的金饰兽首青铜刀、錾柄直刃青铜剑
出土于内蒙古赤峰市宁城县小黑石沟遗址

## （一）乌桓

乌桓主要从事游牧生产，兼有狩猎和农耕。社会组织以邑落①为基本单位，邑落各有小帅，数百千落自为一部，部落内有勇有谋者被推举为首领，称"大人"。部众不得违犯或挑战大人的权威。"大人以下，各自畜牧营产，不相徭役。"②另外，乌桓在婚姻、丧葬、信仰、妇女地位等方面都有自己的特色。

东胡被匈奴破灭后，乌桓一直臣服于匈奴。乌桓每年定期向匈奴缴纳"皮布税"，过期不交，其妻子等就会被强行掳掠。公元前119年（汉元狩四年），匈奴左贤王战败北撤，乌桓得以脱离匈奴控制。汉朝乘机将乌桓部众迁徙到上谷、渔阳、右北半、

---

①　"邑落"，有学者认为，"古代乌桓每邑落约有二三十户……每一邑落当有一百几十人至二百人"。马长寿：《乌桓与鲜卑》，广西师范大学出版社2006年版，第113页。

②　范晔：《后汉书》卷九〇《乌桓鲜卑列传》，中华书局1965年版，第2979页。

辽西、辽东五郡塞外，让乌桓人帮助汉朝侦察匈奴的举动。汉朝设置护乌桓校尉，监管乌桓与匈奴的沟通往来，同时负责处理与乌桓有关的事务。五郡所辖范围包括今天内蒙古锡林郭勒盟、赤峰市、通辽市部分地区及辽宁省南部、河北省北部地区。乌桓内迁五郡，较早地受到中原文化的影响，与中原的交流日益密切。

匈奴呼韩邪单于附汉后，汉朝默许了乌桓与匈奴的一些交往，如允许匈奴继续向乌桓征税，可以接受降附的乌桓人等。王莽代汉后，实行错误的民族政策，激化了匈奴、乌桓等各族与中原政权的矛盾。为打击匈奴，王莽征发乌桓、丁零人为士兵，驻屯在代郡，同时以士兵的妻子作人质。被征发的各族士兵不服水土，又担心"久屯不休"[1]，便纷纷叛逃，而诸郡县尽杀其人质。因此，乌桓与新莽政权结下仇怨。匈奴乘机拉拢乌桓，乌桓再次投靠匈奴。匈奴联合乌桓诸部不断南下进攻边塞。

48年（汉建武二十四年），匈奴分裂为南、北两部，无暇顾及乌桓等所属部族。次年，汉光武帝以币、帛等财物拉拢乌桓，乌桓再次附汉，并到洛阳朝拜。朝汉时，向汉贡献了奴婢、牛马、弓以及虎、豹、貂皮等珍贵物品。光武帝赐封乌桓诸首领为侯、王、君长等官职。迁居塞内的乌桓部众分布在辽东、辽西、右北平、渔阳、广阳、上谷、代、雁门、太原、朔方十郡。迁居塞内的乌桓人仍然保留着原有的社会组织形式，数十、数百千落聚居生活。为保障乌桓部众的衣食供给，东汉政府招募了大量耕种之人，并恢复西汉时曾设置的护乌桓校尉。

---

① 范晔：《后汉书》卷九〇《乌桓鲜卑列传》，中华书局1965年版，第2981页。

此后，历经东汉明帝、章帝、和帝三世 50 多年，乌桓均为东汉驻守边塞，同时也抓住时机休养生息，壮大实力。

自 109 年（汉永初三年），渔阳、雁门等地的乌桓人不断联合南匈奴、鲜卑进攻东汉的代、上谷、五原、云中等郡，直至东汉末年，这一带始终动荡不安。东汉末年国力衰微，逐渐失去对乌桓、鲜卑的控制。汉灵帝（168—189 年在位）初期，辽西乌桓大人丘力居、上谷乌桓大人难楼、辽东乌桓大人苏仆延、右北平乌桓大人乌延等一些有实力的首领纷纷自立为王，割据一方，活动在包括今通辽市、赤峰市、锡林郭勒盟南部地区。

汉献帝初平（190—193 年）年间，辽西乌桓大人丘力居死，侄子蹋顿即位，统领各郡乌桓。汉献帝建安（196—220 年）初年，蹋顿率众参与了袁绍、公孙瓒、曹操之间的军阀混战。袁绍与乌桓和亲，借助乌桓骑兵打败公孙瓒。袁绍为笼络乌桓，矫制赐给蹋顿、难楼、苏仆延、乌延等单于印绶。207 年（汉建安十二年），曹操亲征右北平、辽西、辽东三郡乌桓，打败袁绍及逃亡到辽东的袁氏残部，俘虏了包括乌桓在内的袁氏残部 20 万人，并迁徙万余落乌桓人入居中原。此后，乌桓骑兵为曹操争夺天下发挥了重要作用，"由是三郡乌丸为天下名骑"[①]。

## （二）鲜卑

鲜卑活动在乌桓以北地区，分为拓跋鲜卑和东部鲜卑等部。拓跋鲜卑原居大兴安岭北段。西汉时期，鲜卑各部南迁，东部鲜

---

① 陈寿：《三国志》卷三〇《魏书·乌丸鲜卑东夷传》，中华书局 1959 年版，第 835 页。

卑从大兴安岭南段迁入饶乐水（今西拉木伦河流域）。大约公元前 1 世纪末，拓跋鲜卑从大兴安岭北部迁往大泽（今呼伦湖）。

鲜卑处于乌桓以北，不曾与西汉通使交往。东汉时，匈奴分裂，对所属各族的控制能力大为减弱，鲜卑便开始与东汉通使，各部先后附汉保塞，并到辽东接受东汉赏赐。东汉政府每年拨付巨额资费支援鲜卑。汉安帝以后，鲜卑诸部时常联合匈奴、乌桓进入辽东、辽西、代、雁门、定襄等郡。

东汉桓帝（147—167 年在位）时，在首领檀石槐的统领下，鲜卑南下进击东汉边境，东征西讨，先后击败丁零、乌孙、夫余等部，占据了匈奴故地，初步建立了统一大漠南北的部族联盟，牙帐设在高柳（今山西省阳高县）以北的弹汗山[①]啜仇水边，统领着匈奴、乌桓等各部民众，实力日渐强盛，今内蒙古地区基本为其控制。

从 156 年（汉永寿二年）到 168 年（汉建宁元年），檀石槐率部落联盟连年南下，云中、雁门、定襄、北地、敦煌等郡以及幽州、并州、凉州等地均受到攻击。史载："自匈奴遁逃，鲜卑强盛……兵利马疾，过于匈奴。"[②]东汉光和（178—183 年）年间，檀石槐死，鲜卑部落联盟瓦解，分裂为三个地域集团，各部首领世代传袭，但内部斗争不断，部众离散，鲜卑势力衰弱下去。

---

① 一说：今乌兰察布市商都县境内。（曹永年主编：《内蒙古通史》，内蒙古大学出版社 2007 年版，第 168 页。）一说：今乌兰察布市化德县境内。（周清澍主编：《内蒙古历史地理》，内蒙古大学出版社 1994 年版，第 39 页。）

② 范晔：《后汉书》卷九〇《乌桓鲜卑列传》，中华书局 1965 年版，第 2991 页。

# 第三节　纳入中原政权管理体系的开端

春秋战国时期，随着铁器和牛耕技术的使用与普及，带动了各诸侯国对土地的争夺和社会的变革，地处北方的燕、赵、秦三国将今内蒙古部分地区纳入到各自的治理范围。秦汉时期，对这些地区的治理又得到进一步的加强和完善。

## 一、战国时期诸侯国对内蒙古地区的治理

战国时期，各诸侯国之间的兼并战争频繁发生，燕、赵、秦三国把扩大领土的目光转向北方，内蒙古地区成为中原政权和北方游牧民族往来冲突之地。中原政权通过军事占领、修筑长城、设置郡县、移民开发等方式，把内蒙古高原的南缘地带纳入治理范围。

### （一）燕国对内蒙古部分地区的治理

公元前 290 年，燕国大将秦开率军袭击东胡，迫使东胡向北退却。为有效治理新占领地区，燕国设置上谷、渔阳、右北平、辽西、辽东五郡。其中，上谷郡和渔阳郡管辖今内蒙古锡林郭勒盟南部部分地区，右北平郡、辽西郡与内蒙古地区关系更为密切。

右北平郡居于燕国新设五郡的中部，政治、军事地位非常重要。右北平郡治所平刚（今宁城县黑城村古城），地处通往塞外

的交通要道。今喀喇沁旗、宁城县、松山区南部、敖汉旗部分地区属右北平郡管辖。

辽西郡与右北平郡相邻，治所阳乐（今辽宁省义县西南），今敖汉、奈曼、库伦三旗的南部地区归其管辖。位于奈曼旗的沙巴营子古城和西土城子古城被认为是辽西郡的两个县治所在地。

燕国在设置郡县的同时，还修筑了长城，史称"燕北长城"。燕北长城内蒙古段位于今赤峰市南部，大致呈东西走向，东由辽宁省北票市进入，自东向西穿过敖汉旗，又由赤峰市进入辽宁省建平县，复入元宝山区，从元宝山区进入喀喇沁旗。

燕国设置郡县与修筑长城，巩固边防，把今内蒙古东南大部分地区纳入中原治理体系，有利于这一地区的经济开发与农业发展，也加速了区域内北方游牧文化与中原农耕文化的沟通交融。

### （二）赵国对内蒙古部分地区的治理

赵国是战国时期一个较有实力的诸侯国。赵武灵王即位后，进行战略调整，将目标转向北方。赵国以北是东胡、林胡、楼烦等游牧人群，占据地域辽阔而人口稀少，适宜农业开发。赵国推行"胡服骑射"改革后，军事实力增强，败林胡、楼烦后，"筑长城，自代并阴山下，至高阙为塞。而置云中、雁门、代郡"[①]。

云中郡，治所在云中（今托克托县古城村古城），辖境包括今土默特右旗以东、大青山以南呼和浩特平原，卓资县以西、黄

---

① 司马迁：《史记》卷一一〇《匈奴列传》，中华书局 1959 年版，第 2885 页。

河以北地区。这里有发源于阴山的荒干水（今大黑河）、武泉水（今小黑河）和白渠水（今宝贝河），流经平原进入黄河。水路交通便利，既适宜发展农业，也便于放牧战马和训练骑兵。

雁门郡，治所在善无（今山西省右玉县南），辖境含今乌兰察布市黄旗海、岱海周边地区，包括丰镇市、凉城县、卓资县、集宁区、察哈尔右翼前旗等地区。

代郡，治所在代县（今河北省蔚县代王城），辖境包括今乌兰察布市的兴和县大部分地区，丰镇市、察哈尔右翼前旗的东部地区。

九原郡，治所在九原（今九原区麻池古城），辖境包括今乌梁素海以东地区、包头市及鄂尔多斯市东北部地区。

赵武灵王修筑的长城，史称"赵北长城"。赵北长城今在内蒙古境内以兴和县为起点，经过察哈尔右翼前旗、卓资县、呼和浩特市郊区向西行，过土默特左旗、土默特右旗、包头市郊区、固阳县进入巴彦淖尔地区。赵北长城的修筑将阴山以南地区纳入其政权管辖之下。

### （三）秦国对内蒙古部分地区的治理

商鞅变法后，秦国强盛起来，一面蚕食东方各国，一面向北方游牧地区拓展。当时生活在今陕西北部与鄂尔多斯地区最强大的部落是义渠。随着秦国实力的增强，同义渠之间的争夺日趋激烈。秦昭襄王时，义渠被灭，"于是秦有陇西、北地、上郡，筑长城以拒胡"[①]。

---

① 司马迁：《史记》卷一一〇《匈奴列传》，中华书局1959年版，第2885页。

北地郡，治所在义渠（今甘肃省庆阳市西峰区），其管辖区域延伸到今鄂托克前旗南部地区。

上郡，原为魏国设置。秦惠文王时，魏国战败，被迫把上郡献给秦国。秦昭襄王灭掉义渠后，把上郡的辖地大幅度向北方扩展，其辖境包括今鄂尔多斯市东部的准格尔旗、伊金霍洛旗一带至黄河南岸。

为了防御北方游牧民族南下，秦昭襄王在新设之郡的北面修筑长城。该长城经今神木县进入鄂尔多斯市伊金霍洛旗，向东抵准格尔旗十二连城，然后进入托克托县南的黄河故道。

战国时期，随着秦、赵、燕三国的北拓，中原诸侯国实现了对内蒙古部分地区的管辖。"此后，历史上的内蒙古地区一直是游牧民族和农业民族反复拉锯争夺的地带，也是游牧文明和农耕文明交互影响、彼此吸收、民族融合的一个重要场所。"①

## 二、秦朝对内蒙古地区的治理

公元前 221 年，秦始皇灭掉六国，建立了中国历史上第一个大一统的封建王朝。秦朝建立后，南征百越，北击匈奴，加强了对周边地区的控制，不仅扩大了大一统政权的版图，也推动了中华民族多元一体格局的形成。秦朝在继承战国时期北方三国对内蒙古地区经营成果的基础上，进一步将这里纳入大一统政权郡县化管理范围。

---

① 张久和：《战国时代燕、赵、秦诸国对今内蒙古部分地区的经略和管辖》，《内蒙古大学学报》2002 年第 2 期。

## （一）设置郡县

秦朝统一后，匈奴多次南下与秦朝对峙。公元前 215 年（秦始皇三十二年），秦始皇派蒙恬率领 30 万大军北击匈奴，夺取了"河南地"。秦朝不仅在黄河岸边修筑了城塞，而且在新占领地区设置了 30 多个县。秦朝的疆域向北方扩展，到达黄河北岸、阴山南麓。秦朝在新占领地区实行郡县制，由中央直接管辖，把内蒙古大部分地区，包括科尔沁沙地、赤峰丘陵地区、乌兰察布丘陵地区、土默特平原、鄂尔多斯高原地区纳入其管辖范围。秦朝建立后在全国设置 36 郡，其中管辖过内蒙古地区的主要有北地郡、上郡、九原郡、云中郡、雁门郡、代郡、右北平郡和辽西郡。这些郡基本沿袭了战国时期秦国、赵国、燕国各郡的设置及其治所，但各郡管辖区域皆有不同程度的延伸。

## （二）修筑万里长城

蒙恬夺取"河南地"后，秦朝在北方"筑长城，因地形，用制险塞，起临洮，至辽东，延袤万余里"[1]。该长城沿用和连接了原燕、赵、秦长城，在某些地段则向北扩展。秦长城内蒙古段西起今乌拉特中旗石兰计山北面小山，向东沿今狼山、查石太山至大青山北麓，经乌拉特前旗、固阳县，再自武川县南部穿越大青山至呼和浩特市北郊，与赵北长城相接，再东行利用了一段赵北长城，入今河北省尚义县、张北县、沽源县、丰宁县，南与燕北

---

① 司马迁：《史记》卷八八《蒙恬列传》，中华书局 1959 年版，第 2565—2566 页。

外长城连接，再东行主要利用了燕北长城。秦长城在内蒙古境内东西跨度长达 1400 千米。

秦长城遗址
位于内蒙古包头市固阳县

为了加强对内蒙古地区的治理，秦朝向北迁徙人口。公元前 211 年（秦始皇三十六年），秦朝向河套地区迁徙民众 3 万余家。秦朝通过军事进攻、修筑长城、设置郡县、移民实边、发展农业等一系列措施，加强了对内蒙古地区的治理和开发。

### 三、西汉对内蒙古地区的治理

西汉与匈奴等北方游牧民族时战时和，通过修筑长城、屯田戍边、内属管理等措施，加强对内蒙古地区的治理，使这里成为经济开发、民族交往交流的重要地区。

### （一）郡县制的推广

西汉继承了战国、秦朝时期中原政权在北部边疆地区的治理成果，并继续扩大统治范围，在包括内蒙古部分地区在内的北方地区修缮长城，增设郡县。在西汉所设郡县中，云中郡、雁门郡、代郡、右北平郡和辽西郡沿袭了战国、秦朝的设置及治所，统治范围有所扩大。新设及有所变化的郡包括：

张掖郡，治所在觻得（今甘肃省张掖市甘州区西北）。其中的居延县在今阿拉善盟额济纳河流域。额济纳河所经之地水源富集，水草丰美，宜农宜牧。汉朝占领居延地区后，于公元前103年（汉太初二年）派强弩都尉路博德修筑居延城，还设置了居延和肩水两个部都尉。为了防止匈奴进攻，汉朝在这里设置了城、障、亭、燧等一系列军事防御体系。

朔方郡，治所在三封（今巴彦淖尔市磴口县陶升井麻弥图庙古城），辖境大致包括今杭锦旗、杭锦后旗、乌拉特前旗、鄂托克旗一带。公元前127年（汉元朔二年），卫青在河南之战中大败匈奴。第二年，汉朝设置朔方郡，投入巨资修筑朔方城，并大规模向这里移民。朔方郡北控阴山通道，位置十分重要。

五原郡，公元前127年，西汉将九原郡更名为五原郡，治所在九原（今包头市九原区麻池镇西北），辖境包括今包头市、乌拉特前旗、达拉特旗一带。五原郡控制着北出塞外的通道，还控制着东出关中的渡口以及沟通关中和塞北的战略通道——秦直道。

云中郡，战国时赵国设置，秦、汉延续，治所在云中（今呼和浩特市托克托县）。因西汉分设定襄郡，云中郡的辖境较秦朝缩小，包括今准格尔旗东北、呼和浩特平原部分地区。云中郡地处阴山脚下，北与匈奴相接，南临西河、上郡，西与朔方郡接壤，东靠雁门郡、代郡。云中郡控制着北出塞外和南下关中的孔道要津，自战国以来一直是中原政权最重要的北方边郡之一。

定襄郡，于公元前196年（汉高祖十一年）从云中郡分出，治所在成乐（今呼和浩特市和林格尔县土城子古城）。辖境包括今察哈尔右翼中旗、和林格尔县、清水河县一带。由于云中郡居于防御匈奴的第一线，当匈奴南下时，雁门郡、代郡的援兵常感鞭长莫及。因此，西汉从云中郡分出定襄郡，在云中郡与雁门郡、代郡之间设置了一个缓冲带，并与云中郡形成联动之势，成为汉朝驻兵屯守、军事进攻的桥头堡。

西河郡，公元前125年（汉元朔四年），因分云中郡、上郡等郡而设置。治所在平定（今鄂尔多斯市杭锦旗霍洛柴登古城），辖境在鄂尔多斯高原一带。西河郡地广人多，是西汉的一个大郡，所设属县多位于战略要道秦直道和秦汉长城津要高亢之处，军事功能十分突出。

上郡，战国时期魏国设置，秦汉沿袭，治所在肤施（今陕西省榆林市绥德县）。西汉新设西河郡等，将原上郡部分地区划出，上郡辖地变小。上郡领有23县，其中白土、龟兹、高望、奢延、桢林5县位于鄂尔多斯高原。龟兹县位于今鄂尔多斯市乌审旗达卜察克镇，专门安置从西域龟兹国归附的龟兹人。上郡位于通向九原郡、朔方郡的秦直道上，是连接关中与塞北的重要节点。

上谷郡，战国时燕国设置，秦汉沿袭，治所在沮阳（今河北省怀来县）。辖境包括今内蒙古锡林郭勒草原南部地区。

与秦朝相比，西汉在内蒙古地区设置的郡县数量增加，治理范围扩大，注重将社会管理、军事防御与边疆开发相结合。大多数边郡设有都尉，体现军事性质。汉朝注重选拔军事能力出众、刚健有为之士担任郡守。李广曾在上郡、陇西、北地、雁门、代、云中、右北平等七郡担任太守。汉文帝时期的云中太守魏尚，汉武帝时期的定襄太守义纵、雁门太守郅，均以作风刚猛、维护和平、治理边地而著称。

### （二）属国制与护乌桓校尉的设立

西汉针对归附的北方游牧民族，采取"因俗而治"政策，设置属国安置降服汉朝的匈奴民众并管理相关事务。公元前 121 年（汉元狩二年），汉骠骑将军霍去病率骑兵从陇西、北地出击匈奴，先后俘获匈奴 4 万余人。同年秋天，浑邪王率领数万匈奴人降服汉朝。汉朝在陇西郡、北地郡、上郡、朔方郡、云中郡五郡设置属国。"以降来之民徙置五郡，各依本国之俗而属于汉，故言'属国'也。"①《汉书·地理志》记载了汉代设置的 5 个"属国都尉治"。其中，上郡的属国都尉治所在龟兹，位处今陕西榆林县北与内蒙古乌审旗接壤处，"龟兹国人来降附者，处之于此，故以名云"②。西河郡的属国都尉治所在美稷县，位于今鄂尔多斯市准格尔旗境内。五原郡的属国都尉治所在蒲泽县，位于今达拉特旗白泥井镇城圪梁村。③ 此后，相继有匈奴部众降汉，西汉又在边境地区设置属国加以安置。各属国保留了游牧民族马上骑射、兵牧合一的传统。西汉利用骁勇善战的属国骑兵增强了自身的军事实力。

为加强对乌桓的控制，西汉"始置护乌桓校尉，秩二千石，拥节监领之，使不得与匈奴交通"④。护乌桓校尉管控的地区，包

---

① 司马迁：《史记》卷一一一《卫将军骠骑列传》，中华书局 1959 年版，第 2934 页。

② 班固：《汉书》卷二八下《地理志下》，中华书局 1962 年版，第 1618 页。

③ 王兴锋：《西汉五原属国都尉驻地——蒲泽县城初探》，《历史地理》2016 年第 1 期。

④ 范晔：《后汉书》卷九〇《乌桓鲜卑列传》，中华书局 1965 年版，第 2981 页。

括今河北省北部、内蒙古中东部，最西达到内蒙古西南部鄂尔多斯地区。护乌桓校尉的设置，有利于汉朝因地制宜地处理与乌桓、鲜卑等活动地区有关的事务，促使其保持与中原政权的密切联系。

### （三）长城的扩修

为防御匈奴，汉朝特别重视对前代长城的修缮和利用。汉文帝时期，"胡骑入代句注边，烽火通于甘泉、长安"①，说明西汉时期的烽火报警体系可以从边境一直通达首都。

汉武帝时期，西汉收复"河南地"，将防御匈奴的北方边界推进至阴山南麓的原秦长城一线。在此基础上，增修了城池和烽燧，把原来设立于阴山南侧的赵北长城与秦长城的防线继续向北推进，在阴山以北修筑了两条新的长城，即汉外长城的北线和南线。

公元前102年（汉太初三年），"汉使光禄徐自为出五原塞数百里，远者千余里，筑城鄣列亭"②。这段长城史称光禄城，今人称之为"汉外长城北线"。汉外长城北线分布在今呼和浩特市、包头市、巴彦淖尔市阴山以北的草原上，起点在呼和浩特市武川县二份子村与三份子村之间，向西北延伸至达尔罕茂明安联合旗、乌拉特中旗、乌拉特后旗，又向西北延伸进入蒙古国境内，然后又折向西南，进入额济纳旗境内，与额济纳河沿岸的居延塞相连。③汉外长城北线深入匈奴腹地，对匈奴构成威胁。句黎湖单于时期，专门对汉外长城北线进行破坏。由于外线长城的重要

---

① 司马迁：《史记》卷一一〇《匈奴列传》，中华书局1959年版，第2904页。
② 司马迁：《史记》卷一一〇《匈奴列传》，中华书局1959年版，第2916页。
③ 李逸友：《中国北方长城考述》，《内蒙古文物考古》2001年第1期。

性，汉朝很快又修筑了南线长城。

汉外长城南线东南端起点在武川县乌兰不浪乡马鞍山顶，向西北延伸，经固阳县、达尔罕茂明安联合旗、乌拉特中旗、乌拉特后旗深入蒙古国境内。从蒙古国境内继续向西，又从额济纳旗进入内蒙古地区，与居延泽上的汉长城相接。

外长城修筑后，汉王朝树立起对匈奴的四道防线：第一道是狼山北面的外长城，它深入大漠草原，加强了漠南地区的防御；第二道是天然屏障阴山，阴山山脉有一些山谷通道，可以直达河套平原，汉朝在这些通道上设置了军事城障；第三道是汉朝在阴山脚下修筑的长城；第四道是黄河天险。这些防线有利于西汉王朝对北部边疆的治理。

## 四、东汉对内蒙古地区的治理

东汉继续在北方推行郡县制和属国制，并沿袭了西汉时期的一些相关职官与机构，如恢复护乌桓校尉，把度辽将军、使匈奴中郎将改为常设机构等。

### （一）郡县制的管理

东汉时期，地方管理体系由西汉的郡、县二级变为州、郡、县三级，负有监察职责的刺史（亦称州牧）转化为州一级地方行政长官。东汉郡县大体沿袭西汉时期的名称、治所，但在辖区、所领各县等方面有若干变动。东汉时期郡县制管理的内蒙古地区包括今内蒙古中西部地区，分属并州、幽州、凉州管辖，其中绝大部分在并州。

并州所属的有：云中郡，治所在云中，辖境包括今内蒙古黄河流域的东北部地区。五原郡，治所在九原，辖境包括今内蒙古后套以东、土默特平原以西、阴山以南地区。朔方郡，治所在临戎（今巴彦淖尔市磴口县临戎古城），辖境包括今内蒙古河套西北部及后套地区。定襄郡，治所在善无（今山西省朔州市右玉县南），辖境包括今清水河县、和林格尔县东部地区。西河郡，治所初在平定（今鄂尔多斯市杭锦旗霍洛柴登古城），后移至离石（今山西省吕梁市离石区），辖境包括今内蒙古黄河以西鄂尔多斯高原北部准格尔旗。上郡，治所在肤施（今山西省榆林市东南），辖境包括今乌审旗、准格尔旗、鄂托克前旗部分地区。

幽州所属的代郡，治所在高柳（今山西省大同市阳高县西南），辖境包括今乌兰察布市黄旗海、岱海以南部分地区。

东汉沿袭西汉属国制度。今内蒙古境内的张掖居延属国、西河属国、上郡属国管理着归降匈奴部众。汉安帝时，各属国成为和郡并列的地方行政机构。

南匈奴附汉，乌桓等部众迁居塞内 10 郡后，汉朝将中原郡国中数十万的贫民、刑徒及其家属等大规模迁往朔方等边郡垦殖、屯田，以保障匈奴等边地诸民的衣食供给。包括匈奴人、乌桓人、鲜卑人以及从内地迁来的大批中原人等居住在今内蒙古地区。中原人带来了先进的农业技术和经验，在修筑烽燧、屯戍、守边的同时，建城安家，穿渠造田，同匈奴、乌桓和鲜卑等一道开发、经营、守卫着北部边疆。

（二）护乌桓校尉府的恢复

护乌桓校尉府是东汉管理乌桓、鲜卑诸族事务的机构。49 年

(汉建武二十五年)，乌桓第二次大规模南下，进入10郡塞内。同时，鲜卑也随之向南迁移，占据西拉木伦河流域。北方各族与东汉北部各郡、县的交往日益增多。为全面协调乌桓、鲜卑同东汉之间的政治、经济等事务，维护当地的稳定，东汉政府重新恢复护乌桓校尉府这一管理机构，驻守在上谷郡宁城（今河北省张家口万全县）。

护乌桓校尉的具体职责是"皆持节领护，理其怨结，岁时循行，问所疾苦"[①]，维护近塞居住的乌桓、鲜卑诸部众生产生活的稳定，并代表东汉接待、赏赐乌桓、鲜卑朝见皇帝的"大人"、使者，处理各族间的贸易往来与互市等事务。

### （三）度辽将军营的设立

度辽将军营是东汉主管北部边疆防御的重要机构，与西汉度辽将军有承继关系。西汉时，中郎将范明友渡过辽水（今辽河）攻打乌桓，获"度辽将军"称号。几年后，范明友再次以"度辽将军"的官号率兵援助乌孙，攻打匈奴。

南匈奴附汉后，仍与北匈奴频繁往来。65年（汉永平八年），东汉置度辽营，以中郎将吴棠负责度辽将军事务，副校尉来苗、左校尉阎章、右校尉张国率兵驻守五原郡曼柏县（治所在今达拉特旗东南），骑都尉秦彭驻守西河郡美稷县（治所在今准格尔旗纳林古城），东汉度辽将军正式行使职权。114年（汉元初元年），东汉改度辽将军营为常设机构。

度辽将军营在防御北匈奴侵扰、维护南匈奴部众生产生活稳定方面发挥了重要作用。同时，度辽将军营也率兵平定匈奴、西

---

① 范晔：《后汉书》卷八七《西羌列传》，中华书局1965年版，第2878页。

羌、乌桓、鲜卑、高句丽等的反叛、扰边诸事，是东汉维护北部边疆安定的重要力量。

### （四）使匈奴中郎将府的设立

使匈奴中郎将府是东汉管辖南匈奴的机构。49 年（汉建武二十五年），南匈奴单于率众附汉称臣，向东汉请求派遣使者监护。第二年，汉朝派遣中郎将段郴出使南匈奴单于，帮助其建立单于庭。中郎将设置安集掾吏持兵弩护卫单于，单于岁末派使者来东汉报知相关事务。同年冬，南匈奴与北匈奴发生冲突，南匈奴战败。于是，东汉将南匈奴单于徙居西河郡美稷县，并继续让中郎将段郴、副校尉王郁留驻西河，为中郎将设置了一些组织机构。同时令西河长史每年派兵协助中郎将护卫单于，冬屯夏罢。此后，使匈奴中郎将府变为常设机构。

东汉时期的内蒙古地区多民族聚居、杂居，交融并存。东汉政府因时、因地、因俗地解决多民族活动地区的相关问题，使匈奴、乌桓、鲜卑等始终与中原保持着密不可分的关系，促进了各民族的相互交往、共同进步。

## 第四节　农耕经济与游牧经济的早期发展

在旧石器时代至新石器时代早期，生活在内蒙古地区的远古先民以采集和狩猎为生。随着人口的增多和社会的发展，产生了栽培作物以获取稳定食物来源的需求。在距今 8000—7500 年间的兴隆沟遗址第一地点发现了迄今中国最早的粟类作物种子粟、黍，说明当时已经产生了原始农业。随着气候的变化，远古时期的内蒙古地区部分先民逐渐转向畜牧业生产方式。

## 一、农耕经济的形成与发展

农业的出现对人类社会的发展至关重要，标志着人类开始拥有主动改造自然的能力，能够在有限的空间内获得稳定的食物来源。农业为古代文明的形成奠定了物质基础。世界范围内，以某种农作物为代表的原始农业的起源中心区往往也是古代文明的诞生地。这样的农业暨文明起源中心区，中国有两个——南方稻作农业区与北方旱作农业区。内蒙古地区是北方旱作农业起源中心区的一部分。

### （一）旱作农业起源与早期发展

敖汉旗兴隆洼文化兴隆沟遗址中保留着的炭化植物遗存，有粟和黍两种农作物的种子。从形态特征来看，处于早期驯化与栽培阶段。这一重大发现将粟和黍的起源上溯至距今 8000 年前，同时确立了内蒙古东南部地区旱作农业起源地的重要地位。

炭化粟和黍

出土于内蒙古赤峰市敖汉旗兴隆沟遗址

兴隆沟遗址出土的粟和黍的数量非常少，这表明粟和黍两种作物在兴隆洼先民的食物结构中所占比例不高。在兴隆沟遗址第一地点发现了可食用的野生植物种子，还出土有大量的野生动物骨骼，可见兴隆洼先民采用的是以采集狩猎为主、农耕生产为辅的模式。

到了距今 7000—6000 年前后的赵宝沟文化、红山文化早期和中期，遗址中也出土了粟和黍的种子，证明该地区的先民延续了兴隆洼文化时期的北方旱作农业体系。遗址中出土大量磨制精细的石耜，说明这一时期的农业经济较兴隆洼文化时期有了新的发展。

同时，赵宝沟文化遗址有数量众多的动物骨骼，红山文化遗址中也有大量的鱼骨、软体动物甲壳和部分动物骨骼，说明狩猎、捕鱼在赵宝沟文化与红山文化时期先民的经济生活中占有较大比重。

与内蒙古东南部相比，内蒙古中南部地区位于暖温带与温带、东部季风区与西部干旱区、森林草原景观与干旱荒漠景观的过渡地区。距今 8400—7000 年的裕民文化时期，遗址出土了大量的狼、马鹿、梅花鹿、狍、獐、野兔、野马、野驴、野牛、野猪等动物骨骼，并发现繁缕、藜、大籽蒿、猪毛菜等野生植物种子，表明当时先民以狩猎采集为重要生产方式。

到了仰韶文化中的石虎山类型阶段，遗址出土的动物骨骼以哺乳类、鱼类、爬行类、禽类和软体等野生动物遗存为主，占全部动物骨骼的 87% 以上。值得注意的是，其中鉴定出了家猪，并占出土猪骨总量的 50% 以上。可见，石虎山先民已经开始驯养家畜。

新石器时代晚期的庙子沟文化时期，出土的地臼、石臼、石杵等工具，表明当地居民有栽培粟黍类谷物的传统。结合人骨同位素的鉴定结果，推测此时的谷物种植已经成为主要的生产活动。该遗址出土骨骼仍以野生动物为主，家狗和家猪占出土动物遗存总量的 20%—30%。这一时期驯养家畜的数目较前一阶段有明显增长，但狩猎所获动物仍是肉食的主要来源。

与庙子沟文化一脉相承的阿善文化、老虎山文化、永兴店文化虽然缺少直接的动植物遗存鉴定结果，但阿善文化基本继承了庙子沟文化的生产工具组合，发展到永兴店文化时期还出土了耕作效率更高的石耜。因此，这一时期农业稳定发展，而肉食获取方式正从以狩猎为主向以家畜饲养为主过渡。

### （二）旱作农业形成

夏家店文化是内蒙古早期青铜文化的代表。夏家店下层文化时期，内蒙古东南部地区形成了以种植粟和黍两种小米为特点的北方旱作农业体系。

夏家店下层文化农业生产达到相当高的水平，已进入了农业为主的阶段，在已进行植物遗存系统浮选的 10 余处夏家店下层文化遗址中，发现粟、黍、大豆、大麻和花椒 5 种作物的炭化植物种子。在遗址中，出土的粟和黍占碳化谷物的比例都在 90%以上，表明先民对两种农作物已进行了稳定的驯化。夏家店下层文化遗址中出土了砍伐、破土、中耕、收割和研磨等比较齐备的农业生产工具，显示出农业生产在夏家店下层文化中的重要地位和发展水平。农业生产结构发生显著变化，农作物品种在原来粟和黍的基础上，增添了大豆和大麻，呈现出多元化趋势。在旱作谷物之外，饲养的家畜是食物资源的重要补充，在猪、狗之外，还出现了牛和羊。

夏家店上层文化一定程度上延续了夏家店下层文化的经济模

式，上层文化遗址出土了粟、黍及野生的狗尾草等炭化植物种子，其中粟和黍占出土植物种子总数的 75.54%。粟的绝对数量和出土概率均高于黍，表明粟已经成为这一时期的主要作物，黍已经降到次要地位。以农业生产为支撑的夏家店上层文化时期，先民同样兼营畜牧业，而且马的增多说明畜牧业比重开始上升，但畜牧业仍旧不够发达。

### （三）农牧兼营与游牧经济初步形成

朱开沟文化时期，内蒙古中南部地区开始跨入青铜时代，经济形态也开始发生巨大变化。遗址中出土了一定数量的动物骨骼，野生动物骨骼占其中的 2%，而猪、绵羊、牛和狗等家畜骨骼占比为 88%，牛和绵羊的出现，标志着本地区畜牧经济开始占有重要地位。

朱开沟文化先民的食谱中，粟、黍等淀粉类食物的比例接近 90%，表明农业经济占据主导地位。生产工具以磨制石器为主，其中石刀的数量最多，并且出现了石镰这一类新的收割工具，反映出农业经济的持续发展。

西岔遗址中出土的猪、山羊、绵羊、马和黄牛等家畜骨骼占动物遗存总量的 90% 以上。其中，马和山羊有着更明显的游牧色彩，尤其是马的出现可能代表着流动性放牧的开始。这一时期的文化遗址中，栽培禾本科植物的孢粉量达到峰值[1]，表明农业经济得到了前所未有的发展。

---

[1] 汤卓炜、曹建恩、张淑芹：《内蒙古清水河县西岔遗址孢粉分析与古环境研究》，《边疆考古研究》（第 3 辑），科学出版社 2004 年版。

内蒙古中南部的东周时期墓葬中，殉牲动物种属较多，[①]出土大量羊、牛、马、猪、狗以及少量野生动物骨骼，表明畜牧业已经在本地区占据主导地位。出土的工具多为骨镞、铜镞及鹤嘴斧之类的小型铜器，基本无法用于农业生产，显示出这一时期农业经济的衰微。这一地区几乎没有发现大型的东周时期定居聚落，表明生活在这里的先民流动性较强。

### （四）战国秦汉时期的农业开发

春秋战国时期，铁器和牛耕逐渐被用于农业生产并得到普及，农业发展进入新的历史阶段。战国时期，燕、赵、秦三国在内蒙古地区设置郡县，修筑长城，并迁入大批中原人口进行屯戍垦殖。公元前302年（赵武灵王二十四年），"邯郸命吏大夫奴迁于九原"[②]。迁往内蒙古地区的主要是官吏和奴隶，官吏对新开发地区进行管理，奴隶则从事农业生产。中原移民将先进的农业生产技术带入内蒙古地区，促进了农业开发。敖汉旗老虎山、赤峰市三眼井、通辽市奈曼旗战国遗址出土了大量铁铲、铁犁、铁刀等农具。包头市、乌兰察布市、呼和浩特市等地发现的具有浓郁赵文化色彩的战国晚期墓葬，反映

春秋时期的瓦当

出土于内蒙古呼和浩特市和林格尔县土城子古城遗址

---

① 陈全家、曹建恩、孙金松：《凉城县小双古城墓地殉牲研究》，《内蒙古文物考古》2010年第2期。

② 郦道元著，陈桥驿校证：《水经注校证》，中华书局2007年版，第77页。

了中原农耕文化北进阴山南麓，与内蒙古本土文化融合共存的趋势。

秦朝北击匈奴，向北方地区大量移民屯戍。巴彦淖尔地区在秦时被称为"北假"，是因为"北方田官，主以田假与贫人，故云北假"①。奈曼旗沙把营子古城、赤峰市蜘蛛山遗址和敖汉旗四家子遗址都出土过秦代陶制量器、秦权等，说明这些地区的农业生产较为发达。

西汉在对匈奴的漠北之战中取得胜利，"是后匈奴远遁，而幕南无王庭"②。此后，汉朝加强了在漠南地区的农业经营，尤以对河套地区的开发成效最为显著。

《史记·平准书》多处记载西汉王朝在河套地区开发中的巨额投入情况，"朔方亦穿渠，作者数万人，各历二三期，功未就，费亦各巨万十数"③。汉武帝元狩年间，山东地区发生了严重水灾，国家消耗大量财富，"尚不能相救，乃徙贫民于关以西，及充朔方以南新秦中，七十余万口，衣食皆仰给县官。数岁，假予产业，使者分部护之，冠盖相望。其费以亿计，不可胜数。于是县官大空"④。可见，内蒙古中南部是秦汉时期重要的农业开发区。

兴修水利、移民实边等开发活动，使"河南地"鄂尔多斯及

---

① 司马迁：《史记》卷一一〇《匈奴列传》引《史记集解》，中华书局1959年版，第2887页。

② 司马迁：《史记》卷一一〇《匈奴列传》，中华书局1959年版，第2911页。

③ 司马迁：《史记》卷三〇《平准书》，中华书局1959年版，第1424—1425页。

④ 司马迁：《史记》卷三〇《平准书》，中华书局1959年版，第1425页。

河套地区人口增长，财富增加，成为宜于农耕、繁荣富庶之地，可以跟关中地区的"秦中"相媲美，获得"新秦中"之名。时人认为迁居新秦中，可以获得发家致富、成为新贵的机会。

东汉时期，为了加强边疆建设，政府多次通过优厚条件吸引向北部边疆移民。如对迁往朔方、五原地区的民众，给予减罪、赠弓弩粮食、赐钱、免除人头税的待遇。大量人口在政府强制或鼓励下来到北方，加速了内蒙古地区的开发建设。

五原地区土地肥沃，适宜种麻，但当地人不会织布，到了冬天便躲在草堆里避寒，官吏来了只能穿草衣迎接。崔寔任五原太守时，将官府多余的物资卖掉，用来购买纺织工具，并从内地请来技师传授纺织技术。经过努力，五原地区种麻、织布蔚然成风，百姓学会穿衣御寒，生产生活水平明显提高。

秦汉时期对内蒙古部分地区进行以移民屯垦为主的开发，使得中原的先进工具和农耕技术推行到边郡，促进了当地农业生产水平的提升。秦汉王朝相继向北拓边置郡，移民屯垦，就地解决了军粮问题，也强化了北部边防，还加快了中原与北方各族之间的民族交融与文化交汇的步伐。


## 二、游牧经济的兴起

能够较好利用水、草资源的游牧经济，被认为是传统畜牧经济的发达形态。与农业经济相比，中国的游牧经济形成较晚。

距今 4000 年前后，包括内蒙古地区在内的中国北方，气候逐渐变得干冷，农业赖以生存的条件发生变化。适应干旱低温的环境，中国北方畜牧业的比重逐渐增加。畜牧业成分的不断增加

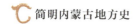

是游牧经济产生的基础和前提。

游牧经济大致形成于西周晚期至春秋时期。六盘山、内蒙古中部及东南部、冀北桑干河流域春秋中期至战国前期的大量考古遗存已具有明显的游牧文化特点，表明游牧经济已经形成并逐渐普及。林胡、楼烦、东胡、匈奴等是中国北方最早成熟的游牧部族。

内蒙古中南部地区的春秋至战国时期遗存，如包头市西园、杭锦旗桃红巴拉、乌拉特中旗呼鲁斯太、凉城县毛庆沟和崞县窑子等，均出土大量北方系青铜器，墓葬中都出土了殉牲，反映出重视畜牧业的传统。墓中有骨弓弭、铜镞、骨镞等武器和铜质或骨质的马衔和马镳等器具，说明有骑马作战的生活。

在内蒙古东南部地区，发现于林西县的春秋晚期至战国早期的井沟子文化具有明显的游牧文化特征。井沟子居民的生业以游牧为主，以渔猎为辅。殉牲现象普遍，以马、牛、羊为主。中国史籍中有比较详细和明确记载的最早的游牧部族是匈奴，随后是东胡及其后裔——乌桓和鲜卑，他们的生产生活方式具有先秦秦汉时期中国北方游牧部族的典型特征。

《汉书》载，匈奴"居于北边，随草畜牧而转移……逐水草迁徙，无城郭常居耕田之业，然亦各有分地"①。乌桓人善骑射，随水草放牧，弋猎禽兽，居无常处，以穹庐为舍，以毛毳为衣，食肉饮酪。鲜卑的习俗与乌桓大致相同。

游牧民族有丰富的牲畜养殖技术和经验，养殖牲畜品种多样，以马、羊、牛为主。在汉匈交战期间，汉军从匈奴处缴获

① 班固：《汉书》卷九四上《匈奴传》，中华书局 1962 年版，第 3743 页。

"牛羊百余万""畜数千百万",可见,匈奴的牲畜饲养规模之大。除了马、羊、牛外,匈奴还饲养橐驼、驴、骡、駃騠、駒騄、驒騱等奇畜。鲜卑也有野马、原羊、角端牛等奇畜。

游牧经济具有产品单一和抗灾能力脆弱的特点。旱灾、雪灾、蝗灾等对游牧经济都是致命打击,如果畜群损失严重,民众就得忍饥挨饿。匈奴的两次内乱——五单于之争和政权分裂都是在遭受自然灾害不久之后发生的。严重的天灾动摇了游牧经济的基础,相应地也撼动着匈奴政权的政治统治。因为游牧经济天然的不稳定性,匈奴、乌桓、鲜卑等对中原存在强烈依赖,他们不断南迁或南下,与中原进行着多渠道、多方面的交往、交流。

### 三、与中原的经济交流

自远古时代起,在内蒙古地区生活的先民就与中原有着广泛的交流。春秋战国时期,北方草原进入到游牧经济阶段,游牧经济的特点决定游牧民族对农耕地区有强烈依赖;同时,农耕民族也十分需要游牧民族的大牲畜及畜产品,农耕经济与游牧经济之间具有很强的互补性。

夏家店上层文化显示当地居民农耕经济与畜牧经济并存的生产方式,并逐步向游牧经济转化。赤峰市宁城县南山根遗址出土的青铜器中,包括青铜短剑、成套的车马具、动物纹饰装饰品等,具有浓郁的草原色彩。与南山根遗址时代相当的宁城县小黑石沟遗址,出土的400余件文物中,既有具当地特色的青铜刀、剑、车马器、动物纹饰饰件等,也有属于中原风格的20件青铜器，包括刖刑奴隶守门方鼎、方座簋、尊、罍、盉等。

呼和浩特市和林格尔县土城子古城外围发现了大量战国晚期墓葬，文化构成以赵文化为主，可见赵武灵王实行"胡服骑射"

战国时期的陶器

出土于内蒙古呼和浩特市和林格尔县土城子古城遗址

后，农耕文化已经深入这一区域。敖汉旗老虎山遗址出土上百件铁制农业工具、70余枚方足币、50多斤燕国刀币、2500余枚"半两"钱和一件重30.75千克的秦

铁权，说明战国到秦朝时期，赤峰地区已经有了较为先进的铁制农具，并与中原地区有着频繁的商业交流。

秦朝末年战乱频仍，一些中原人逃入匈奴地区，将先进的农业生产和技术工艺带入匈奴。壶衍鞮单于时，投降匈奴的卫律建议单于，"穿井筑城，治楼以藏谷，与秦人守之"[1]。秦人，即秦朝逃入匈奴的内地民众后代。随着中原人口的流入，匈奴的农业得到进一步发展，并有了一定的粮食储备。公元前119年（汉元狩四年），卫青出击匈奴，"遂至寘颜山赵信城，得匈奴积粟食军"[2]。诺颜乌拉山匈奴墓葬中曾出土有谷物、农业生产工具和与农业关系密切的大型陶器，说明农业在匈奴生活

---

① 班固：《汉书》卷九四上《匈奴传上》，中华书局1962年版，第3782—3783页。

② 司马迁：《史记》卷一一一《卫将军骠骑列传》，中华书局1959年版，第2935页。

中已经占有一定地位。农业的发展在一定程度上弥补了游牧经济抗击自然灾害能力弱的缺陷，对稳定匈奴社会发挥了重要作用。

中原地区一些工艺技术的传入，也提高了匈奴手工业品的制作水平。汉成帝时的陈汤曾说过："夫胡兵五而当汉兵一，何者？兵刃朴钝，弓弩不利。今闻颇得汉巧，然犹三而当一。"[①]匈奴利用中原的铸造技术，提高了兵刃、弓弩的制造水平和质量。

两汉时期，匈奴、鲜卑、乌桓等北方游牧部族与中原地区始终有着频繁的经济联系和贸易往来。通过和亲、互市、纳贡等多种形式，中原地区的丝绸制品、手工业品、粮食、酒曲、奢侈品等进入北方地区，提高了游牧部族的生活质量。在与匈奴的和亲及贸易中，"骡驴馲驼，衔尾入塞，驒騱騵马，尽为我畜，鼲貂狐貉，采旄文罽，充于内府，而璧玉珊瑚琉璃，咸为国之宝"[②]。驴、骡、骆驼等大牲畜，既可以用于农业生产，也可以用于交通运输，提高了中原的劳动生产率。马的输入和品种的改良，促进了汉朝的骑兵建设。皮毛制品的输入，便利了北方地区中原百姓的御寒保暖。汉朝与北方游牧民族之间的贸易往来，是一种互利互补的模式。

大规模的人口迁徙与人口流动是秦汉时期内蒙古地区人口发展的重要特色。中原地区的大量青壮年及其家属移民到内蒙古地区，参与到抗击匈奴、修筑长城、屯田、农业开发等边疆防御和

---

① 班固：《汉书》卷七《陈汤传》，中华书局 1962 年版，第 3023 页。

② 王利器校注：《盐铁论校注》卷一《力耕第二》，载《新编诸子集成》（第一辑），中华书局 1992 年版，第 28 页。

建设活动中。同时，也有大量的匈奴、鲜卑、乌桓等人口进入汉边郡。内蒙古中南部地区成为汉、匈奴、鲜卑、乌桓各族共同生活繁衍、劳动开发的家园。

南匈奴附汉后，其活动中心在今内蒙古鄂尔多斯、河套地区。在鄂托克旗凤凰山发现一座东汉墓葬，精美的壁画描绘了一座完整的庄园，从规模和形制上看已经可以与中原的庄园相媲美。壁画上的牛耕图、放牧图、庭院宴饮百戏图、射弋图、凭栏观鱼图等，反映了农耕与游牧生产方式在这里交融、汇集、互补的发展状况，以及多民族杂居融合、和谐相处的场面。

在巴彦淖尔市、鄂尔多斯市、包头市、呼和浩特市、乌兰察布市发现大量两汉时期墓葬。这些墓葬既有较强的北方特色，如随葬品中存在殉牲、车马具和胡人俑等，同时也与中原地区墓葬有诸多共同元素，如墓葬形制、随葬品等，反映出当时内蒙古地区文化交融的特征。

战国秦汉时期，内蒙古地区与中原经济的密切交往催生了这一地区的早期城镇。根据考古调查，仅河套地区就发现了战国至秦汉时期修筑的大小城址近200座，主要包括郡县城、守备城、障城、关城等。战国时期，内

汉代墓葬

发现于内蒙古鄂尔多斯市杭锦旗霍洛柴登古城遗址内

蒙古地区重要的边塞城镇有赵国的九原郡郡治（今九原区麻池古城遗址）、云中郡郡治（今托克托县古城村遗址）和燕国的右北平郡郡治（今宁城县黑城遗址）等。有了城镇的依托，驻兵、屯田、兴修水利、贸易、手工业等活动就可以更为稳定持久地开展。

# 第五节　与中原的文化交流及民族交融

内蒙古地区是多民族繁衍生息、杂居相处、交往交流的舞台。各民族之间频繁交往交流的印记，反映在政治、经济、文化等各个领域。长期的相互影响渗透、取长补短、碰撞交融，使各族在越来越广阔的范围内形成不可分割的整体。

## 一、各民族的文化交流

匈奴、乌桓与中原的交往是战国中期至秦汉时期民族关系的重要内容，双方长期的交往交流、互相影响，形成了除物质利益、血缘关系之外更为深刻的文化、情感和价值认同，呈现出"你中有我、我中有你"的局面。

### （一）匈奴与中原的文化交流

受中原文化的影响，匈奴的社会生活、风俗习惯、政治制度等都发生了一些变化。匈奴的衣食住行本与游牧生产方式密切

53

相关，"自君王以下，咸食畜肉，衣其皮革，被旃裘"①。西汉时，匈奴自单于以下皆喜爱内地物品，匈奴贵族特别崇尚中原服饰。呼韩邪单于附汉，汉宣帝、元帝都赐其"冠带衣裳"。汉代匈奴贵族墓中，出土过大量的丝织品。如，伊里莫瓦128号墓出土了"万事如意"花草纹锦，诺颜乌拉山匈奴墓中出土大量汉朝的锦绣织物，织物上绣有"龙""凤""皇""仙境"等具有中原色彩的图案和纹样。除精美的丝织品外，匈奴贵族墓葬中还有很多来自内地的随葬品，如漆器、成套的饮食器、装饰品等。

在匈奴职官中，有"相""将""都尉"等类似于中原的职官名。在中原地区，"将"始于春秋时的晋国，战国时为武官名。"都尉"也是战国时始置的武官。秦汉时，将军、都尉大多是重要的中高级武官。在匈奴职官中，有"大将""都尉""大都尉"等职官，"僮仆都尉"也与中原的"属国都尉"有相似的职能。

最初，匈奴"壮者食肥美，老者食其余。贵壮健，贱老弱"②。南匈奴附汉后，孝文化在匈奴上层得到推崇。单于在自己的名号中加"若鞮"（匈奴语"孝"的音译）两字，称为"复株累若鞮单于""搜谐若鞮单于"等，学习汉朝"以孝治天下"的理念。

匈奴"毋文书，以言语为约束"③。在重要的场合，特别是单于与汉帝的书信往来中，匈奴借用汉字撰写文书。汉文帝时，随汉朝公主陪嫁的中行说，向匈奴人传授算术知识来统计人口和牲畜数量。他怂恿老上单于，用比汉朝更长更宽的简牍给汉文帝回

---

① 司马迁：《史记》卷一一〇《匈奴列传》，中华书局1959年版，第2879页。
② 司马迁：《史记》卷一一〇《匈奴列传》，中华书局1959年版，第2879页。
③ 司马迁：《史记》卷一一〇《匈奴列传》，中华书局1959年版，第2879页。

信，以此抬高匈奴的地位。今内蒙古鄂尔多斯市东胜区采集到许多用汉字铸成的匈奴官印，如"汉匈奴栗借温禺鞮印""休屠长印""右贤王印""俎居侯印""四角胡王印""匈奴归义亲汉君印"等等。

在中原文化影响匈奴的同时，匈奴文化也给中原地区带来了深刻影响。游牧民族的饮食、服饰、音乐、舞蹈等传入中原地区后，受到了中原人的喜爱，甚至影响到皇族贵戚。史载："灵帝好胡服、胡帐、胡床、胡坐、胡饭、胡空侯、胡笛、胡舞，京都贵戚皆竞为之。"①

### （二）乌桓与中原的文化交流

两汉时期，汉朝在匈奴、乌桓、鲜卑活动地区设置行政机构，派遣官吏，设立交易市场，为匈奴、乌桓、鲜卑与中原地区的友好交往创造了条件。乌桓各部各自为政，没有形成统一的政权，一直受汉、匈政权的影响。

乌桓通过三次大规模南迁，从北方游牧经济区到农牧交错区，最后进入到中原农耕区。在乌桓部众南迁的同时，也不断有大批内地民众向北迁徙，其中既有官方招募的，也有为躲避战乱或被乌桓等族劫掠到北方的。

今和林格尔县新店子镇小板申村发现有一座东汉壁画墓，壁画以描绘墓主生平经历为主，墓主曾任护乌桓校尉一职。其中使持节护乌桓校尉出行图，场面最大、车马最多，而护乌桓校尉幕府图也是城市图中规模最大的一幅。壁画中不仅有头戴冠帽或束

---

① 范晔：《后汉书》志第一三《五行一》，中华书局 1965 年版，第 3272 页。

发、身穿各色衣服的中原人，也有乌桓、鲜卑人。如，出行图中边行边猎的乌桓、鲜卑人，前、中两室东壁上的诸多乌桓、鲜卑人，络绎不绝进入幕府内堂广场上观看杂技表演的各族官员等。他们或髡头，或头顶留有小髻或小发辫，多穿赭色胡服，与史书记载的乌桓、

汉墓壁画摹写图

出土于内蒙古呼和浩特市和林格尔县

鲜卑人形象基本一致。壁画中的"孔子问礼图""孝子图""孙叔敖母图"等，表明当时儒家文化在当地已广为传播。

## 二、交通道路的开辟

内蒙古所在的草原地带犹如一座桥梁，汇聚着沟通中原与大漠南北，中国与中亚、欧洲等地交往的各种通道。秦汉时期，民族交往过程中逐渐形成的草原丝绸之路以及先后修建的秦直道、稠阳道等，使内蒙古地区在很早就成为东西方交往、南北沟通交流的重要中枢。

### （一）草原丝绸之路

在张骞开辟绿洲丝绸之路前，中原地区就已经通过北方草原与中亚、欧洲等地有着频繁的交往和联系，在此过程中自然形成

的交往通道被统称为"草原丝绸之路"。

草原丝绸之路主要分布在横贯欧亚的草原地带，包括今内蒙古鄂尔多斯高原、阴山河套地区等地，向西北穿越蒙古高原，绵延于南西伯利亚、中亚北部、里海和黑海北岸、地中海等欧洲东部地区，是亚欧大陆文化和商贸交流的重要通道。

草原丝绸之路开辟的时间早，延续时间长，覆盖地域广阔，涉及民族众多，在不同历史时期有不同的含义和交往内容，路线也屡有变迁。如先秦时期的"玉石之路""青铜之路""黄金之路"等都是草原丝绸之路的重要组成部分。公元前 6—5 世纪，中国丝绸辗转传到阿尔泰、波斯、希腊等地。公元前 4—3 世纪的巴泽雷克（阿尔泰地区）墓葬中，出土了来自中原地区的山字纹残铜镜。[①] 同墓中还出土了中国的刺绣，有的刺绣上绣着凤凰图案，证明阿尔泰地区与中原地区有密切往来。

战国时期中原各国在经营内蒙古地区的同时，也开辟了通往北方的道路。燕国开设的右北平郡道，从燕国首都蓟城，经右北平郡，至大兴安岭南麓，然后进入欧亚大陆。随着战国秦汉政权不断向北方扩展，大漠南北的道路交通不断增加。在呼韩邪单于附汉后，基本上形成了北方道路网络，"东自辽东郡，西至张掖郡居延地区为一线的右北平郡、代郡、定襄郡、云中郡、五原郡、朔方郡及居延地区为十字路口往来漠南、漠北及中原地区的道路都能畅通"[②]。

---

① 　C.H. 鲁金科著，潘孟陶译：《论中国与阿尔泰部落的古代关系》，《考古学报》1957 年第 2 期。

② 　内蒙古公路交通史志编委会编：《内蒙古古代道路交通史》，人民交通出版社 1997 年版，第 25 页。

草原丝绸之路传播的不只是丝绸等各类物资，还包括政治制度、宗教信仰、技艺技术、精神文化等。匈奴统一北方草原以后，原通过草原丝绸之路的东西交流多转向绿洲丝绸之路进行。此后，草原丝绸之路被生活在大漠南北的不同游牧部族控制、利用、扩展和延伸，与绿洲丝绸之路交相辉映。

草原丝绸之路不仅密切了中原与草原地区的交往，也是中华文明与中亚、西亚、欧洲文明交流交汇的纽带。处于草原丝绸之路交通要道上的今内蒙古鄂尔多斯高原、河套地区、呼和浩特地区因其地缘优势和自然环境等，成为东西方交流中的重要节点。

### （二）秦直道

战国时期燕、赵、秦三国在向北方地区开拓的过程中，也开通了内地通往北方的道路。赵武灵王"胡服骑射"改革成功后，将政权交给儿子赵惠文王，自称主父，欲专心经营灭秦事业。"主父欲令子主治国，而身胡服将士大夫西北略胡地，而欲从云中、九原直南袭秦，于是诈自为使者入秦。"[①]可见，从赵国核心地区已有道路通向北方。

秦朝建立后，修筑了从咸阳通达全国的道路。秦向北进攻匈奴、修筑长城，为了保障首都与北部边疆的交通畅顺，便于调集军队，运送物资，"三十五年，除道，道九原抵云阳，堑山堙谷，直通之"[②]。秦直道南起今咸阳附近的云阳，经子午岭，过陕西省，进入鄂尔多斯市，北抵九原，全长 700 千米。秦直道经陕

---

① 司马迁：《史记》卷四三《赵世家》，中华书局 1959 年版，第 1812—1813 页。

② 司马迁：《史记》卷六《秦始皇本纪》，中华书局 1959 年版，第 256 页。

西省榆林市进入伊金霍洛旗红庆河附近，经红庆河直北而上，经过东胜区的二顷半村、城梁古城、达拉特旗吴四疙堵偏西北行，在昭君坟北上渡过黄河，到达秦九原郡的郡治包头西南的麻池古城，秦直道内蒙古段全长160多千米。秦直道道路宽阔平坦，南北直线相通，成为连接关中与北方边疆地区最便捷的军事、政治、经济通道。秦直道内蒙古段不仅南北笔直，而且西边避开了库布齐、毛乌素两大沙漠，中部避开了遍布沼泽的泊江海子盆地，两侧避开了一系列与直道平行的南北向大冲沟，设计科学巧妙。

秦始皇去世，李斯、秦二世走直道将其遗体带回咸阳。汉武帝经秦直道巡视北方，王昭君经秦直道出塞匈奴，说明整个秦汉时期，秦直道都保持着非常好的通行条件。秦直道长期沿用，不仅是中原王朝北方防御体系的组成部分，也是中原与北方交往交流的重要纽带和桥梁。

### （三）稒阳道

稒阳道是沟通阴山南北的重要通道，修建于汉武帝时期。匈奴失河西走廊、阴山等地退向漠北后，仍与西汉处于对峙状态。为防御匈奴南下，汉武帝下令修缮和加强原来秦所置的防御设施，包括长城和一些障塞等。其中，包括在阴山山脉的重要峡谷之间，利用其天然地形，筑城障，设兵戍守。稒阳道就是沟通大青山南北的一条河谷道路，被称为入匈奴之"中道"。

公元前102年（汉太初三年），汉武帝命光禄勋徐自为"出五原塞数百里，远者千余里，筑城郭列亭至庐朐"[①]，以保障北方边郡的安全。汉在五原郡稠阳（今包头市古城湾古城）昆都仑河谷道峡口以北沿途修筑了光禄城（今达尔罕茂明安联合旗百灵庙西南林场汉古城）、支就城（位于汉外长城线上）、头曼城、虖河城、宿虏城（今乌拉特后旗北境）等军事城堡，加强对五原郡塞外交通的控制。在阴山南北诸通道中，稠阳道对汉匈双方来说都十分重要，汉匈交往中的一些政治、军事活动，大多需要通过这条通道。

公元前 51 年（汉甘露三年），呼韩邪单于从五原塞外经稠阳道，然后沿秦直道南下，到甘泉宫朝汉。呼韩邪单于留居光禄塞期间，稠阳道是粮食输送等交往中最为直接便利的通道。汉先后从云中、五原等边郡转运谷米粮食 3.4 万斛（汉代 10 斗为 1 斛）、2 万斛，补给匈奴部众。

### 三、民族交融的历史佳话

这一时期，以"胡服骑射""昭君出塞"等为代表的历史佳话，反映了当时内蒙古地区各族政治、经济、文化交往的优良传统，展现了取长补短、民族团结的精神面貌。

### （一）胡服骑射

在战国七雄中，赵国位于北方地区，东面有传统强国齐国，西面是迅速崛起的秦国，南面有魏国、韩国、卫国，内部东北地

---

① 司马迁：《史记》卷一一〇《匈奴列传》，中华书局 1959 年版，第 2916 页。

区还有中山国。赵武灵王即位后，认识到国家面临的严峻局面，在深思熟虑的基础上，决定把国家经营的目标转向北方。在与林胡、楼烦等的交往中，赵武灵王决定学习游牧民族马上骑射的作战方式。公元前 307 年（赵武灵王十九年），赵武灵王在全国推行"胡服骑射"改革，包括改穿胡服，招募胡人，在原阳（今呼和浩特市东南郊八拜古城）建骑兵训练基地，组建骑兵部队等措施。

公元前 306 年（赵武灵王二十年），赵武灵王率领骑兵进攻林胡，占领了榆中（今准格尔旗一带）、云中（治所在今托克托县古城村）、九原（治所在今九原区麻池古城）一带。一部分林胡人臣服于赵国，林胡骑兵被充实到赵国军队。公元前 297 年（赵惠文王二年），赵主父（赵武灵王将王位传于少子，自称"主父"）在今鄂尔多斯地区打败楼烦王，将楼烦人编入赵国骑兵。

经过改革，赵国的军事实力进一步增强，大败林胡、楼烦，灭掉了心腹之患中山国。赵国的国土面积增加了一倍，国家实力大大增强，成为战国中期可以与强秦对抗的大国。胡服骑射，开创了中原政权主动学习北方游牧民族文化与军事技术的先河。

### （二）昭君出塞

在汉朝的打击下，匈奴军事失利，经济衰弱，牲畜大量死亡，内部矛盾日益尖锐。公元前 60 年（汉神爵二年），匈奴出现了五单于之乱。在生死存亡关头，呼韩邪单于决定采纳左伊秩訾王的建议，主动附汉称臣，以求得汉朝的帮助和支持。

公元前 51 年（汉甘露三年），呼韩邪单于从五原塞到长安朝拜汉帝。宣帝以高于诸侯王的礼节接见了他，并给予大量赏赐。

为了解决匈奴民众的温饱问题，汉朝又从边郡调运 3.4 万斛粮食予以援助。在呼韩邪单于返回时，汉朝一路派军队护送到鸡鹿塞（今磴口县狼山西段哈隆格乃峡谷南口），并安排长乐卫尉高昌侯董忠率领汉军留居匈奴境内，帮助呼韩邪单于稳定政权。在汉朝的支持下，呼韩邪单于度过了危机。

公元前 36 年（汉建昭三年），汉朝的都护甘延寿和陈汤发兵康居斩杀郅支单于，除掉了呼韩邪单于的竞争对手。对于汉朝的帮助，呼韩邪单于十分感激，公元前 33 年（汉竟宁元年），他第三次来到长安朝见汉帝，并向汉元帝请求自愿当汉家女婿。"元帝以后宫良家子王墙字昭君赐单于。"①

昭君墓遗址

位于内蒙古呼和浩特市南郊，现为内蒙古昭君博物院

王昭君出生于汉代南郡秭归县（今湖北省兴山县）一个农民家庭，因相貌端庄、高雅聪慧被征召入宫。入宫后，昭君没有得到皇帝的宠幸。当朝廷征召后宫女出嫁呼韩邪单于时，王昭君站出来自请出塞。在临辞大会上，"昭君丰容靓饰，光明汉宫，顾景裴回，竦动左右"②。

来到匈奴后，王昭君克服困难适应异域生活，为汉匈和平友

① 班固：《汉书》卷九四下《匈奴传》，中华书局 1962 年版，第 3803 页。
② 范晔：《后汉书》卷八九《南匈奴列传》，中华书局 1965 年版，第 2941 页。

好奔走操劳，她的努力赢得了匈奴人民的尊敬和爱戴。王昭君与呼韩邪单于共同生活了两年多，并生下了一个男孩伊屠智牙师。呼韩邪单于去世后，王昭君又从大局出发，遵循匈奴的社会风俗，嫁给了呼韩邪单于的儿子复株累单于，两人生了两个女儿。在以后的几十年里，王昭君和她的女儿、女婿、侄儿皆致力于维护汉匈间的友好关系，为汉匈的和平相处作出了贡献。

"单于和亲"瓦当
出土于内蒙古包头市召湾汉墓

　　昭君出塞，巩固了宣帝以来汉匈双方和平相处的成果，使汉匈人民摆脱了战争苦难，双方在经济、文化上深度交融。"是时边城晏闭，牛马布野，三世无犬吠之警，黎庶亡干戈之役。"①昭君出塞成为千古佳话，王昭君也成为人民传颂至今的历史人物。

---

　　① 班固：《汉书》卷九四《匈奴传》，中华书局 1962 年版，第 3832—3833 页。

# 第二章

# 魏晋南北朝隋唐时期

## ——民族大融合与融入大一统王朝治理体系的进程

从东汉末年开始，中国再一次陷入分裂局面，西晋虽短暂地实现统一，但统治期间战乱不断。西晋灭亡后，南迁的游牧民族先后在北方地区建立多个地方政权，对内蒙古部分地区进行管辖。十六国后期，拓跋鲜卑先后建立代国和北魏政权。北魏统一北方后，实施分土定居、离散诸部的政策，并设置州、郡、县和军镇对内蒙古地区进行直接统治。各民族在同一地域内交错杂居，促进了文化的传播和经济多样化发展，增进了各民族之间的互相了解，为民族大融合创造了条件。大一统的隋、唐时期，突厥、回纥、铁勒等部分人口迁徙进入今内蒙古地区，他们与北方的汉人在文化上互相学习，经济上互通有无，血缘上日益融合。在隋唐"四夷可使如一家"思想理念和开明的民族政策的影响下，民族交融进入了新的历史时期。

## 第一节　魏晋南北朝时期的民族
活动和行政建置

魏晋南北朝时期是中国历史上政权更迭最为频繁的时期，相继经历了魏、蜀、吴三国鼎立，西晋的短暂统一，东晋与十六国诸政权并存，前后相继的南朝宋、齐、梁、陈与北魏、东魏—北齐、西魏—北周并立的几个历史阶段。汉末三国之际，北方游牧民族大规模迁徙进入今内蒙古地区，中原王朝在此设置的郡、县渐趋废弛。魏晋政权通过册封少数民族首领等形式对各族进行羁縻统治。十六国时期，部分地方政权一度恢复了秦汉以来北方沿边郡县的设置，但管理较为松散。北魏建立以后，在今内蒙古地区设置了军镇以及州、郡、县三级地方行政建置。

### 一、内蒙古地区诸族的活动

魏晋时期，北方主要活动着匈奴、乌桓和鲜卑等。此外，生活在蒙古高原北部的匈奴余部、敕勒诸部等陆续南迁进入阴山南北活动。此次移民活动规模大、人口多，持续时间从东汉一直到北魏初期，迁徙范围从蒙古高原北部、大兴安岭北段波及整个黄河流域。大规模的民族迁徙和人口流动使内蒙古地区形成了多民族交错杂居的局面，不同民族之间的融合力度进一步加大。

48 年（东汉建武二十四年），南匈奴南迁进入东汉边郡，屯驻在今巴彦淖尔、包头、呼和浩特、乌兰察布等以及山西、陕西、河北三省的北部地区。曹魏政权将南匈奴分为五部，任命各部"贵人"为部帅，南匈奴部众进一步南迁于平阳、西河、太原、新兴、上党、乐平六郡，散居于今山西省的大部分地区。西晋初期，有互不统属的 19 个北狄部落先后南迁入塞。265 年（西晋泰始元年），匈奴大水、塞泥、黑难等部 2 万余落南迁。太康年间，又有塞北匈奴各部约 10 万人南下归附西晋。至此，西晋北方沿边 10 余郡都有匈奴人活动，他们与晋人杂居而处。西晋末年，匈奴各部不满西晋统治者的剥削与压迫，在左部帅刘渊的带领下，纷纷参加了反晋斗争，最终推翻西晋的统治，建立了汉政权，开启了中国历史上的十六国时代。十六国后期，分布于河套、河西地区的匈奴铁弗氏和沮渠氏的势力一度强大，建立了大夏和北凉政权，其统治区域包括今内蒙古中西部地区。

东汉以来乌桓（也称乌丸）人广泛分布于今内蒙古中南部一直到大凌河下游一带，与汉、南匈奴等族人口交错杂居。东汉末年，势力较强的右北平、辽西和辽东三郡乌桓参与中原割据混战，被曹操征服并被迁居中原。魏晋以后，乌桓再没有形成规模较大的势力，其历史活动主要是依附于其他部族或政权，并逐步与汉、匈奴及鲜卑等族人口融合。北魏时期，将"诸方杂人来附者，总谓之乌丸"[①]，至此"乌丸"成为"杂胡"的泛称。

---

① 魏收：《魏书》卷一一三《官氏志》，中华书局 1974 年版，第 2971 页。

南匈奴、乌桓相继南迁之后，鲜卑顺势南下西进，占据匈奴故地。东汉后期，由檀石槐建立的鲜卑部落联盟的控制区域基本包含了今内蒙古全境。檀石槐去世后，联盟瓦解，鲜卑人陷入了部落离散的状态。3世纪20年代末30年代初，活动于今内蒙古中部地区的鲜卑轲比能部逐渐强大，先后兼并漠南鲜卑诸部，控制了西迄五原、东至辽河的广大区域。235年（曹魏青龙三年），轲比能遭暗杀，鲜卑部落再次离散。西晋时期，东北地区的慕容鲜卑势力强大起来，活动范围逐渐从辽东、辽西、今内蒙古东部地区向西南扩展到今河北、河南、陕西、山西、山东等地。西部地区的乞伏鲜卑、秃发鲜卑先后控制今甘肃陇右、河西地区，活动范围波及今内蒙古西部地区。这些鲜卑部族在十六国时期，先后在各自活动区域内建立了前燕、南燕、后燕、南凉、西秦等地方政权。

活动于大兴安岭北麓的拓跋鲜卑也经历了两次重要的南迁。拓跋鲜卑早期活动于大鲜卑山①。按照《魏书》的记载，拓跋鲜卑在大鲜卑山地区生活了六七十世后，部族人口有了较大的增长。后又传五世，推寅当上了酋长。他率领部众南迁大泽（今呼伦湖），又经历了八代。首领传至诘汾，他率领部众再次向南向西迁徙，进入五原郡塞外阴山以北的草原地区，成为檀石槐

———————————

①　443年（北魏太平真君四年），活动于今嫩江流域的乌洛侯遣使朝贡北魏，并为北魏带来一个重要消息：在乌洛侯活动区域西北地区有拓跋鲜卑人早期居住的石室旧墟。北魏世祖拓跋焘随即派遣中书侍郎李敞随同乌洛侯使者前往寻找、祭祀，并在石室墙壁上刊刻了祭祀祝文。1980年，在呼伦贝尔鄂伦春自治旗阿里河镇西北10千米的嘎仙洞内发现了李敞留下的石刻祝文，证明拓跋鲜卑早期生活的大鲜卑山在今大兴安岭北段。

鲜卑部落联盟的西部成员之一。220年（曹魏黄初元年），拓跋鲜卑遭到其他西部鲜卑的攻击，首领力微率部投奔五原的没鹿回部。248年（曹魏正始九年）拓跋鲜卑吞并了没鹿回部，势力日益增强。258年（曹魏甘露三年），拓跋力微率领鲜卑、匈奴、乌桓等20余万人迁于定襄郡盛乐城（今和林格尔县土城子古城），形成了以拓跋部为首的部落联盟。386年（北魏登国元年），拓跋鲜卑建立北魏。随着北魏先后迁都平城（今山西省大同市）和洛阳，鲜卑人的活动范围进一步南移。

嘎仙洞遗址

位于内蒙古呼伦贝尔市鄂伦春自治旗

北魏太平真君四年（443年）石刻祝文

北魏时期，在内蒙古地区活动的还有柔然人和敕勒人。柔然人的始祖木骨闾是拓跋鲜卑的奴隶。3世纪末4世纪初，木骨闾集合百余人逃亡到了阴山以北的意辛山（今四子王旗西北境，另说在今达尔罕茂明安联合旗沙拉木伦河流域）一带。经过一段时间的发展，到木骨闾的儿子车鹿会时，有了自己的部众，自称为

"柔然"。4 世纪后期，柔然分为东、西两部，活动于河套段阴山以北至额济纳旗一带。4 世纪末 5 世纪初，西部柔然首领的儿子社仑兼并东部柔然，向北迁徙，一路征服敕勒诸部。402 年（北魏天兴五年），社仑在漠北弱落水（今蒙古国土拉河）流域建立柔然政权，与北魏形成了南北并立的局面，双方既有兵戈相见，也有和亲贡使往来。从北魏太平真君年间开始，柔然南迁归附北魏的人口数量明显增多，被安置于今宁夏回族自治区和内蒙古中西部地区。520 年（北魏正光元年），柔然可汗阿那瓌南下依附北魏，所领部众被安置于吐若奚泉（今固阳县境，另说在达尔罕茂明安联合旗境内），柔然与北魏之间出现了"阴山息警，弱水无尘"①的友好交往局面。北魏灭亡后，柔然继续与北齐、北周保持和亲贡使往来。555 年（北齐天保六年），柔然政权被突厥攻灭，南迁的柔然人主要融入北方汉族和鲜卑之中。

敕勒是丁零后裔，因族人多乘高轮车，北魏称呼他们为"高车"。西晋十六国时期，敕勒人广泛分布于蒙古高原，有很多互不统属的部落。北魏于登国至神䴥年间持续对敕勒用兵，加上漠北地区遭遇自然灾害，数十万敕勒人口南迁。他们被"皆徙置漠南千里之地"②，分布于今河北北部至内蒙古中西部、宁夏回族自治区境内。北魏允许敕勒人以部落组织的形式聚族而居发展畜牧业，今巴彦淖尔、包头、呼和浩特、乌兰察布等地成为北魏时期敕勒的主要聚居区域。

魏晋南北朝时期，受游牧民族向南迁徙、北方地区战乱、郡

---

① 魏收：《魏书》卷一〇三《蠕蠕传》，中华书局 1974 年版，第 2303 页。
② 魏收：《魏书》卷一〇三《高车传》，中华书局 1974 年版，第 2309 页。

县废弛等因素的影响，北方沿边郡县的汉族人口与秦汉时期相比数量有所减少，但也存在主动或被迫迁入内蒙古地区的现象。曹魏时期，三郡乌桓攻破幽州，将 10 余万户北迁。鲜卑轲比能时期，常有中原人口为躲避割据混战而北奔鲜卑，他们教授鲜卑人汉文，并传授制作兵器的手工技术。十六国时期，在大夏与后秦的战争中，两次迁徙关中人口 23000 余户到大城（今杭锦旗东南古城梁古城）。北魏灭后燕，将燕北地区的汉族人口迁徙至平城及盛乐地区。北魏在北方地区设立军镇后，以豪强大族镇守北镇，迁移军士、平民到北方实边。这些北迁的汉族人口和其他各族人民一样，经历了魏晋十六国北朝战乱的动荡，最终与鲜卑等族人口融合。

魏晋南北朝时期，内蒙古西部还有羯、氐、羌等人口活动，东部地区分布有乌洛侯、库莫奚、契丹、室韦等族。各族虽然在不同的地方驻牧、生活，影响有大有小，但他们都为中华民族多元一体格局的历史发展作出了贡献。

## 二、魏晋十六国诸政权对内蒙古地区的行政管辖

东汉末年，政治腐败，社会动荡不安。黄巾起义爆发后，各地逐渐形成了军阀割据的态势，统一的东汉王朝最终被曹魏、蜀汉和东吴三足鼎立所取代，秦朝以来 4 个多世纪的大一统局面由此遭到破坏。3 世纪末 4 世纪初，实现短暂统一的西晋政权爆发内乱，政局再度陷入动荡。与此同时，一些地方的汉族官僚和迁居塞内的南匈奴、鲜卑、羯、氐、羌等各族豪酋乘势而起，在黄河流域及周邻区域相继建立汉—前赵、后赵、前凉、西凉、后

凉、南凉、北凉、前燕、后燕、南燕、北燕、前秦、西秦、后秦、大夏等政权，历史上将这些政权与西南地区的成汉并称为"十六国"。

魏晋至十六国时期，诸政权有的通过册封诸部首领的形式对各部实施羁縻统治，有的通过设置州、郡、县等地方建置，对今内蒙古部分地区进行行政管辖。

曹魏政权在完成对北方地区的局部统一以后，并未能在今内蒙古地区实施有效治理。220 年（曹魏黄初元年），曹魏重置的并州放弃了陉岭（今山西省代县西北）以北地区。魏晋政权在内蒙古地区唯一直接控制的地方行政建置，是位于今额济纳旗一带的西海郡居延县。战国秦汉以来在内蒙古中西部地区设置的云中、定襄等郡，则均被侨置在今山西省境内。

郡县先后被裁撤主要是因为内蒙古地区已成为鲜卑诸部活动区域。魏晋政权主要通过册封鲜卑部落首领等形式对这一地区实施羁縻治理。

汉末建安（196—220 年）年间，遣使朝贡并与汉互市的东部鲜卑诸部大人，皆被曹操授以王号。曹魏政权建立后，继续加封鲜卑各部大人，封东部大人素利、弥加为归义王，并授予檀石槐后裔步度根、步度根的侄子泄归泥以王号。220 年（曹魏黄初元年），鲜卑首领轲比能向曹魏遣使献马，被魏文帝曹丕加封为附义王。此外，入居辽西的慕容鲜卑首领莫护跋，因追随司马懿征讨割据辽东的公孙渊有功，于 238 年（曹魏景初二年）被授予率义王封号；莫护跋之子木延也因征讨高句丽的军功被加封为左贤王、大都督。这一时期，鲜卑部落首领均比较注重维护与中原政权的和平关系，并通过朝贡、互市等方式加强与中原地区的交往。

289年（西晋太康十年），慕容鲜卑首领慕容廆归附西晋，被授予鲜卑都督的职位。今乌兰察布市凉城县小坝子滩出土窖藏“晋鲜卑归义侯”金印、“晋鲜卑率善中郎将”银印以及刻有“猗㐌金”字样的四兽形金饰牌，揭示出了西晋曾授予拓跋鲜卑部落首领爵位和官职的历史。

“晋鲜卑归义侯”印

出土于内蒙古乌兰察布市凉城县

十六国时期，前凉、后赵、前燕、前秦、后燕、北燕、后凉、后秦、西凉、北凉、大夏等政权的统治地域包括今内蒙古部分地区。这些政权所设置的州、郡、县，有的治所和管辖区域都在今内蒙古地区，有的管辖区域只是包括今内蒙古的部分地区。此外，汉—前赵、南凉、西秦等政权的统治区域也可能包括今内蒙古部分地区，但由于缺乏可靠的文献记载，具体情况不详。

“猗㐌金”铭文金饰牌

出土于内蒙古乌兰察布市凉城县

西晋凉州刺史张轨之子张寔于317年（东晋建武元年）自称“凉王”，建立前凉政权。前凉疆域最盛时期，治下有凉、河、沙、秦诸州。其中，凉州下辖的西海郡治所居延在今额济纳旗境内，居延县的辖地包括今额济纳旗及阿拉善左旗、阿拉善右旗的部分地区。

羯人石勒于319年（前赵光初二年）以襄国（今河北省邢台市）为中心建立后赵政权，后迁都邺城（今河北省临漳县城西南）。后赵实力强盛时期，以淮河为界与东晋分治南北，设置了15州。其中，朔州所辖朔方郡位于今内蒙古河套地区，下辖临戎（今磴口县补隆淖古城）、三封（今磴口县陶升井麻弥图古城）、朔方（今杭锦旗东北）、沃野（今磴口县河拐子古城）等县。

337年（东晋咸康三年）鲜卑人慕容皝建立前燕政权，定都龙城（今辽宁省朝阳市），后迁都邺城。前燕下辖平州治下的冀阳郡（治所在平刚，即今宁城县右北平镇黑城村古城），辖地包括今赤峰市东南部地区。

351年（前秦皇始元年）氐人苻坚在关中建立前秦政权，先后灭亡前燕、前凉及拓跋鲜卑建立的代政权。原来分属代和前凉的并州五原、朔方等郡以及凉州西海郡，原为前燕统治范围的平州冀阳等郡，均被纳入前秦的版图。前秦灭亡后，北方再度陷入多个政权分裂割据的局面。

384年（后燕燕元元年），前燕皇帝慕容皝的第五子慕容垂在中山（今河北省定州市）建立后燕政权。后燕治下的今内蒙古东南部地区，主要分属昌黎、冀阳二郡。冯跋建立的北燕取代后燕以后，继续统治内蒙古东南部的广阔区域，所置平州冀阳郡下设平刚、柳城二县，辖今内蒙古赤峰市南部的部分地区。

淝水之战后，前秦将领吕光占据凉州，建立后凉政权，统治范围包括今甘肃省西部和宁夏回族自治区、青海省以及新疆维吾尔自治区的部分地区。后凉境内置有西海郡，属凉州，领居延县，控制着今阿拉善左旗、阿拉善右旗和额济纳旗的大部分地区。后凉灭亡后，西海郡及所领居延县成为后秦的地方行

政建置。

386年（后秦建初元年）羌人姚苌在长安称帝，仍以秦为国号，史称"后秦"。今内蒙古中西部的鄂尔多斯高原及乌加河以南地区，均属后秦统治范围。403年（后秦弘始五年），后秦攻灭后凉，又控制了阿拉善高原，但其北部地区的疆土很快分别被并入西凉、北凉和大夏。后秦控制上述区域期间，基本沿袭此前诸政权的行政建置。

400年（西凉庚子元年）凉州李暠建立的西凉政权一度据有今内蒙古西部、甘肃省西部、新疆东北部地区。西凉在控制今内蒙古额济纳河流域以后，也承袭前代凉州地方建置，设西海郡，治居延，领居延县，至西凉灭亡前夕，西海郡管辖地域没有发生显著变化。

5世纪以后，匈奴沮渠氏建立的北凉逐渐强盛，成为十六国后期盘踞在凉州一带的实力最强的政权。420年（北凉玄始九年），北凉攻取原属西凉的西海郡，仍以居延为治所，领县及所辖地域与前代基本相同。

淝水之战以后，铁弗匈奴首领赫连勃勃以大城为中心建立大夏政权，后定都统万城（今陕西省靖边县北白城子古城）。大夏政权实力强盛时期，控制地域包括今阿拉善盟东部、乌海市、巴彦淖尔市、鄂尔多斯市、包头市以及宁夏回族自治区、甘肃省东北部、陕西省中北部的广大区域。大夏政权实行州、郡、县三级地方建置，其中409年（大夏龙升三年）设置的幽州辖境大体包括两汉时期在内蒙古中西部地区所置朔方郡、五原郡及西河郡西部、北地郡北部地区。

十六国时期，前凉、西凉等政权，多采用秦汉以来的郡县制对控制地域进行行政管辖，是对中原王朝传统制度文化的继承和发展。匈奴、鲜卑、羯、氐、羌诸族建立的政权在采用本族传统社会管理形式治理部众的同时，也继承前代行政区划来治理农耕地区，体现了其对中原制度文化的借鉴、吸收和发展，是各民族之间在政治、经济、文化上交往交流交融的重要表现。

## 三、盛乐建都与北魏的局部统一

两汉以降，经过数代人的迁徙，拓跋鲜卑南迁至河套以北的阴山地区。258年（曹魏甘露三年），拓跋力微迁于定襄之盛乐（今和林格尔县土城子古城）。至此，盛乐一带成为拓跋鲜卑的核心活动区域。

力微之子禄官统治时期，拓跋鲜卑分为三部。禄官直领东部，统辖今河北省北部和内蒙古赤峰市、锡林郭勒盟一带；力微之子沙漠汗的长子猗㐌统率中部，统辖今山西北部、内蒙古乌兰察布市凉城县、丰镇市及其周边地区；猗㐌的弟弟猗卢统率西部，主要驻牧在今和林格尔县和托克托县地区。至此，拓跋鲜卑的活动范围扩展到今内蒙古的大部分地区。

力微以来，拓跋鲜卑采取与西晋通好的政策，社会经济不断发展。至禄官统治时期，拥有骑兵40余万，社会相对安定。禄官死后，猗卢统辖鲜卑三部，成为最高政治军事首领。310年（西晋永嘉四年），猗卢与西晋联军讨伐铁弗匈奴及鲜卑白部，因功被晋怀帝授予代公的爵位。此后不久，猗卢又从西晋取得了马邑县、阴馆县、楼烦县、繁峙县、崞县，控制范围扩展到今山西省北部的代县、浑源县、朔州市等地。

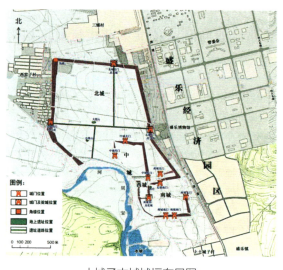

土城子古城城垣布局图

位于内蒙古呼和浩特市和林格尔县，图中标识的"中城"为拓跋鲜卑所建立的盛乐城故址

313 年（西晋建兴元年），猗卢分别以平城和盛乐为南、北两都。315 年（西晋建兴三年），猗卢自称"代王"。至此，今呼和浩特一带成为拓跋鲜卑统治中心之一。盛乐建都以后不久，拓跋鲜卑统治集团内部的权力斗争日趋激烈。316 年（西晋建兴四年），猗卢与他的儿子六脩之间发生战争，不久后去世。此后 20 余年间，拓跋鲜卑贵族父子相杀、兄弟相残，政局陷入混乱。338 年（代建国元年），拓跋什翼犍即代王位以后，局面才逐渐安定下来。

拓跋什翼犍即位前，曾以质子身份在后赵都城襄国生活 10 年，深受中原制度文化熏陶。因此，他在即位当年就采用中原王朝传统的年号纪年法，又仿照中原王朝的职官体系建立官制。此外，拓跋什翼犍还颁布律法，使法令明白，百姓晏然。总的来看，拓跋什翼犍在位期间（338—376 年），代政权政治相对清明，律法相对宽松，经济也有所发展，周边各部都来归附。

拓跋什翼犍在位后期，代政权与活动在河套一带的铁弗匈奴关系日趋紧张。374年（代建国三十七年），代政权出兵攻打铁弗匈奴，铁弗匈奴首领刘卫辰向前秦求援。376年（前秦建元十二年），前秦军队大举攻代，什翼犍作战失利，被迫逃亡阴山以北。此后不久，又因屡遭敕勒诸部的袭扰，不得不重返漠南，入居云中（今托克托县境内）。同年底，什翼犍被其子寔君所杀，前秦趁机发兵云中，代政权灭亡。代政权灭亡后，前秦将其领土分为两部分，河东地区由独孤部刘库仁统辖，河西地区划归铁弗匈奴刘卫辰统领。

淝水之战后，前秦统治瓦解，拓跋什翼犍之孙拓跋珪在贺兰部的扶持下收集旧部，乘机复国。386年（北魏登国元年），拓跋珪在牛川（今呼和浩特市西南）大会诸部，即代王位，改元登国。二月，迁回盛乐，不久后改国号为"魏"，史称"北魏"。

北魏建立后，经过道武帝、明元帝和太武帝祖孙三代的努力，先后兼并了黄河流域及辽西地区的其他地方政权。395年（北魏登国十年），北魏与后燕在参合陂（今凉城县东北）大战，后燕军队惨败，政权开始衰落。次年，北魏出兵进攻后燕都城中山（今河北省定州市），占据今山西、河北地区。428年（北魏始光五年），北魏占领大夏都城统万，进据河套地区。436年（北魏太延二年），北魏军队进攻龙城，灭亡北燕。439年（北魏太延五年），北魏逼迫北凉投降，占据河西走廊地区。至此，北魏统一了黄河流域。

与此同时，偏安东南一隅的东晋也被刘裕建立的宋政权取代。于是，晋室南渡以来东晋十六国分裂割据的局面转变为南北朝对峙的格局。534年（北魏永熙三年），北魏分裂为东魏、西

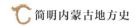

魏两个政权,后又分别被北齐、北周取代。577年(北周建德六年),北周攻灭北齐,北魏末年以来近半个世纪饱经战乱的黄河流域再度统一,为隋唐大一统局面的出现奠定了基础。

## 四、北朝在内蒙古地区的行政建置

北魏对内蒙古地区的行政管辖,主要是通过军镇和州郡县两种地方建置实现的。

### (一)北魏设置的军镇

北魏于398年(北魏天兴元年)迁都平城后,出于巩固统治和防御柔然、敕勒等族的需要,修筑了东起今河北省赤城县、西抵今内蒙古包头市西的绵延2000余里的长城,并在长城沿线地区设置了一系列军镇。

军镇是一种特殊的地方建置,以军事建置为主,兼具行政职能。十六国时期,汉—前赵、后赵、前燕、前秦、前凉、后秦、大夏等政权都曾设立过军镇。这一地方建置模式被北魏所沿袭。

北魏前期,柔然、敕勒等部的袭扰对都城平城构成威胁,北魏先后设置沃野、怀朔、武川、抚冥、柔玄、怀荒等六个军镇,史称"六镇"。

在北魏六镇中,沃野镇、怀朔镇、武川镇、抚冥镇和柔玄镇均设置在今内蒙古地区。怀荒镇设置于河北省张家口市境内。

沃野镇是六镇中地理位置最西的军镇,治所曾经历三次迁移:最早在今巴彦淖尔市磴口县的河拐子古城,486年(北魏太和十年)以后迁至今鄂尔多斯市杭锦旗东北什拉召一带的朔方故城，北魏末年又迁至今巴彦淖尔市乌拉特前旗苏独仑镇根子场古城。沃野镇的镇戍和统辖范围在今乌加河河套地区。

怀朔镇故址在今包头市固阳县白灵淖乡城圐圙村。523 年（北魏正光四年），北魏改镇置州，以怀朔镇为朔州，而以原云中的朔州为云州（治所在盛乐，即今和林格尔县土城子古城）。怀朔镇改置而来的朔州管辖 4 郡 11 县，其中，广宁郡下辖的石门县（今固阳县西南）、中川县（今包头市昆都仑河流域），附化郡下辖的五原县（今包头市一带），均在今内蒙古地区。

武川镇故址在今呼和浩特市武川县二份子古城[①]。怀朔镇改置朔州后不久，北魏又于 528 年（北魏孝昌四年）将武川镇改置为神武郡，隶属朔州管辖，下辖尖山（在原武川镇城所在地）、殊颓（今武川县境内）二县。武川镇与前述怀朔镇的镇戍和统辖范围，主要包括今内蒙古乌兰察布高原。

抚冥镇故址即今乌兰察布市四子王旗乌兰花镇土城子古城，柔玄镇故址大体位于今乌兰察布市察哈尔右翼前旗的黄旗海以北。柔玄镇与抚冥镇的镇戍和统辖范围主要包括今乌兰察布市东部及锡林郭勒盟西部的部分地区。北魏孝明帝在位时期（515—528 年），曾打算将抚冥与柔玄二镇改为州，尚未施行，二镇就已陷落。

怀荒镇位于今河北省张家口市张北县北，镇戍和统辖范围包括今锡林郭勒盟的东部地区。

北魏初期，六镇镇将、镇兵的地位颇高。484 年（北魏太和

---

① 　另有在今武川县乌兰不浪土城梁古城、达尔罕茂明安联合旗希拉穆仁城圐圙古城的说法。

八年）孝文帝迁都洛阳后，北魏的政治中心和战略重心南移，六镇也逐渐失去了作为京师屏障的战略地位。镇兵社会地位的日益下降和镇将对镇兵、镇民剥削的不断加深，最终引发了524年（北魏正光五年）的六镇起义。六镇起义不仅造成了北魏对边境地区的统治难以为继，还动摇了北魏的统治基础，为后来北魏政权的分裂埋下了伏笔。

六镇的设立催生了怀朔高氏集团和武川军人集团，间接影响了此后4个多世纪的中国历史。6世纪以后，很多六镇军人及其后裔开始在中国历史舞台上崭露头角。其中，北齐政权最高统治集团即出自怀朔镇，而北周、隋、唐三朝最高统治集团则出自武川镇。

### （二）北魏设置的州、郡、县

北魏在内蒙古及其周边地区的地方建置，还有恒、云（朔）、夏、凉诸州及其所属郡县。

恒州即北魏定都平城以后所置的司州，治平城，孝文帝迁都洛阳以后，改名为"恒州"，辖境包括今内蒙古黄旗海及岱海以南地区，至孝昌年间（525—528年）被六镇军民攻陷后逐渐废弃。恒州领有8郡，其中，善无郡所领沃阳县治所在今乌兰察布市凉城县双古城西古城，梁城郡所领参合县在今凉城县西南，旋鸿县在今丰镇市北。

云州原称朔州，怀朔镇改置朔州后，更名为云州，辖境大致包括今呼和浩特平原及鄂尔多斯高原东北段。云（朔）州领有5郡12县。其中，盛乐郡辖归顺县（治所在石卢城，即今和林格尔县土城子古城）和还安县（今和林格尔县境内）；云中郡辖延民县（今托克托县古城村古城）和云阳县（今托克托县境内）；广牧郡辖广牧县（今杭锦旗）、黑城县（今鄂尔多斯市东北）和富昌县（今准格尔旗东南），均在今内蒙古境内。

夏州是北魏在大夏政权都城统万旧地设置的。427年（北魏始光四年），北魏攻占统万城，将其地设置为镇。488年（北魏太和十二年），北魏改称统万镇为夏州，治所统万城，辖境包括今内蒙古鄂尔多斯高原的大部分地区。夏州领有5郡，其中，代名郡辖有今鄂尔多斯市杭锦旗北部的呼酋、渠搜2县。大安郡辖有长泽县，位于今内蒙古鄂尔多斯市乌审旗北。

凉州是北魏太武帝平定北凉以后设置的。439年（北魏太延五年），北魏攻灭北凉，以张掖郡为张掖军。487年（北魏太和十一年），北魏改镇为州，又改张掖军为张掖郡，辖境包括今阿拉善盟的额济纳河流域。

此外，436年（北魏太延二年）北魏太武帝攻灭北燕以后，原属北燕统治范围的今赤峰市南部的部分区域亦被纳入北魏版图。因此，北魏时期营州治下的昌黎（今辽宁省朝阳市双塔区）等郡所辖各县中，应包括今内蒙古东南部的部分区域。

北魏分裂以后，今内蒙古大部分地区分属东魏—北齐和西魏—北周统辖。其中，北周设置的甘州张掖郡、凉州武威郡、灵州普乐郡、夏州弘化郡和岩绿郡、银州中乡郡的统治范围包括今阿拉善盟、乌海市、巴彦淖尔市中南部、鄂尔多斯市大部。北齐设置的肆州、恒州、北燕州的统辖范围包括今包头市、呼和浩特市、乌兰察布市和赤峰市等地的部分地区。北周攻灭北齐以后，上述区域均成为北周的统治区域。

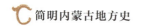

# 第二节　隋唐政权对内蒙古地区的治理

589 年（隋开皇九年），隋南下灭陈，完成了全国大一统。618 年（唐武德元年），李渊建立唐朝。隋唐时期，内蒙古地区主要活动着突厥人、回纥人、契丹人、室韦人等，隋朝在内蒙古地区推行郡县制和羁縻统治两种治理体系。唐朝除了沿袭隋朝的统治方式外，还根据当时的形势设立都护府。唐代中期以后，节度使制度兴起，逐渐取代都护府，成为管理内蒙古地区新的行政建置。

## 一、隋唐时期内蒙古地区诸族

隋唐时期，内蒙古地区的民族分布出现了新的变化：鲜卑等族人口已基本与内地民众实现了融合，突厥、回纥、铁勒诸部大量迁入内蒙古地区，东部室韦、契丹、奚的活动较为活跃。

5 世纪中叶，突厥人在高昌北山活动，曾为柔然属部。6 世纪初，突厥势力不断壮大。552 年（北齐天保三年），突厥攻破柔然，占领柔然故地，突厥首领阿史那土门自号为"伊利可汗"，建政权于鄂尔浑河流域。581 年（隋开皇元年），突厥因继承问题引起的内部矛盾尖锐化，经过兄弟相争、父叔相争的继承纠纷后，除大可汗之外，政权内部分化出其他四位小可汗，诸位可汗相互猜忌，矛盾重重，严重削弱了突厥的实力。583 年（隋开皇三年），突厥正式分裂为东突厥和西突厥，双方以阿尔泰山为界，东突厥控制着东起大兴安岭、西到阿尔泰山的蒙古高原大部分地区，西突厥则统治着阿尔泰山以西地区。657 年（唐显庆二年），唐朝灭亡西突厥。东突厥与隋、唐建立了密切关系，突厥人口也在隋唐时期大量迁入阴山南北一带。

585 年（隋开皇五年），东突厥接受隋朝统辖，在隋朝的允许下，东突厥统治中心南迁，可汗牙帐设于紫河镇（今呼和浩特境内）。隋末唐初，突厥参与了中原的割据混战，对唐朝北部边境造成威胁。630 年（唐贞观四年），唐朝与北方的薛延陀联合出兵夹击突厥，东突厥政权灭亡。唐朝将大部分突厥部众安置于今内蒙古中西部及黄河以南地区，设置羁縻府州进行治理。

682 年（唐永淳元年），漠南突厥人骨咄禄起兵叛唐，重新建立了突厥政权，史称"后突厥"。该政权建立伊始，就连年遭遇大旱，漠北突厥灾民扶老携幼纷纷南下，进入今内蒙古地区。694 年（唐长寿三年），后突厥遣使请和，与唐朝保持友好交往。745 年（唐天宝四年），后突厥政权被回纥灭亡。漠北的突厥人有的归属回纥政权，有的西迁。内蒙古及其以南地区的突厥人成为唐朝统治下的人口，逐渐与中原民众融合。

回纥是铁勒人的一支，后改名"回鹘"。隋朝时期，回纥臣属于东、西突厥。605 年（隋大业元年），西突厥处罗可汗杀死铁勒酋长数百人，铁勒诸部不堪忍受压迫，以回纥为首，联合仆固、同罗、拔野古等部，成立了九姓铁勒部落联盟。当时，铁勒中另一大部落薛延陀也活跃于漠北，并于 628 年（唐贞观二年）建立政权。回纥一面依附薛延陀，一面遣使赴唐，与唐朝建立贡使关系。630 年（唐贞观四年），薛延陀联合回纥，与唐军一起攻灭了东突厥。此时回纥仍为薛延陀的属部。646 年（唐贞观二十年），薛延陀内乱，回纥乘机与唐朝联合攻灭薛延陀。同年，回纥派遣使者入唐，表达了愿归附唐朝的愿望。647 年（唐贞观二十一年），唐朝在回纥活动地区设置羁縻府州。唐朝尊重他们的民族习俗，双方在政治、经济上均保持友好往来。

唐玄宗天宝初年，回纥联合葛逻禄、拔悉密等部灭亡后突厥，首领骨力裴罗设牙帐于鄂尔浑河流域，建立回纥政权。唐朝册封骨力裴罗为"怀仁可汗"。在双方友好的前提下，唐朝承认回纥对漠北地区的统治。回纥政权牙帐虽在漠北，但其活动范围已涉及阴山以南地区。安史之乱后，河套地区成为回纥的军需牧场，内蒙古中南部地区是回纥与唐朝贸易通商的主要区域，因此有不少回纥人在此活动。9 世纪 30 年代，漠北草原自然灾害连年发生，社会生产力遭到极大破坏。同时，回纥内部可汗和贵族内讧，彼此杀戮，回纥政权走向末路。840 年（唐开成五年），回纥西北部的黠戛斯乘机进攻回纥，回纥政权灭亡。

回纥政权灭亡后，部分回纥部众南迁。840 年(唐开成五年)，回纥贵族温没斯、赤心、仆固、特勒那颉啜等人率领部众南下天德军（今乌拉特前旗乌梁素海土城子古城）驻牧。841 年（唐会昌元年），回纥十三部在乌介可汗的统领下迁徙至错子山（今乌拉特中旗北境）一带活动。这些南下的回纥人以内蒙古中西部地区为主要活动区域，接受唐朝抚慰赈济，也偶犯唐朝边郡军民。846 年（唐会昌六年），回纥乌介可汗被部下杀害，他统领的回纥部众散居各地，逐渐与契丹、党项等融合。

隋唐时期，除了突厥、回纥外，契丹、奚、室韦等在今内蒙古地区活动频繁。契丹长期生息于西拉木伦河以南、老哈河以北地区。隋唐时期，契丹部落渐众，分为 10 部，主要臣服于突厥。隋文帝时，契丹民众因不堪忍受突厥的严酷剥削，纷纷南下依附隋朝。隋文帝考虑到与突厥的关系，对于契丹时纳时拒。唐朝建立后，契丹请求依附唐朝。当时契丹主要活动在辽河以西、西拉木伦河以南的今内蒙古赤峰和通辽地区。

奚本名库莫奚，属于东胡族系，隋唐时期简称为"奚"。北魏时期活动于西拉木伦河上游一带。隋唐时期，奚人有了较快的发展，活动范围包括今内蒙古赤峰市部分地区和锡林郭勒盟东部地区。突厥兴起后，奚臣属于突厥，并与隋唐王朝保持朝贡关系。唐咸通年间，契丹征讨北方各族，奚大部分人口并入契丹，成为契丹统治下的主要成员，在辽金时期继续活跃于内蒙古东部地区。

室韦源于东胡，南北朝时期分布于嫩江中下游及以西地区。隋朝时，分为南室韦、北室韦、钵室韦、深末怛室韦、大室韦 5 部，均臣属于突厥。唐朝初期，室韦与唐朝建立朝贡关系。唐朝在室韦居住地设置室韦都督府进行管辖。其时，室韦又分为 20 多个部落，今呼伦贝尔的呼伦湖和额尔古纳河一带是室韦各部主要的活动区域之一。其中，活动于额尔古纳河下游东南、黑龙江上游以南地区的蒙兀室韦部是蒙古部祖先。8 世纪中叶以后，一些室韦人逐渐向西南迁移，进入今内蒙古乌兰察布丘陵西南部、鄂尔多斯高原东北部以及巴彦淖尔高原乌加河东岸一带[1]。10 世纪以后，室韦被契丹征服。

---

[1] 张久和、刘国祥：《中国古代北方民族史·室韦卷》，科学出版社 2021年版，第 79 页。

隋唐时期，内蒙古地区还居住着不少内地民众。隋朝设立郡县以后，有大量的内地民众因为屯田、戍边、修筑长城迁入这一地区。和林格尔县土城子古城东南附近出土的"唐故守金吾卫大将军试太常卿刘公墓志铭"显示，墓主人刘如元的五世祖，就是从邢州平县北迁，定居大利城（今和林格尔县土城子古城）的戍边将领。隋唐时期，内蒙古地区还活动着霫、党项、铁勒诸部。在唐朝开明民族政策的治理下，各族交错杂居，互通有无，日益融合。

"刘如元"墓志

出土于内蒙古呼和浩特市和林格尔县土城子古城附近的唐代墓葬

## 二、隋朝郡县制与羁縻统治方式并行

隋朝为了加强中央集权统治，在全国范围内改州、郡、县三级行政建置为郡、县两级。在今内蒙古地区，隋朝除了推行郡县制度外，对突厥、契丹、奚、室韦等族实施羁縻治理。

### （一）郡县制

隋朝对内蒙古地区进行管辖的郡县主要集中在中西部地区，这些郡县从西向东依次是：

张掖郡，辖张掖、删丹、福禄3县，郡治张掖县（今甘肃省张掖市甘州区西北）。今阿拉善盟额济纳旗、阿拉善右旗等部分区域归张掖郡管理。

灵武郡，辖回乐、弘静、怀远、灵武、鸣沙、丰安6县，郡治回乐县（今宁夏回族自治区吴忠市西南）。今乌海市部分地区归灵武郡管辖。

五原郡，辖九原、永丰、安化3县，郡治九原县（今巴彦淖尔市临河区东）。今巴彦淖尔市五原县、临河区和杭锦后旗等地归五原郡管辖。

盐川郡，辖五原1县，郡治五原县（今陕西省定边县）。今鄂尔多斯市鄂托克前旗一带归盐川郡管辖。

朔方郡，辖岩绿、长泽、宁朔3县，郡治岩绿县（今陕西省靖边县白城子古城）。今鄂尔多斯市乌审旗等地归朔方郡管辖。

榆林郡，辖榆林、富昌、金河3县，郡治榆林县（今准格尔旗十二连城古城）。今鄂尔多斯市准格尔旗、呼和浩特市托克托县等地归榆林郡管辖。

定襄郡，辖大利1县，郡治大利县（今和林格尔县土城子古城）。今呼和浩特市区、土默特左旗、和林格尔县、乌兰察布市西南部分地区归定襄郡管辖。

马邑郡，辖善阳、神武、云内、开阳4县，郡治善阳县（今山西省朔州市）。今呼和浩特市清水河县，乌兰察布市凉城县、丰镇市、集宁区等地归马邑郡管辖。

雁门郡，辖雁门、繁峙、崞、五台、灵丘5县，郡治雁门县（今山西省代县）。今乌兰察布市兴和县、商都县、化德县等部分地区归雁门郡管辖。

隋朝在内蒙古中西部设立的这些郡县，对从阿拉善盟西部到乌兰察布市东部的广大地区进行了有效治理。这一时期，各族人民在郡县制的管理下，共同开发了内蒙古地区。

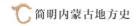

### （二）羁縻治理

隋朝时期，在突厥、契丹、奚、室韦等族活动的内蒙古北部和东部地区没有设置郡县，而是采取了因俗而治的羁縻治理方式。

581 年（隋开皇元年），突厥沙钵略可汗即位。沙钵略可汗的妻子为北周公主，她对杨坚心怀不满，唆使沙钵略攻隋。583 年（隋开皇三年），突厥入侵隋北部边境，隋文帝以卫王杨爽等为行军元帅，分 8 路出击突厥，在白道川（今呼和浩特北）与沙钵略可汗的军队遭遇，大败突厥。

沙钵略可汗被隋朝打败以后，突厥发生内乱，沙钵略可汗与西面达头可汗相互攻击，沙钵略可汗的属下贪汗可汗和从弟地勤察相继叛逃。在内外交困之下，沙钵略可汗向隋称臣，并率领部众南下，寄居于白道川，东突厥政权的政治中心正式迁至这个地区。突厥在内蒙古地区的统治区域北至阴山以北的漠南地区，东至西拉木伦河流域，东北至呼伦贝尔、大兴安岭一带。沙钵略可汗臣服于隋朝以后，奚、契丹、室韦等族也先后向隋朝遣使朝贡。

587 年（隋开皇七年），沙钵略可汗去世，他的弟弟处罗侯和儿子雍虞闾相继担任可汗，即叶护可汗和都兰可汗。叶护可汗把政治中心迁到漠北，突厥势力得到恢复。都兰可汗时期，隋朝对突厥实施分而治之的政策。首先，隋朝在都兰可汗与西突厥达头可汗间采取中立态度；随后，拒绝都兰可汗请婚的要求，把宗室女安义公主嫁给身处北方的突利可汗染干（处罗侯之子）。599 年（隋开皇十九年），都兰可汗与达头可汗联合攻打突利可汗，突利可汗请附隋朝，隋封其为"意利珍豆启民可汗"，并在朔州修筑大利城（今和林格尔县土城子古城）安置启民可汗部众。在隋朝的扶持下，投靠启民可汗的突厥人口众多。为了防止都兰可汗的侵扰和抢掠，隋朝迁启民可汗部众到夏州（治所在今陕西省靖边县白城子古城）和胜州（治所在今准格尔旗十二连城古城）之间的黄河地段驻牧，利用黄河天险加强防御。奚、契丹等都被置于启民可汗统治之下，隋朝很少干涉突厥的内部事务。

600年（隋开皇二十年），突厥内乱，都兰可汗被杀，达头可汗自立为步伽可汗。603年（隋仁寿三年），在隋朝的军事压力下，漠北的铁勒、仆固等十余部降附，漠北突厥政权崩溃，步伽可汗逃亡吐谷浑，漠北突厥统辖下的各族人口纷纷南下归附，隋朝将他们都纳入启民可汗的统辖之下。607年（隋大业三年），隋炀帝北巡至榆林（今准格尔旗十二连城古城），启民可汗召集奚、霫、室韦等属部酋长数十人一同朝见，并上书称臣，感激隋朝安置突厥百姓。启民可汗的内附，使得隋朝和突厥的宗藩关系进一步巩固。

609年（隋大业五年），突厥启民可汗去世，其子始毕可汗继位。当时，隋朝爆发了大规模的农民起义，国力逐渐衰微。突厥则在始毕可汗的经营下，势力达到极盛，号称拥有百万战士。随着双方实力的变化，突厥开始轻视隋朝。615年（隋大业十一年），隋炀帝率领大军北巡，被始毕可汗围于雁门关（今山西省代县）。雁门关之役标志着隋朝与突厥的关系发生了变化，原有的宗藩关系倒置，突厥开始以内蒙古为根据地干涉隋朝政局。

618 年（隋大业十四年），右屯卫将军宇文化及发动兵变，在江都（今江苏省扬州市）杀死隋炀帝，隋朝的统治土崩瓦解，内蒙古地区出现诸多割据政权。五原通守张长逊占据今河套地区，李子和占据今鄂尔多斯市准格尔旗、呼和浩特市托克托县等地，梁师都占据今鄂尔多斯市部分地区，刘武周占据今呼和浩特市和林格尔县和乌兰察布市集宁区、丰镇市等地。此外，突厥还一度扶持隋炀帝之孙杨政道，在定襄建立了一个隋朝小朝廷。这些割据政权都依附于以今内蒙古中部为政治中心的突厥政权，这种局面一直维持到 630 年（唐贞观四年）唐朝灭掉突厥政权。

## 三、唐朝从都护府到节度使管理体制的演变

617 年（隋大业十三年），李渊在晋阳（今山西省太原市）起兵，后攻入长安，第二年建立唐朝。唐朝建立后，逐步平定占据今内蒙古地区的割据政权。629 年（唐贞观三年），唐太宗派李靖等人分 4 路北伐突厥。630 年（唐贞观四年），李靖突袭驻扎在定襄（今和林格尔县土城子古城）的突厥颉利可汗牙帐，颉利可汗北退。随后，李靖率军越过白道（今呼和浩特市北），在河套北阴山北麓的铁山击溃颉利可汗，突厥政权瓦解。

### （一）唐朝前期都护府制度的推行

突厥政权灭亡后，10 余万突厥人归附唐朝。对于如何安置这部分突厥人，朝臣温彦博上书建议：天下各族都是皇帝的臣民，突厥因穷困来投靠我们，我们应该救助，要教会突厥人中原

礼法，数年之后，突厥人也会成为唐朝的人民，捍卫唐朝北部边疆。唐太宗采纳了温彦博的建议，将这些突厥人安置到"河南地"，部落较大的设置都督府。唐朝从西部的灵州到东部的幽州，设置顺、祐、化、长4州都督府，又分突厥可汗颉利直辖的领地为6州，左置定襄都督府，右置云中都督府，各个都督府下设州统领突厥部众。

唐太宗吸取隋朝教训，取消了突厥可汗的称号，改立为都督。同时，废除了突厥原有的职官系统，授予突厥各部首领将军、中郎将等官职，五品以上就有百余人，进而入居长安者有数千家。职官制度的统一，使突厥等族保持了政治上的向心力、凝聚力。

646年（唐贞观二十年），唐朝灭掉薛延陀政权后，漠北铁勒诸部请求归附唐朝。唐太宗亲自前往灵州（今宁夏回族自治区吴忠市）受降。647年（唐贞观二十一年），唐朝在铁勒诸部中设立6个都督府和7个州，并在故单于台（今杭锦后旗东北乌加河北岸）设燕然都护府，统领这6府7州。

650年（唐永徽元年），建牙帐于金山之北的突厥小可汗车鼻被灭掉，唐朝得以控制漠南、漠北地区。为了适应新的形势，唐朝对原来的管理体制进行了改变。663年（唐龙朔三年），位于今内蒙古中部管辖铁勒诸部的燕然都护府被移至漠北回纥部落，改名为瀚海都护府；管辖突厥诸部的瀚海都护府移到云中古城，改名为云中都护府；664年（唐麟德元年），云中都护府又改名为单于都护府。《资治通鉴》中记载了定名单于都护府的原因：李靖灭掉突厥政权以后，迁300户突厥人到云中古城，以阿史德氏为首领。后来突厥部落人口渐多，阿史德氏请求唐朝依照突厥旧俗，立可汗。唐高宗认为突厥的可汗就是古代的单于，所以改名为单于都护府。单于都护府的改名说明唐朝既尊重了突厥人以可汗统领部落的习俗，又把这些突厥人纳入了都护府的管辖，是唐朝对突厥实行因俗而治政策的典型表现。

单于都护府管辖云中、桑乾、呼延 3 个都督府 12 个州，是唐代北部边疆最重要的行政机构。它的主要职能是管理漠南地区的突厥和铁勒人口，具体措施是授予突厥和铁勒各部首领官职。对于下层民众，不收赋税，允许他们保持原有的生计方式。战争时则提供骑兵部队，配合唐朝作战。

唐朝前期与今内蒙古地区有关的都护府还有安东都护府、东夷都护府。安东都护府是 668 年（唐总章元年）唐朝灭高句丽之后在平壤所设，治所经过几次迁徙，于 714 年（唐开元二年）迁至平州（今河北省卢龙县），今呼伦贝尔一带的室韦都督府即归安东都护府管辖。648 年（唐贞观二十二年），契丹酋长窟哥、奚酋长可度者率众内附，唐朝以契丹部为松漠都督府，以奚部为饶乐都督府，于营州（今辽宁省朝阳市）设东夷都护府，以管辖松漠、饶乐两都督府。东夷都护府的辖区为今内蒙古东部老哈河、西拉木伦河流域和河北滦河中上游一带。

682 年（唐永淳元年），阿史那骨咄禄在黑沙城（今内蒙古大青山以北）建立后突厥政权，单于都护府管辖下的突厥发生叛乱。其后，单于都护府所领府州已不复存在，都护府的地位下降，686 年（唐垂拱二年）改为镇守使。位于漠北的安北都护府此时也迁到漠南的同城（今额济纳旗大同城古城）。不久之后，安北都护府又移至删丹县（今甘肃省山丹县）西南九十九里的西安城。698 年（唐圣历元年）安北都护府自删丹县迁至单于都护府故地。

708 年（唐景龙二年），朔方道大总管张仁愿夺取突厥占领的漠南地区，在今内蒙古境内沿黄河修筑三受降城以防突厥，即西受降城（今乌拉特中旗奋斗村古城）、中受降城（今包头市敖陶窑子古城）和东受降城（今托克托县哈拉板申村西古城）。同年，唐朝将安北都护府移至西受降城。张仁愿在牛头牟那山（今乌拉山）以北置烽堠 1800 所，把原来的防线向北推进，控制了今内蒙古中部大部分地区。714 年（唐开元二年），后突厥政权发兵围北庭都护府（今新疆吉木萨尔北破城子古城），被唐军打败。此役之后，唐朝为了加强对漠南地区的控制以及反击突厥的需要，再迁安北都护府至中受降城。此前不久，在单于都护府故地重设单于都护府。新单于都护府的职责与唐高宗、武则天时期的都护府职责略有不同。早期的单于都护府是为管理以突厥、铁勒为主体的羁縻府州，重设后的单于都护府开始管县，745 年（唐天宝四年）所建的金河县就归单于都护府管辖。

羁縻制度的实行，加强了中央政权对内蒙古地区的统治，稳定了唐朝的北部边疆。在这种安定的环境下，北部边疆的生产得到恢复，农业和畜牧业都得到较快发展。经济发展为民族交融创造了条件。羁縻府州下的突厥贵族阿史那思摩、阿史那忠，铁勒首领契苾何力等带领的骑兵，成为唐朝不可或缺的军事力量，他们为维护统一的多民族国家作出了贡献。

### （二）唐代中后期节度使的管理

节度使制度是唐朝中期以来一项重要的政治、军事制度。唐朝中期以后，府兵制遭到破坏，737 年（唐开元二十五年）开始实行募兵制。唐开元天宝时期，边疆地区战事频繁，设置的军镇越来越多，逐渐由临时性军镇转变为常驻性军镇。在这样的背景下，管理军镇的节度使制度应运而生，并渐渐代替了原来的都护府制度。节度使最初的主要职责是负责边疆地区的军事，采访使负责监察地方行政。安史之乱爆发后，唐玄宗为了镇压叛乱，赋予了节度使财政、征兵、任免辖区内官吏的权力。758年（唐乾元元年）以后，节度使兼任采访使，监察权与军权合二为一。

开元至天宝年间，管辖内蒙古地区的节度使主要有朔方节度使、河东节度使、范阳节度使、平卢节度使。

朔方节度使，治所在灵州（今宁夏吴忠市），主要镇抚突厥，统领西受降城、东受降城、安北都护府、振武军等7个军府以及以粟特人为主的宥州（今鄂托克旗南境），今鄂尔多斯市、巴彦淖尔市、呼和浩特市、乌兰察布市西南部等地归朔方节度使管辖。河东节度使，治所在太原府（今山西省太原市），职责以防御突厥为主，今乌兰察布市部分地区归其管辖。范阳节度使，治所在幽州（今北京市），管理契丹和奚，今乌兰察布市和锡林郭勒盟、赤峰市等地在其管辖范围内。平卢节度使，治所在营州（今辽宁省朝阳市），镇抚室韦、靺鞨，今呼伦贝尔市、兴安盟等地归其管辖。

安禄山叛乱以后，管辖区域主要在内蒙古地区的朔方军是唐朝可以依赖的一支重要军事力量。郭子仪曾任朔方节度使，率领朔方军东征安禄山。郭子仪从单于都护府出兵，击败静边军（今山西省右玉县右卫古城）的安禄山守军，与叛军激战于山西、河北一带。原属于朔方军系统的单于都护副使李光弼领5000朔方兵与郭子仪会合，屡败叛军。生活在今内蒙古东部地区的奚和契丹联合南下进攻安禄山的根据地范阳（今北京市），大败安禄山的留守军队。

756 年（唐天宝十五年），朔方军拥立太子李亨在灵武即位，是为唐肃宗。唐肃宗即位后，继续依靠以汉、契丹、铁勒、粟特等组成的朔方军，最终平定安禄山和史思明的叛乱。

安史之乱后期，朝廷对于手握重兵的将领有猜忌之心。为分解朔方节度使的力量，758 年（唐乾元元年），唐朝从朔方节度使内分出振武节度使。振武节度使治所在单于都护府故地（今和林格尔县土城子古城），领镇北大都护府和麟、胜二州，这是第一个治所设在内蒙古地区的节度使。振武节度使的设立，使唐朝加强了对今呼和浩特市、鄂尔多斯市、巴彦淖尔市和乌兰察布市等地区的统治。

764 年（唐广德二年），由于朔方节度使仆固怀恩叛乱，朝廷重新任命郭子仪为朔方节度使，为了统一指挥军队，振武节度使被裁撤，重新归朔方节度使管辖。仆固怀恩覆灭之后，分解朔方节度使的权力又被提上日程。郭子仪在朔方军中拥有很高的威望，唐代宗如何对待郭子仪也是众多节度使很关注的事情。779 年（唐大历十四年），唐代宗病逝，唐德宗即位后收回了郭子仪的兵权，将朔方节度使一分为三，振武节度使再次从朔方节度使中分离出来，管辖镇北大都护府、绥银二州、东中二受降城。到唐元和年间，辖区变小，管辖单于大都护府、麟胜二州、东受降城，辖区内有 6 县，管辖编户人口在 13 万人以上。

振武节度使管辖区除了这些编户齐民外，还有党项、契丹、突厥、沙陀等人口杂居共处。790年（唐贞元六年）范希朝到任振武节度使后，设置堡栅，对于违法者严惩不贷。另外，振武城中树木很少，范希朝命人栽种柳树，数年之后，绿树成林。在他镇守振武军的14年里，各族相安无事，振武节度使辖区内百姓得以安居乐业。

唐朝灭亡后，振武节度使辖区为后唐北方的一个重要军镇，直至916年（辽神册元年）辽太祖阿保机攻破振武军（治所在今和林格尔县土城子古城），振武节度使辖地才被并入辽。

## 第三节 农牧经济的发展及其与中原经济依存关系的加强

魏晋南北朝隋唐时期，鲜卑、汉、柔然、敕勒、突厥、回纥等共同为内蒙古地区的经济开发贡献了力量。此间，内蒙古地区的社会经济总体上呈现出农耕经济与游牧经济并存、城镇与交通协同发展的趋势。中原地区与内蒙古地区经贸往来日渐频繁，经济方面的交流与交融逐步加深。

### 一、农耕经济与游牧经济并存

魏晋南北朝隋唐时期，北方民众有的从事农业生产，有的以游牧为主。采取不同生产方式的各族人民，最终在长期共处的过程中实现了经济上的互融。

### （一）农耕经济的发展

东汉以来，主动或被动徙入内蒙古地区的内地人是从事农业生产的主力军，他们的到来为当时内蒙古地区的经济开发注入了新的活力。除内地人外，在内蒙古地区从事农业生产的还有散居在中原政权北边郡县的乌桓人。早期乌桓活动地域宜种植青穄（糜子）、东蘠（沙蓬），但乌桓早期农业生产还不成规模。东汉以后，活动在雁门郡、代郡等地的部分乌桓人已经定居从事农耕生产，并成为曹魏政权的编户齐民，雁门乌桓还要向曹魏政权缴纳租调①。

十六国时期，北方各政权的统治者都比较重视农业生产，一定程度上推动了农耕经济的发展。曾在今内蒙古部分地区实施过有效统治的后赵、前燕、前秦、后燕、北燕等政权均有劝课农桑之举。拓跋鲜卑建立的代政权和北魏也比较重视农业经济的发展。

北魏在兼并各部后，一部分鲜卑、匈奴人口由逐水草而居的游牧民转变为从事农业生产的在籍编户民。北魏统治者通过劝课农桑、开展屯田活动等措施，进一步推动了内蒙古地区农耕经济的发展。

北魏初年，铁弗匈奴控制下的河套及周邻地区农耕经济发展较快。391年（北魏登国六年），拓跋珪攻破五原，征收铁弗匈奴人的粮食。394年（北魏登国九年），北魏军队攻打铁弗匈奴主力，占领了适宜农业生产的河套以北及五原至稒阳塞（今五原

---

① 所谓"租"，即以田亩计算的田租；"调"则是按户计算之户调。

县至包头市北）之地。拓跋珪命拓跋仪在此屯田，发展农业生产。395 年（北魏登国十年），后燕军队进攻五原时，曾收获大量穄谷，五原地区农耕经济的发达程度由此可见一斑。

396 年（北魏皇始元年），拓跋珪率大军 40 余万人进攻后燕；次年，攻破后燕都城中山（今河北省定州市）。398 年（北魏天兴元年），北魏迁后燕境内各族人口 36 万于平城附近，并计口授田，分配耕牛、粮种及农具等。于是，今大同市、呼和浩特市和包头市等地成为北魏时期重要的农业经济区。此后，随着农业区的不断扩大，农耕在北魏社会经济中所占比重日益增加，并逐渐成为其实施政治统治的经济基础。

六镇边防体系形成以后，北魏政权为有效保障边地军镇的粮食供给，曾在西起沃野东至怀荒、御夷等军镇附近实施屯田制并兴修水利。488 年（北魏太和十二年），孝文帝元宏曾诏六镇、云中、河西及关内 6 郡，兴修水田，通渠灌溉。可见，其时阴山以北的军镇管辖区域及鄂尔多斯高原等地，农耕经济也取得了一定程度的发展。六镇起义爆发之后，内蒙古地区多遭兵燹，民生凋敝，农耕经济遭到严重破坏。

隋朝时期，内蒙古地区的农耕经济主要集中在中南部及河套一带。这里既有可用于灌溉的黄河水，又不乏地下水资源，具备发展农业经济的有利条件。因此，战乱过后，有不少中原人口来到这里从事农业生产，隋唐两朝在内蒙古地区设置的郡县大多集中在这一地带。隋末，以梁师都为首的地方割据势力，曾在突厥政权的支持下占据适宜农耕经济发展的河套地区，农业是其赖以存续的重要经济基础。

唐朝建立后，政府曾招募中原地区的农民到河套地区及今呼和浩特一带进行农业开发，以解决军粮的供应和储备问题。此外，突厥人在从事游牧业的同时，也兼营农业。698 年（唐圣历元年），突厥默啜可汗曾上表武则天，希望朝廷给予农具及种子等农业生产资料。武则天答应了突厥默啜可汗的请求，放还突厥人数千户，并给他们发放种子、农器。安史之乱爆发以后，盛极一时的唐朝开始出现藩镇割据的局势，河套地区的农田大部分荒废，唐德宗即位后，才有朝臣上奏重兴屯田事宜。

### （二）游牧经济的发展

历史上，河套地区既是重要的农耕区，也是游牧经济比较发达的区域。十六国时期，活动于这一区域的铁弗匈奴的畜牧经济比较发达。367 年（代建国三十年），拓跋鲜卑掠得铁弗匈奴马、牛、羊等牲畜数十万头；391 年（北魏登国六年），拓跋珪击败铁弗匈奴刘卫辰之子直力鞮时，获得牛羊 20 余万头；同年攻破刘卫辰时，又收其名马 30 余万匹、牛羊 400 余万头。426 年（北魏始光三年），北魏攻破铁弗匈奴建立的大夏政权、占据河套地区后，继续在此发展畜牧业，史称这里畜产繁盛，有马 200 余万匹、橐驼 100 余万头，牛羊更是不计其数。

柔然形成之初，曾在阴山北部地区迁徙游牧。作为拓跋鲜卑建立的代政权的属部，柔然经常向其进贡马畜、貂豽皮等畜牧、狩猎产品。4 世纪 80 年代，独孤部首领刘库仁的弟弟刘眷率军在意辛山一带大破柔然别部时，曾获牛、羊等牲畜数十万头。402 年（北魏天兴五年），北魏破柔然，获马 2000 余匹。429 年（北魏神䴥二年），北魏北征柔然，并将所获的人畜迁徙至漠南

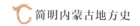

地区，进一步壮大了北魏畜牧业的规模。

与柔然同时活跃在蒙古高原上的敕勒人游牧经济也很发达。敕勒迁徙进入内蒙古地区以后，在阴山南北游牧，每年向北魏进贡牲畜和皮毛，以至于北魏马、牛、羊的价格非常便宜。传唱至今的《敕勒歌》即生动描绘了北朝时期敕勒人游牧生活的场景。

北朝末年至隋唐时期，突厥人随水草迁徙，以畜牧狩猎为主要生业。隋朝初年，启民可汗部众被安置在今呼和浩特地区及阴山、河套一带迁徙游牧，经济得到长足发展。601 年（隋仁寿元年），阿勿思力俟斤曾一次性掠走启民可汗属部所畜养的牲畜 20 余万头，表明启民可汗属部畜牧经济比较发达。唐代，畜牧业仍然是漠南突厥人赖以生存的主要经济基础，多次出使突厥的郑元璹就曾指出，突厥的兴亡主要看羊马的数量。此外，在锡林郭勒高原和西拉木伦河流域、老哈河流域、呼伦贝尔草原活动的奚、契丹、室韦等部落，也以游牧业为主要生产方式，同时兼营狩猎和农耕。

魏晋南北朝隋唐时期的内蒙古地区，是当时中国境内畜牧业经济比较发达的区域之一。此间，鲜卑诸部、铁弗匈奴、柔然、敕勒、突厥、回纥、奚、契丹、室韦等游牧民族与以汉族为代表的农耕民族共同开发了内蒙古地区，为中国北方地区的经济发展作出了重要的贡献。

## 二、城镇与交通

东汉后期，鲜卑频繁南下，边郡人民生产生活受到影响。灵帝末年爆发的黄巾大起义加剧了边郡的衰落，很多边郡名存实亡。郡县的裁撤，导致当时内蒙古地区的城市废弃。258 年（曹魏甘露三年），拓跋力微率部迁于定襄盛乐之后，并没有重新筑城，而是沿用汉代成乐县故城。随着拓跋鲜卑的兴盛，众多的中原人口北迁，内蒙古地区的城镇重新出现。

### （一）北魏时期内蒙古地区的城镇和交通

北魏时期，内蒙古地区比较重要的城镇有军镇类城市和州郡类城市。军镇类城市有云中镇、沃野镇、怀朔镇、武川镇、抚冥镇、柔玄镇等。州郡类城市有朔州的治所盛乐（今和林格尔县土城子古城）、代名郡的治所呼酉（今杭锦旗北）、大安郡的治所长泽（今乌审旗北）等。其中，盛乐、云中和怀朔等古城已经被考古发掘证实。

盛乐古城位于今和林格尔县上土城，遗址平面为不规则长方形，始建于东周时期，一直沿用到元代，古城总面积约 4 平方千米，南北长 2290 米，东西长 1450 米，古城的中城即北魏时期的盛乐[①]。中城城墙保存有东门和北门门址，门址地面堆积大量的素面筒瓦、板瓦残片，应为门楼之类建筑废弃后形成[②]。中城散布着众多厚重的黑色瓦当，与大同永固陵出土的瓦当相似，为典型的北魏瓦当。出土瓦当中最具代表性的是盛乐博物馆所藏的角抵瓦当，瓦当为圆形灰色陶制，其中的浮雕图案为两个儿童在

---

① 陈永志等：《和林格尔土城子古城考古发掘主要收获》，《内蒙古文物考古》2006 年第 1 期。

② 苏哲：《内蒙古土默川、大青山的北魏镇戍遗迹》，《国学研究》（第三卷），北京大学出版社 1995 年版，第 545—558 页。

玩角抵游戏，直径 13 厘米，瓦当外侧为莲花纹，内侧为连珠纹。北方民族角抵游戏出现在中原文化的瓦当上，显示了北魏时期盛乐地区不同民族之间文化上的交融。

云中古城位于今托克托县古城村，始建者为赵武灵王，北魏时沿用。古城平面为不规则形，西南部和东北部向外凸出，东南部内收，东墙长约 1585 米，西墙长约 1900 米，南墙长约 1920 米，北墙长约 1790 米。古城西南角有小城，南北长 485 米，东西长 415 米。古城南墙有东、中、西 3 个门，北墙、西墙各设 1 门。① 古城中部有一处高大土丘，地表散布着砖、瓦等建筑构件残片，建筑构件有富贵万岁瓦当、莲花纹瓦当和菩萨纹瓦当，还有刻有"大代太和八年"铭文的鎏金佛像、正始三年铜佛像和石佛像。这里应是北魏时期一处大型建筑遗址。②

怀朔古城位于今内蒙古固阳县白灵淖乡城圐圙村，古城依丘陵而建，位于大青山后，向南经昆都仑沟可进入山前，向北可通往山后的草原地带，西临北魏沃野镇，东临武川镇，地处北魏时期连接大青山南北的交通要道。城内发现鸱吻、砖瓦、石柱础等建筑构件，发现佛寺遗址一座，出土多件泥塑佛像等。从出土遗物看，怀朔镇城内原来应有大量的房屋建筑，居民信仰佛教。怀朔镇城内有 3 处街道分别通往东、南、北 3 门，城中心是南街和东街的汇合点，形成"丁"字街，北街和东街在城中心以东汇合，形成另一处"丁"字街。

北魏时期，内蒙古与中原地区政治、经济一体化程度加深，

---

① 内蒙古自治区文物考古研究所等：《托克托县古城村古城遗址发掘报告》，《内蒙古文物考古文集》（第三辑），科学出版社 2004 年版，第 219 页。

② 石俊贵：《托克托文物志》（上），中华书局 2006 年版，第 89 页。

与畅通的交通道路也有一定关系。《太平寰宇记》所引《入塞图》描绘了北魏时期从今山西大同到内蒙古西部地区的道路。这条道路从平城（今大同市）出发，西北行 500 里到云中，从云中西北行 50 里到五原（今包头市一带），从五原西北行 250 里到达沃野镇（今乌拉特前旗根子场古城），从沃野镇西北行 250 里至高阙（今乌拉特中旗石兰计山口），从高阙西北行 250 里至郎君戍，从郎君戍北行 3000 里至燕然山（今蒙古国杭爱山）[1]。《入塞图》所载的道路除云中到五原一段可能在传抄过程中产生讹误外，其余的都可以与今天的里程相印证。

北魏"延兴三年"铭文铜佛像

出土于内蒙古包头市固阳县怀朔镇古城

## （二）隋唐时期内蒙古地区的城镇和交通

隋朝建立后，加强了对北部边疆的治理。这一时期内蒙古地区的主要城镇有定襄郡大利城（今和林格尔县土城子古城）、榆林郡胜州城（今准格尔旗十二连城古城）、五原郡九原县（今五原县西南黄河北岸）等，主要集中在今呼和浩特市、巴彦淖尔市和鄂尔多斯市三地。

---

① 乐史撰，王文楚等点校：《太平寰宇记》卷四九《河东道十》，中华书局 2007 年版，第 1036 页。

隋朝时期，内蒙古地区最重要的城镇是大利城。隋朝末年，突厥扶持以隋炀帝萧皇后和她的孙子杨政道为首的隋朝小朝廷，在大利城设置百官。为了加强小朝廷的力量，处罗可汗让杨政道管理因战乱逃到突厥的中原人口，总共有 1 万多人。唐朝建立后，在几年内逐渐平定了各地的割据势力。630 年（唐贞观四年），李靖率军灭掉隋朝残余势力和突厥政权，将内蒙古地区重新纳入中原王朝的管辖范围。

唐代内蒙古地区的城镇有单于都护府（今和林格尔县土城子古城）、胜州城（今准格尔旗十二连城古城）、丰州九原县（今五原县西南黄河北岸）、天德军（今乌拉特前旗乌梁素海土城子古城）、东受降城（今托克托县哈拉板申村西古城）①、西受降城（今乌拉特中旗奋斗村古城）、中受降城（今包头市敖陶窑子古城）等。

单于都护府故城在和林格尔县土城子古城北城，考古发现有作坊遗址、窑址、水井等，出土三彩釉器、邢窑白釉窄环圈足碗、越窑青釉瓷碗等。古城内发现一座唐代窖藏，出土西汉到唐代的货币 7 万多枚，数量最多的是唐代的开元通宝，共 67000 多枚②。唐代城市布局实行里坊制，市场和居住地分开。出土墓志显示，单于都护府有六奇里、弘政里、德义坊等。

唐朝时期，内蒙古地区主要的交通道路有长安道和漠北道。

长安道是从长安向北出发行 350 里至坊州（治所在中部县，今陕西省黄陵县西南），又向北行 150 里至鄜州（治所在洛交县，

---

① 宝历元年（825 年）移到托克托县大皇城。

② 赵爱军等：《和林格尔唐代窖藏钱币》，《内蒙古金融研究》2003 年第 S4 期。

今陕西省富县），又向北行 150 里至延州（治所在肤施县，今陕西省延安市东北），又向北行 400 里至夏州，夏州经榆多勒城（今鄂托克旗东北）行 750 里至丰州，丰州向西北行 80 里至黄河北岸西受降城，丰州东北渡河行 160 里至天德军。这条路从天德军经中受降城至振武（今和林格尔县土城子古城），经静边军（今山西省右玉县右卫古城），过雁门关（今山西省代县雁门关）后通向太原。从先秦时期开始，这条道路就是连接中原与内蒙古地区的主要道路。

漠北道的起点是中受降城，向北经过呼延谷，从呼延谷再经 500 里到鹈鹕泉，从鹈鹕泉经 10 里入碛口，然后进入沙漠，最终到达鄂尔浑河流域的回纥牙帐。贞观年间为漠北的铁勒诸族开辟的参天可汗道就是这条道路。

唐朝中期以后，作为中原到漠南、漠北的枢纽，内蒙古地区的交通便利，保证了南北贸易顺利进行。以内蒙古为重要节点的草原丝绸之路向北一直影响到南西伯利亚，通过绢马贸易，各地区的人口在文化、经济方面的交流日益加深。

### 三、与中原的经贸往来

魏晋南北朝隋唐时期，内蒙古地区与中原地区通过朝贡贸易和互市贸易等形式扩大了经贸往来。

汉魏之际，迁徙游牧的鲜卑诸部用畜牧或狩猎产品，换取中原的农副产品、丝绸及其他生活必需品。汉献帝建安年间（196—220 年），梁习主政并、冀等州时，鲜卑部落大人育延曾率 5000 骑兵前去拜会梁习并请求互市。梁习同意互市请求，但又担心鲜卓掳掠州县，所以把互市地点定在空城中。曹丕代汉以后，内蒙古地区各游牧部落与中原地区的经贸往来也比较频繁。222 年（曹魏黄初三年），鲜卑轲比能率部落大人及代郡乌桓 300 余骑，驱牛、马 7 万余头与曹魏"交市"①。

魏晋时期，拓跋鲜卑与中原的经济联系进一步加强。拓跋鲜卑主要利用畜牧、狩猎产品，换取中原地区的粮食、布匹及其他生活必需品与专供贵族享用的奢侈品。拓跋力微担任部落首领时期（220—277 年），其子沙漠汗以太子身份留居洛阳。其间，拓跋鲜卑与曹魏保持友好关系，双方互派使者，互市畅通，往来不绝。拓跋力微主张在互市中诚信宽恕，不谋取一时之利，而曹魏每年都馈赠给拓跋鲜卑数以万计的金帛缯絮。

南北朝时期，柔然与北魏建立了朝贡贸易，柔然主要向北魏输入马及貂貉皮等畜牧、狩猎产品。431 年（北魏神䴥四年），柔然遣使到北魏朝贡，拓跋焘给予优待，柔然获得不少回赐之物。此后，柔然与北魏之间的朝贡贸易一度繁荣起来。523 年（北魏正光四年），柔然遭遇饥荒请求北魏赈济，北魏宗室元孚曾上书孝明帝，建议北魏给柔然提供物资帮助，也可在边境开设互市，允许柔然人自由贸易，换取所需物品。北魏灭亡以后，柔然又与西魏、东魏—北齐进行贸易。此外，柔然与南朝的宋、齐、梁诸政权也有经贸往来。

突厥人于西魏时开始进入边塞地区换取中原人缯絮，表现出与中原政权加强经贸往来的意愿。隋朝建立后，突厥与中原王朝

---

① 陈寿撰，裴松之注：《三国志》卷三〇《乌丸鲜卑东夷传》，中华书局 1982 年版，第 839 页。

之间的朝贡与互市贸易更加频繁。588年（隋开皇八年），突厥都兰可汗即位后不久，就遣使向隋朝贡。隋朝方面回赐颇丰，从此以后突厥每年都遣使朝贡。此间，突厥方面除了向隋朝贡献畜牧、狩猎产品以外，还会输入一些珠玉珍宝等物。589年（隋开皇九年），突厥各部大人向隋朝派遣使者，进贡马万匹、羊2万只、牛和骆驼各500头，以换取隋朝方面的赏赐。此后，突厥又向隋朝派遣使者请求互市，得到隋文帝的许可。

唐代，互市贸易仍是突厥与中原政权之间经贸往来的主要形式之一。唐朝与突厥的互市贸易，主要集中在长城一线。突厥以马及牛、羊、骆驼等畜产，换取中原地区的农产品、茶叶及丝绸等生活必需品。625年（唐武德八年），突厥遣使表达互市请求，得到唐高祖的允许。此次互市，突厥从中原地区获得大量农副产品及其他生活必需品，唐朝方面则以此缓解了由隋末战乱导致的耕牛不足等问题。此后，双方之间的互市贸易持续开展。727年（唐开元十五年），唐朝与突厥在朔方军西受降城（今巴彦淖尔市乌加河北岸一带）开设互市，每年有数十万匹丝织品流入突厥。持续开展的互市贸易使唐朝与突厥之间"彼此丰足，皆有便宜"[1]，达到了互利共赢的效果。

突厥与唐朝的朝贡贸易，是双方进行经贸往来的又一重要形式。693年（唐长寿二年），突厥可汗默啜遣使朝贡，武则天赐丝织物5000段；727年（唐开元十五年），突厥向唐朝遣使进献名马30匹，唐玄宗同样厚加赏赐。这种朝贡贸易虽然带有一定

---

[1] 王钦若等编纂，周勋初等校订：《册府元龟》卷九八〇《外臣部二十五·通好》，凤凰出版社2006年版，第11345页。

的政治交往属性，与纯粹意义上的商业往来不同，但其在双方物资交流互补中起到的积极作用却不容忽视。①

8世纪中叶以后，蒙古高原游牧诸部与中原地区的经贸往来，也主要是通过互市实现的。在双方的经济贸易往来中，回纥方面主要向中原地区提供马、牛、羊、骆驼等畜产，中原地区则向回纥输出粮食、茶叶、绢、丝绸等物资。因此，这种贸易又被称作"绢马贸易"或"茶马贸易"。自唐肃宗乾元元年以后，回纥屡派使者交易，以1匹马交换40匹绢，每年向唐送马10万匹，换取缯帛百余万匹。

南北朝至隋唐时期，奚、契丹、室韦等族与中原诸政权的商贸往来，也以朝贡或互市贸易为主，加强了内蒙古东部地区与中原的经济文化联系，丰富了各族人民的物质文化生活。

魏晋南北朝隋唐时期，内蒙古地区与中原长期而又频繁的经贸往来，有效促进了3—10世纪初游牧文明和农耕文明的交往交流交融，对内蒙古地区乃至整个中国古代社会经济的发展起到了重要的推动作用。经济上的交流汇通，带动了文化上的共荣互鉴，成为此间各民族共同书写中国悠久历史和共同创造中华灿烂文化的原生动力之一。

---

① 曹永年主编：《内蒙古通史》，内蒙古人民出版社2007年版，第461页。

# 第四节　多元文化交流交融与民族大融合局面的出现

魏晋南北朝隋唐时期，游牧文化与农耕文化在内蒙古地区发生着全方位、多层次的碰撞、交流。各民族在衣食住行、文化艺术、宗教信仰等领域深度融合，汇入隋唐文化的主流，不断丰富了中华文化的内涵。

## 一、生活习俗

魏晋南北朝隋唐时期，在内蒙古地区活动的鲜卑、敕勒、突厥、回纥等，衣皮革、披毡裘、食畜肉、饮湩酪、住穹庐，衣食住行很有特色。自北魏以来，各族与中原在物质生活方面互融互通，既合流发展，又保持了多样多元。

鲜卑人早期服装款式主要是袴褶装，窄袖袍，束口裤，左衽衣领，腰束蹀躞带，脚蹬靴，衣服材料以动物皮毛为主。北魏建立后，北方各族的服装样式仍然保留了传统的上衣下裤风格，但材质发生了变化，盛乐及其周边地区使用麻布、锦帛、丝织品制作衣物的现象逐渐增多。孝文帝改革后，正式推行高冠博带的中原服饰，又根据中原传统朝服规制，制作鲜卑官服。此后，洛阳地区鲜卑人的服饰风格逐步转变为上衣下裳，右衽开领。但在北方六镇地区，受气候、环境以及各族对孝文帝改革政策抵制等因素的影响，汉服的推行比较困难，鲜卑传统服饰仍然是主流服饰。而在民间，鲜卑人窄袖、短袍、蹀躞带的穿衣风格普遍受到中原民众的喜爱，并逐渐流行开来。至隋唐时期，长安、洛阳等地胡服盛行。开元以后，唐朝服饰也普遍引入了胡服风格，贵族穿袴褶装，民众普遍喜欢穿胡服、戴胡帽。不过，隋唐时期的胡服受到传统汉服的影响，也出现了广袖宽薄的样式，成为融合了中原文化因素的胡服。

古代北方地区的鲜卑、敕勒、柔然等族以游牧、射猎为生，逐水草而居，形成了以穹庐为屋舍的居住习惯。经过魏晋南北朝时期的民族大迁徙，各族人口在今内蒙古及其周边地区交错杂居。受内地人屯田的影响，许多牧民开始从事农业生产，居住方式也转变为了半定居的状态。内蒙古地区的代来城、云中城、盛乐城、怀朔城等城池内外，就有大量游牧人口和农耕人口杂居而处，居所相对固定。与此同时，居住穹庐还是内蒙古地区牧人主要的居住方式。在北魏南迁平城之后，拓跋贵族们仍然保留了这样的习惯。南齐使节出使北魏时曾看到过面积较大的"百子帐"，可容百人团坐。在大同沙岭墓葬 7 号墓的壁画中绘制有北魏贵族所居住的毡帐，大同雁北师范学院（今山西大同大学）2 号墓出土了陶制的毡帐模型，可见北魏迁都平城以后，仍有部分人口居毡帐，而游牧人口较多的盛乐地区以穹庐为居的情况应该更普遍一些。隋唐时期，漠北突厥、回纥等族人口也主要以穹庐为舍。突厥南迁进入内蒙古地区之后，启民可汗想要改变旧俗，表示"愿同比屋"。隋炀帝下诏"于万寿戍置城造屋"[1]，先后修筑了大利、金河等城安置突厥人口，部分突厥人开始过定居生活。

---

① 魏徵：《隋书》卷三《炀帝纪》，中华书局 1973 年版，第 71 页。

北方地区的汉族饮食以谷粮为主，鲜卑、敕勒、突厥、回纥等族的传统饮食则主要来源于马、牛、羊等动物的肉乳。随着各族经济交流的加强，牧民饮食中粮食的比重明显增加。北魏建立之初，诏令各族人口在今呼和浩特、五原、包头等地屯田生产，粮食收获颇丰。呼和浩特市大学路北魏墓葬中出土了猪、鸡、粮仓、磨等陶制模型①，可见当时呼和浩特地区的食物种类与中原地区差异并不大。土默特右旗美

北魏时期墓葬的牛车陶俑、牵马陶俑

出土于内蒙古呼和浩特市大学路北魏墓葬

岱村北魏墓葬中出土的饮食器具，既有鲜卑传统的鼓腹罐，又有中原地区流行的陶勺、陶碗②，反映了各族饮食文化的融合。隋唐时期，活动于丰州、灵州、夏州等地的突厥人也多种田食粮。同时，牧民的肉食、酥油、奶酪、奶酒等食物也受到了北方汉族的普遍喜爱，并进一步传入中原地区。隋唐时期的洛阳和长安地区，胡食司空见惯。唐代诗人元稹形容当时的景象是"自从胡骑

---

① 郭素新：《内蒙古呼和浩特北魏墓葬》，《文物》1977 年第 5 期。

② 李逸友：《内蒙古呼和浩特美岱村北魏墓》，《考古》1962 年第 2 期。

起烟尘，毛毳腥膻满咸洛"。

魏晋南北朝隋唐时期，内蒙古地区的各民族在衣、食、住等物质文化领域，既保留了自身特色，又交织合流发展。北方各族服饰与汉服互相借鉴、融合，对于中华服饰文化影响深远。各族的饮食文化互相影响渗透，改变了北方地区的饮食习惯和饮食结构，使得各地食物更加丰富多样。

## 二、文化艺术

魏晋南北朝隋唐时期，各民族的音乐、文学艺术都有所发展。流传至今的《胡笳十八拍》《敕勒歌》是这一时期北方文学艺术的典型代表。中原文人笔下的边塞诗歌生动刻画了隋唐时期内蒙古地区的自然风貌。以金银器加工为代表的手工艺术既表现出独特的民族、地域风格，又具有明显的多元文化元素，体现了这一时期内蒙古地区艺术发展的成就。

胡笳是一种吹奏乐器，声音哀婉，最能表达思乡之情。东汉末年，23岁的蔡文姬在战乱中被掳到南匈奴，并嫁给南匈奴左贤王。此后，她在匈奴生活了12年，并为左贤王生下两个儿子。后来，曹操派使者以重金将她赎回。蔡文姬离开匈奴时，怀着对丈夫和儿子深深的不舍与回归故土的渴望，写下了动人心魄的《胡笳十八拍》。《胡笳十八拍》根据胡笳的特点创作，融合胡汉音律，叙事抒情扣人心弦，为中国古代十大名曲之一。胡笳在魏晋以后受到中原音乐爱好者的广泛喜爱，后不断改进，成为中华民族的传统乐器之一。

敕勒人能歌善舞，每逢喜庆、祭祀的日子，敕勒人会聚在一起，坐在穹庐前，点燃篝火，高歌作乐。5 世纪中叶，北魏文成帝巡视边疆时，恰遇漠南敕勒五部部众合聚祭天，歌声缭绕、盛况空前。《敕勒歌》就是这一时期生活在敕勒川的以敕勒人为主体的各族人民在生产、生活中创作的民歌。"敕勒川，阴山下，天似穹庐，笼盖四野。天苍苍，野茫茫，风吹草低见牛羊"。这首民歌描绘了阴山脚下敕勒川水草丰美，隐约可见各色牛羊的自然风光，表现了敕勒等族豪迈的性格和悠然自得的生活。《敕勒歌》意境恢宏，语言质朴，既有北朝文学慷慨豪迈的气魄，又受南朝诗风声律的影响，是南北方文学相互影响、彼此交融的历史见证。

北魏将鲜卑等族传统音乐和秦汉宫廷音乐元素相结合，制定了乐舞礼制。呼和浩特地区出土有 8 件北魏舞乐陶俑。陶俑均头戴风帽，身穿窄袖曳地长袍，姿态各异，呈前、后排布局，表现出弹、舞等动作[1]，说明当时乐舞已传入内蒙古地区。

北魏时期的舞乐陶俑

出土于内蒙古呼和浩特市大学路北魏墓葬

唐朝时期，以描写边塞风光和戍守战士生活为题材的边塞诗歌高度发展。边塞诗歌一般由出征的将领或随军文官创作，诗中描写的长城、瀚海、朔漠、阴山、胡笳、烽火、胡马等边塞风

---

① 　郭素新：《内蒙古呼和浩特北魏墓葬》，《文物》1977 年第 5 期。

物，很多都与内蒙古地区有关。707年（唐神龙三年），张仁愿任朔方军总管时，随行监察御史张敬忠有感于西受降城气候严寒、春天姗姗来迟，写下了《边词》："五原春色旧来迟，二月垂杨未挂丝。即今河畔冰开日，正是长安花落时。"诗词描绘了五原早春的清冷景象，与长安地区的春暖花开形成了鲜明对比。建中初年，李益作为朔方节度使李怀光的幕僚来到五原，创作了《过五原胡儿饮马泉》。当时，五原地区是唐和吐蕃反复争夺的区域。诗中的"绿杨著水草如烟，旧是胡儿饮马泉。几处吹笳明月夜，何人倚剑白云天"四句，回忆了五原地区杨柳拂水、丰草映目的晚春景象和北方游牧民族饮马于此的悠闲场景，与后文五原月夜笳鸣声下的苍凉之境以及因此联想到的战士执剑疆场的场景相互映衬，表达了作者对五原地区曾经遭遇战火的感叹和对能否继续守住这片土地的忧思。

晚唐时期，诗人张蠙北游塞外，正值春日边境安宁，戍守士兵返回，作者独登单于台，观黄河、望阴山，写下了"白日地中出，黄河天外来。沙翻痕似浪，风急响疑雷。欲向阴关度，阴关晓不开"的诗句，刻画了当时呼和浩特以西地区连绵的阴山、奔腾的黄河和安静的关隘等壮阔雄奇的风物。在唐朝的边塞诗歌中，额济纳的秋天"暮云空碛时驱马，秋日平原好射雕"，阴山山脉的冬天"瀚海百重波，阴山千里雪"，阴山脚下的秋夜"月明星稀霜满野，毡车夜宿阴山下"。这些诗人眼中的内蒙古空旷、寒冷、静寂。

唐朝的边塞诗歌中，还有深刻反映内蒙古地区饱受战争之苦的内容。"岁岁金河复玉关，朝朝马策与刀环。三春白雪归青冢，万里黄河绕黑山。"柳中庸的这首《征人怨》充分地表现出戍守战士对战争的厌倦之情。诗中的金河、青冢、黑山，都在今呼和浩特地区，唐时属单于都护府管辖，可见当时呼和浩特地区饱受战乱之苦。朗士元的"莫断阴山路，天骄已请和"则充分地表达了各族人民对和平的期盼。

这些边塞诗歌虽然多是中原文人所创作，但都直接取材自内蒙古地区的自然风貌和各族人民的生活，是唐朝时期内蒙古地区气候、环境、历史的真实写照。

魏晋南北朝至隋唐时期，北方游牧民族的手工业颇具特色，其中鲜卑的金银加工尤其具有代表性。鲜卑妇女喜戴步摇冠，行走时冠饰摇曳，能体现妇人婀娜的姿态。鲜卑的步摇冠多以草原上常见的羊、马、鹿等动物形象作为主题纹饰，体现了浓郁的游牧文化特色。在包头市达尔罕茂明安联合旗西河子村出土了2件鹿角步摇冠，属典型的鲜卑冠饰。鹿角形金步摇基座呈鹿首形，上为树枝状，下垂金叶片，整个冠饰镶嵌珠饰，工艺精细。鲜卑金银制品中各种动物造型的饰牌也颇具特色。在乌兰察布市察哈尔右翼后旗三道湾、通辽市科尔沁左翼中旗六家子等多座鲜卑墓葬中，出土了马纹、鹿纹等动物纹

步摇冠饰

出土于内蒙古包头市达尔罕茂明安联合旗西河子村遗址

金饰牌。这类饰牌以动物单体或合体构图，造型别致。凉城县小

坝子滩发现一处金银器窖藏，出土金银器 13 件，其中拓跋鲜卑的四兽形金饰牌，采用透雕工艺，为四兽两两相背，上下排列。兽首向外，作张口吞物状，屈身，短尾上卷，饰牌上有多个穿孔，呈现出较强的立体感[①]。

除金银器外，当时内蒙古地区的其他手工艺术也多姿多彩。如鲜卑、室韦的桦树皮制品，乌洛侯的乐器篌篌，柔然的皮毛制品等，都具有浓郁的民族风格和地域风格，在与中原手工艺结合后，为中国手工艺术的发展注入了新的活力。在东起呼伦贝尔市、西到阿拉善盟的内蒙古草原上，发现了大量北魏至隋唐时期的各族墓葬，出土了精美的金属器、玉器、陶器、桦树皮器、木器等手工业制品。这些物品既有北方游牧民族典型的手工制品，也有中原传统手工艺产品，是各民族在手工艺领域交融互鉴的见证。

## 三、宗教

魏晋南北朝隋唐时期，佛教和道教此消彼长，互相借鉴。新传入的摩尼教、祆教带来了新的文化元素。传统的萨满教在鲜卑、突厥、回纥等族中仍有较多的信众。内蒙古地区出现了以佛教为主、多种宗教并存的局面。

### （一）佛教盛行

佛教在东汉时期传入中原地区。在此之前，佛教已经由印度北部传到中亚地区，并进一步向新疆地区和河西走廊一带传

---

① 张景明：《内蒙古凉城县小坝子滩金银器窖藏》，《文物》2002 年第 8 期。

播。到公元纪元前后，西域的大月氏、疏勒、于阗、龟兹、焉耆、高昌等地区多已信奉佛教。魏晋时期，佛教的影响力逐渐延伸到内蒙古中西部地区。西晋永嘉之乱以后，西域名僧佛图澄受到后赵政权推崇，在黄河流域传播佛法。当时北方地区的连年战乱给人民带来了深重的灾难，佛图澄及其弟子的传教活动在民间影响很大。各政权为了加强统治，积极支持佛教发展，前秦、后秦、北凉等政权举国奉佛，大兴寺庙。北魏建立后，北方地区的佛教进入鼎盛时期。

北魏建立之初，朝廷大力扶植本土佛教发展。398 年（北魏天兴元年），道武帝下诏在平城地区广建寺院，使信众有所居止，北方地区的鲜卑等各族人民出现了信奉佛教的热潮。文成帝统治时期，下令各地的郡、县建造佛寺，允许民众根据自己的意愿出家为僧。在统治者的支持下，官方大兴佛事，民间的热情也非常高。延昌年间（512—515 年），北魏已有寺庙13727 所。① 包头市固阳县白灵淖城圐圙北魏古城遗址中发现泥塑头像、残躯 36 件。从头像的造型看，脸部圆润，细眉大耳，面呈喜色，束发式头像的头顶作肉髻状，应是佛像。花冠式头像的花冠则与云冈

北魏"太和八年"铭文鎏金铜佛
出土于内蒙古呼和浩特市托克托县

---

① 魏收：《魏书》卷一一四《释老志》，中华书局 1974 年版，第 3042 页。

石窟菩萨造像相似。残躯中正腿盘坐、单腿盘坐、跪屈式、合十状、双手捧物状、右手持物状等姿势与云冈石窟刻画的菩萨、弟子、供养人的造像类似[①]。从这些泥塑判断，该城内有部分居民是信奉佛教的。清水河县山跳峁晚唐五代时期的墓葬中出土了与佛教有关的塔型器，壁画中出现僧人，说明墓主人信仰的是佛教。[②]除此之外，云中城遗址内发现的北魏时期的高浮雕菩萨造型瓦当、"太和八年"鎏金铜佛、抚冥镇出土的黄铜菩萨塑像等都具有代表性。这些实物资料都是魏晋南北朝隋唐时期内蒙古地区各族人民信奉佛教的见证。

### （二）多种宗教并存

除佛教之外，北方游牧民族对原始萨满教的信仰根深蒂固，摩尼教、袄教随着草原丝绸之路传入中原和内蒙古地区，并在鲜卑、突厥、回纥等族中有了不同程度的发展。

佛教传入之前，北方游牧民族普遍信奉萨满教。萨满教以万物有灵为思想基础，并发展出丰富的图腾崇拜和多神信仰。在拓跋鲜卑早期迁徙过程中，历经"山谷高深，九难八阻"[③]之险，最后在"神兽"的引导下才走出困境。"神兽"，即拓跋鲜卑早期图腾之一。突厥、回纥以狼为图腾，有狼之后裔的传说。突厥的"旗纛之上，施金狼头，侍卫之士，谓之附离，夏言之

---

[①] 张郁：《内蒙古白灵淖城圐圙北魏古城遗址调查与试掘》，《考古》1984年第2期。

[②] 内蒙古文物考古研究所等：《内蒙古清水河县山跳峁墓地》，《文物》1997年第1期。

[③] 魏收：《魏书》卷一《序记》，中华书局1974年版，第2页。

狼也"①。回纥在牙帐门前也竖立狼头纛。这些早期的图腾崇拜都是萨满教信仰的体现。鲜卑、高车、突厥、回纥等族还有对天、地、日、月、山、河等物的崇拜，并常进行祭祀。2020年，武川县坝顶村发现了北魏时期的祭祀遗址，是拓跋鲜卑传统萨满信仰与中原礼制结合后举行祭祀礼仪的实证。

萨满教信奉体系中盛行巫术。"巫"被认为是可以与鬼神沟通的人，常以鬼神的名义进行祈福、避祸、诅咒、占卜、治病等活动。柔然、突厥、回纥遇到大事，都会以巫术祭天，预测吉凶。战争期间，军中常有巫师同行，占卜胜负，或以巫术诅咒敌军。萨满教作为一种原始民间信仰，对游牧民族的思想影响较深，至今仍有一些民族信奉萨满教。

道教是东汉时期发源于中国的本土宗教。北魏初年，道士寇谦之对道教进行改革，宣扬天命正统，以适应统治阶级的需要。始光初年，寇谦之向太武帝拓跋焘献《箓图真经》，宣称自己有辅助太平真君的使命。在汉族文人崔浩的力劝下，太武帝下令崇奉天师，显扬新法，并修筑道坛、延请道士入平城及其周边地区弘法。440年（北魏太延六年），拓跋焘改元太平真君，后亲至道坛受箓，道教遂与政治挂钩。由此，佛、道之争渐生，最终演化为太武帝灭佛事件，道教在北魏境内的影响进一步扩大。当时的内蒙古地区也有了一定数量的道教信众，在和林格尔县鸡鸣驿村北魏墓葬的壁画中绘制有死后升天图和青龙、白虎、凤鸟、玄武四神图，是道教升仙祥瑞观念的反映。太武帝之后，道教影响下降。隋唐时期，由于统治者崇奉，道教一度兴盛。晚唐后，儒

---

① 李延寿：《北史》卷九九《突厥传》，中华书局1974年版，第3288页。

释道思想互相影响，融会贯通，三教合流思想对中国人的精神生活产生了深远影响。

北魏壁画《出行图》
出土于内蒙古呼和浩特市和林格尔县鸡鸣驿村北魏墓葬

摩尼教是公元3世纪由波斯人摩尼创立的宗教。694年（唐延载元年），摩尼教传入中原。唐玄宗时期，以摩尼教"妄称佛教，诳惑黎元"①为由，严加禁止。安史之乱时期，回纥牟羽可汗受摩尼法师教化，将摩尼教定为回纥国教。8世纪末9世纪初，摩尼教在黄河流域和长江流域得到一定程度的发展，长安、扬州等地先后建立起摩尼寺院。回纥政权灭亡后，唐朝再度禁止摩尼教，焚毁寺院，流放僧侣，摩尼教在中原和内蒙古地区逐渐衰微。

祆教是流行于古代波斯地区的宗教，南北朝时期传入中原地区。北魏、北齐、北周允许祆教自由发展，并设置祆教祭祀官员，祭祀火天神。隋唐时期，祆教在西突厥较为流行，后传至东突厥。《酉阳杂俎》有记载"突厥事祆神，四时祭祀"②。

魏晋南北朝隋唐时期，本土发源的道教、经历本土化的佛教、原始的萨满教以及外来的摩尼教、祆教等宗教在内蒙古地区

---

① 杜佑：《通典》卷四〇《职官二十二》，中华书局1988年版，第1103页。
② 段成式撰，方南生点校：《酉阳杂俎》，中华书局1981年版，第45页。

的发展程度不同、影响强弱有别，但它们在传播过程中，互相吸收、借鉴并进行改造，各种宗教教义不断糅合交融，呈现出多种宗教并存的局面。

## 四、内蒙古地区诸族的交往交融

魏晋南北朝时期是中国历史上空前的民族大融合时期。这一时期，各民族的交往增多，矛盾冲突加剧。同时，各族通过长期的联姻、杂居，在血缘上密不可分，多民族融合发展的程度进一步加深。这其中存在各少数民族融入汉族、汉族融入各少数民族、各少数民族之间互相融合等多种状况。

### （一）魏晋南北朝时期北方诸族的冲突

在等级森严的中古社会秩序下，统治阶级对各族底层民众的压迫、各族人口对于生存资源的争夺不可避免，由此产生的阶级矛盾和民族矛盾客观存在，通过战争解决矛盾是各族交往的重要内容。

魏晋时期，内迁匈奴、鲜卑等族的部分部众被强制脱离原来的氏族组织，有的成为佃农，有的沦为奴隶。270 年（西晋泰始六年），秃发鲜卑人树机能起兵反晋，由此拉开了各族人民持续30 余年的反晋斗争的序幕。西晋后期，由统治阶级内部斗争引发的"八王之乱"持续了 16 年，北方各族人民受战乱之苦流离失所，阶级矛盾和民族矛盾进一步激化。304 年(西晋永安元年)，匈奴人刘渊集结匈奴各部，联合鲜卑、乌桓起兵，最终于 316 年（西晋建兴四年）推翻西晋的统治。各族人民在共同反抗西晋统

治阶级的斗争中，进一步加强了相互了解。

西晋灭亡、晋室南迁后，北方各族在黄河流域及其以北地区割据自立。在这个过程中，各族围绕土地和人口展开的争夺更加激烈，内蒙古地区也陷入更大的混乱和纷争之中。北魏建立后，先后兼并河东、代北的独孤、贺兰等部，攻灭河套地区铁弗匈奴的大夏政权，进而东灭慕容鲜卑的后燕政权，向西灭亡了匈奴沮渠氏的北凉政权，又北上漠北兼并了敕勒诸部，完成了对黄河流域诸政权、阴山南北诸部的统一，内蒙古地区兵戈渐息。

北魏后期，北方军镇的军事、政治地位下降，各镇军官与强制徙边的各族豪强、部酋大肆剥削奴役各族底层民众，又遇旱灾频发，当时的内蒙古地区出现了大量饥民。在这种历史背景下，524 年（北魏正光五年），沃野镇人破六韩拔陵率众起义，揭开了六镇起义的序幕。起义持续 6 年后被镇压。北魏灭亡后，北方六镇军事集团又先后参与了东魏、西魏以及北齐、北周的争权斗争。长期的战乱使得北方地区经济发展举步维艰，各族人民聚散无常、无所归依，人民盼望安定统一。

### （二）魏晋南北朝时期北方诸族的交融

魏晋南北朝时期，各族在共同反抗统治阶级的斗争中，相互增进了解。同时，他们在长期的共处杂居中频繁往来，广泛通婚，地域关系日益加强。

经历了迁徙、杂居、战争之后，活跃于内蒙古及其周边地区的拓跋鲜卑、铁弗匈奴、独孤部、贺兰部、宇文部、敕勒等族都是杂糅了汉、鲜卑、匈奴、丁零等多族血缘和社会文化成分的新的部族。魏晋时期，这些交融新生的部族与汉族普遍杂居，逐步吸收农耕文化内涵，在社会经济、文化面貌、思想观念等方面渐渐产生了新变化。

北魏统一之后，各部统一接受地方行政管理，部落组织的社会结构转变为地域社会单元。在北魏的统治下，各族交错杂居，互通有无，彼此学习，原有的部族观念进一步淡化，各族对鲜卑族属的认同、对北魏政权的政治认同加强。494年（北魏太和十八年），孝文帝迁都洛阳，随后实行汉化改革，加速了鲜卑化各族人民的汉化进程。改汉姓、穿汉服、说汉语等一系列政策的实施，最终促成了鲜卑化各族与汉族的深度融合。

在思想文化上，北方少数民族之中"渐慕诸夏之风者"不在少数。各民族建立政权后，在政治上效仿中原传统的职官制度，积极推行儒学教育，宣扬中原传统文化和思想道德观念。前赵的建立者刘曜致力于儒学普及，立小学、太学，选笃学的大家教授儒家经典。前秦礼遇耆老，修尚儒学，大兴学校，儒家文化盛行一时。后秦提倡以孝治天下。前燕以鲜卑子弟为官学生教授儒学。北凉政权多次向刘宋求《周易》等子、集类典籍。以上政权都曾对内蒙古部分地区进行过统治，这些政策和举措有利于内蒙古地区的各族人民了解儒家文化。拓跋鲜卑建立代政权伊始，就重用中原文人燕凤、许谦等人构建政治体制模式。北魏建立后，拓跋珪增加朝廷百官中中原文人的比例，同时立太学、推广儒家文化，促进了儒学在内蒙古地区的直接传播。

在儒学思想的影响下，北方的游牧民族统治者普遍认同"华夷"一家的理念，主动融入中华大一统的格局之中。《魏书·序记》开篇追溯拓跋鲜卑的先祖是黄帝的儿子昌意的后裔。铁弗匈奴王族强调自己的祖先源自大禹。南迁的柔然人称其族为夏淳维氏的后裔，也有的称是白帝的后裔。这些将本族的源流纳入华夏谱系的事例，虽受到政治环境的影响，但也表现出他们心向华夏的思想倾向。除此之外，各政权深受中原正统观念的影响，普遍以正统自居，追求大一统。304 年（前赵元熙元年），刘渊以复兴汉室为名，举兵反晋，国号称"汉"，以昭示其继承汉政权的合法性。407 年（大夏龙升元年），铁弗匈奴建立大夏政权，强调的是对夏朝的承袭。大夏都城取名"统万"，体现了国主赫连勃勃"统一天下，君临万邦"①的大一统思想。北魏建立后，称东晋为"僭晋"，将南朝视为"岛夷"，认为只有自己才能代表中华。柔然统治中心尽管远在漠北腹地，对于中原传统思想中的封建正统观也耳濡目染。柔然在给南齐的国书中，自称"皇芮"，提出"光复中华"的口号。这些历史现象表明魏晋南北朝时期我国北方各族在认同华夏文化的基础上进一步融合的客观事实。

### （三）隋唐时期民族融合的新局面

隋唐时期是中国历史上民族融合的重要时期，尤其是唐朝在处理民族关系时，以开放、兼容的气度，开创了盛唐的宏大局面。唐太宗李世民奉行四海一家的大一统思想。在这种思想的指导下，唐朝在处理与突厥、回纥、铁勒、契丹等部众的关系时，尊重各族习惯，一视同仁，一定程度上赢得了各民族的拥戴，吸引他们大规模内迁。突厥、回纥、汉等诸族杂居相处，互相学

---

① 房玄龄：《晋书》卷一三〇《赫连勃勃载记》，中华书局 1974 年版，第 3205 页。

习，民族间的差距进一步缩小。

隋文帝时期，突厥沙钵略可汗上表，表示愿意归附，永远作为隋朝北藩。隋文帝下诏"往虽与和，犹是二国；今作君臣，便成一体"①。从突厥上表和隋文帝的诏书看，突厥自认为是隋朝的藩属国，隋文帝把突厥当作隋朝的一部分。597 年（隋开皇十七年），突厥启民可汗迎娶隋朝义成公主。607 年（隋大业三年），隋炀帝巡视到胜州城（今准格尔旗十二连城古城），突厥启民可汗和义成公主率领突厥、吐谷浑、契丹、室韦、高昌各部酋长、使者，赶到胜州城觐见隋炀帝。启民可汗上表奏请"依大国服饰法用，一同华夏"②。隋炀帝认为毡裘服饰适合北方的环境，因此诏令突厥不必改变风俗。这种互相尊重的民族政策对双方关系的良性发展起到了推动作用。在隋朝扶持下，漠南地区的突厥人往来于长城内外，突厥经济发展，人口增长，"或南入长城，或住白道，人民羊马，遍满山谷"③。

唐初，唐朝与突厥尽管时有战争，但友好往来从未间断。武德年间，在今呼和浩特市、包头市、鄂尔多斯市等地区，各族人民频繁往来。贞观年间，大量突厥人自愿向南迁徙归附唐朝。唐太宗认为"盖德泽洽，则四夷可使如一家；猜忌多，则骨肉不免为雠敌"④，于是将东突厥部众安置于河套以南地区，任其畜牧。

---

① 魏徵：《隋书》卷八四《突厥传》，中华书局 1973 年版，第 1869—1870 页。

② 魏徵：《隋书》卷八四《突厥传》，中华书局 1973 年版，第 1875 页。

③ 魏徵：《隋书》卷八四《突厥传》，中华书局 1973 年版，第 1873 页。

④ 司马光：《资治通鉴》卷一九七《唐纪十三》太宗贞观十八年条，中华书局 1956 年版，第 6216 页。

突厥民众也承认当时突厥从属于唐朝这个事实。突厥文碑铭《暾欲谷碑》中就提到，暾欲谷本生于唐朝，因为"（那时）突厥人民臣属于唐朝"①。后突厥毗伽可汗时期，多次向唐朝请求通婚。731年（唐开元十九年），后突厥毗伽可汗去世，唐玄宗辍朝三日，以示悼念。在毗伽可汗执政的19年里，他与唐玄宗共同把双方友好关系推进一步，使得边疆地区的各族人民交错杂居，放牧耕作，和平安宁。唐朝政府还于北边郡县置市，游牧民族与在北郡屯田的汉族在经济上互通有无、文化上互相融合，出现了民族融合的新局面。

　　唐朝对漠北地区实行羁縻统治后，回纥、铁勒诸部人口称唐太宗为"天可汗"。唐太宗应各族要求，开辟"参天可汗道"，保障了漠北和长安之间交通的畅通无阻，加强了漠北地区各族人民与中原政权的联系。安史之乱发生后，回纥叶护（地位仅次于可汗的官名）率领精兵助唐平叛，此后双方关系更加密切。758年（唐乾元元年），唐肃宗将亲生女儿宁国公主嫁给回纥葛勒可汗，双方约定情同唇齿，彼此的关系"与日月永，子孙百代，克享鸿休"②。此后，崇徽公主、咸安公主、寿安公主相继与回纥可汗和亲。回纥方面也有贵族将女儿嫁给唐朝亲王为妃者，回纥与唐朝以甥舅相称，关系融洽，唐朝真正做到了对回纥等部族"可使如一家"。此外，回纥与汉族民间通婚也不少。回纥人在长安经商的特别多。他们在中原地区娶妻生子，广殖资产，长期居住。上

---

　　① 耿世民：《古代突厥文碑铭研究》，中央民族大学出版社2005年版，第94页。

　　② 宋敏求：《唐大诏令集·册回纥为英武威远可汗文》，中华书局2008年版，第696页。

层贵族和亲以及下层民众杂居通婚，在客观上加强了回纥的内向力，促进了回纥与唐朝之间的交往，使得内蒙古地区呈现出各民族空前友好团结的局面。

终唐一世，奚、契丹、铁勒等也都通过助战、朝贡、接受唐朝册封、派遣质子等方式向唐朝尽藩臣义务。这些部族中的很多人后来入仕唐朝，改姓李氏，世代与中原民众通婚。这段历史表明，在唐朝开明的民族政策下，各民族对中原的向慕、对大一统政权的认可是空前的，体现了中华民族凝聚力、各民族向心力的增强。唐肃宗就曾感叹唐朝与回纥"同心同德，求之古今，所未闻也"①。

---

① 刘昫：《旧唐书》卷一九五《回纥传》，中华书局1975年版，第5199页。

# 第三章

## 辽宋夏金元时期

### ——民族关系发展与推动多民族大一统格局的深化

唐末以来，中国进入五代十国辽宋夏金多个政权割据并立的时期。辽、夏、金是由这一时期兴起的游牧民族为主导的在中国北方地区建立的政权。元朝建立，结束了唐末五代以来370多年的分裂割据局面，实现了中国历史上第三次全国"大一统"。辽、夏、金、元诸政权均对内蒙古地区进行了有效的治理，其中辽代的政治中心就建立在内蒙古东部地区。元朝在内蒙古地区设置中书省，营建上都城，并实行两都制。内蒙古部分地区首次成为中央政府直辖的核心范围。这一时期，活跃在内蒙古地区的契丹、党项、女真、蒙古人等，与大量迁入的中原人口和外来人口高度融合。起自于内蒙古地区的草原丝绸之路畅通无阻，交通驿道发达，商贸往来频繁，文化开放多元，保留了大量的文化遗存。这一时期，内蒙古地区各族对中华文化的发展和繁荣作出了重大贡献。

# 第一节　辽、夏、金政权对内蒙古地区的治理

辽、夏、金各政权的政治、经济、文化等受到"大一统"思想的深刻影响，无论是政权建设，还是民族关系，都有着强烈的中国认同意识。内蒙古东部地区先后成为辽的政治中心和金的主要管辖区，内蒙古西部地区成为西夏政权的主要管辖区。内蒙古地区在辽、夏、金诸分立政权的管辖之下，得到有效的开发和治理，各族对多元一体的中华文化认同感进一步增强。

## 一、辽代的五京制、捺钵制与地方管理体制

契丹源于东胡，早在十六国时期就已活动于内蒙古西拉木伦河、老哈河流域。907年，耶律阿保机称可汗，契丹建国。916年（辽神册元年），耶律阿保机仿汉唐制度，在龙化州（位于今通辽市境内）称帝，是为辽太祖，建元"神册"，辽正式建立。918年（辽神册三年），建都于临潢府（今赤峰市巴林左旗辽上京遗址）。938年（辽会同元年），辽获燕云地区（今河北、山西北部和北京等地区），版图扩展至今河北、山西北部。《辽史》称其疆域"东至于海，西至金山，暨于流沙，北至胪朐河，

133

南至白沟，幅员万里"①，即东至日本海，西到阿尔泰山，向北越过克鲁伦河，南与五代（后梁、后唐、后晋、后汉、后周）、北宋、西夏等政权为邻，内蒙古东部地区是辽的核心统治区域。辽建立的中央机构以五京制和捺钵制为核心，地方管理方式以部族体制、州县

辽上京城遗址

位于内蒙古赤峰市巴林左旗

体制、斡鲁朵（宫帐）体制和投下（皇室和贵族的私城）州体制等为主。

辽有五京，分别是上京临潢府（今赤峰市境内）、东京辽阳府（今辽宁省辽阳市境内）、南京析津府（今北京市境内）、中京大定府（今赤峰市境内）、西京大同府（今山西省大同市境内）。太祖时期，上京直属的居民，主要是从事农业和手工业的内地民众、渤海人，还有经营贸易的回鹘人。在上京周边"水草便畜牧"之地，分布着契丹诸部。上京是契丹人活动的核心地带，始终为皇都。辽宋"澶渊之盟"后，圣宗耶律隆绪于 1007 年（辽统和二十五年）在原奚王牙帐所在地建立中京。中京城是负责接待宋朝及周边各国使者的主要场所，城内有手工业者居住区、回鹘商人居住区。辽代的五京制将草原地区与燕云、渤海（今中国东北

---

① 脱脱等：《辽史》卷三七《地理志一》，中华书局 1974 年版，第 438 页。

地区、朝鲜半岛东北等部分地区）等地连接起来，便利辽朝境内各族经济和文化交流。

辽代皇帝多在四季捺钵（行宫）中理政。《辽史》载："辽国尽有大漠，浸包长城之境，因宜为治。秋冬违寒，春夏避暑，随水草就畋渔，岁以为常。四时各有行在之所，谓之'捺钵'。"[①]捺钵制源于契丹游猎习俗，辽建立以后成为政治活动中心。皇帝赴捺钵时，重要官员均需随行。皇帝在捺钵与大臣商讨重大政治事

辽中京大明塔
位于内蒙古赤峰市宁城县

件，接待使臣，召见部族首领。春、冬捺钵多在上京及其以南的潢河（今赤峰市西拉木伦河）、土河（今赤峰市老哈河）流域，夏、秋捺钵多在上京西北的永安山、拽剌山（今大兴安岭东南余脉）一带。五京制和捺钵制是体现辽朝核心权力的运转体制。

地方管理方面，辽在内蒙古地区有四个互不统属的系统，分别是部族体制、州县体制、斡鲁朵体制和投下州体制，各具有不同的层级隶属关系和管理体系。辽朝采取"因俗而治"统治方针，在中央朝官和地方官方面，都分为南北两个系统。北、南两个职官系统主管事务各有侧重，"北面治宫帐、部族、属国之政，南

---

① 脱脱等：《辽史》卷三二《营卫志中》，中华书局 1974 年版，第 373 页。

面治汉人州县、租赋、军马之事"①。部族和州县之外的斡鲁朵和投下则属于皇帝和贵族私人所有。

一是部族体制。针对几个比较大的部族，辽专门设置有"四大王府"，分别称五院部、六院部、乙室部和奚六部。此外还有属国、属部，设置大王府和节度使司等实施管辖。辽对属国、属部的管辖实行怀柔政策，其中一些大王府和节度使司设置在今呼伦贝尔、锡林郭勒和乌兰察布北部一带。

二是州县体制。耶律阿保机在建立辽之前，就已依照州县制设置龙化州等"汉城"。926 年（辽天赞五年）耶律阿保机征服渤海国后，又将渤海贵族迁至今赤峰、通辽一带，设置州县予以管辖。辽代州县制的层级关系为道—府（州）—县三级制。上京道有临潢府（治所在今赤峰市巴林左旗辽上京遗址），临潢府下辖临潢、长泰、兴仁、易俗、迁辽、渤海 6 个县，下辖灵安州（治所在今通辽市境内）、春州（治所在今兴安盟境内）、通化州（治所在今呼伦贝尔市境内）、静州（治所在今兴安盟境内）等州。中京道有大定府（治所在今赤峰市宁城县大明城），统 9 个县，其中大定县、长兴县、富庶县、劝农县、金原县等治所均在今赤峰市境内。此外，中京道下辖的恩州（下辖恩化县）、高州（下辖三韩县）、武安州（下辖沃野县）、松山州（下辖松山县）等州治所也在今赤峰市境内。西京道下辖的德州（下辖宣德县），治所在今乌兰察布市境内；丰州（下辖富民、振武二县）、云内州（下辖柔服、宁人二县）、东胜州（下辖榆林、河滨二县）、宁边等州，治所多在今呼和浩特市或鄂尔多斯市境

---

① 脱脱等：《辽史》卷四五《百官志一》，中华书局 1974 年版，第 685 页。

内；此外金肃军、河清军等地方州军，治所也在今鄂尔多斯市境内。

三是斡鲁朵体制和投下州体制。斡鲁朵又称宫卫，《辽史》称皇帝"居有宫卫，谓之斡鲁朵"，"天子践位置宫卫，分州县，析部族，设官府，籍户口，备兵马"。[①] 斡鲁朵内的行政建置也包含有府、州、县和部族等，行政管理机构为都部署司，长官称都部署。辽共有 13 个斡鲁朵，多在上京地区。上京地区还有许多投下州。投下州规模小，行政管理结构也比较单一，投下州多没有县的设置，除投下州以外，还有一些投下城、寨、堡之类。投下州与斡鲁朵均为契丹贵族的私属领地。

辽的上京、中京和西京地区的大部分均位于今内蒙古境内。其中上京除部族和州县建置外，斡鲁朵和投下州比较多。辽代末年，上京、中京先后被金攻陷。1122 年（辽保大二年）中京陷落后，天祚帝逃往西京。之后，随着金军的南进和西京的失守，天祚帝再流亡夹山（今呼和浩特市大青山乡水磨沟、井儿沟一带）。1125 年（辽保大五年），天祚帝为金人所俘，辽灭亡。

## 二、西夏的地方军政建置

西夏由党项建立，党项是羌人的一个分支。西晋时，党项处于吐谷浑的役属之下。党项与北周、隋朝之间也有战和关系，部分党项部落曾归附隋朝。唐朝时期，党项诸部逐渐发展，形成

---

① 脱脱等：《辽史》卷三一《营卫志上》，中华书局 1974 年版，第 361、362 页。

八个势力较大的部落。随着吐蕃的兴起，党项诸部被迫向北迁

徙，在今内蒙古鄂尔多斯东南、陕北一带活动。党项平夏部首领拓跋思恭被唐朝封为夏州定难军节度使，晋爵夏国公，赐姓李。从此，平夏部以今鄂尔多斯市东南部、宁夏、陕北等为

黑水城遗址

位于内蒙古阿拉善盟额济纳旗

根据地，不断发展。辽代皇帝多次册封党项首领。1038年，党项首领李德明之子李元昊称帝，年号"天授礼法延祚"，以兴庆府（今宁夏回族自治区银川市）为都城，建立大夏政权，史称"西夏"。西夏最强盛的时候，版图包括今内蒙古西部、陕西北部、甘肃和宁夏等地。今内蒙古阿拉善盟、巴彦淖尔市、鄂尔多斯市以及乌海市等地区均在其管辖范围内。

西夏有州、县、郡、府等地方行政建置，同时还将全域分为左、右两厢，共设12个监军司。监军司立有军名，规定驻地，驻扎重兵以备防守。今内蒙古西部地区当时归夏州、宥州、黑水镇燕军司、白马强镇军司安北路和黑山威福军司等管辖。其中，夏州州治为今陕西省靖边县白城子古城，宥州州治为今鄂尔多斯市鄂托克前旗城川古城。黑水镇燕军司治所在今阿拉善盟额济纳旗黑水城遗址，白马强镇军司治所在今阿拉善盟阿拉善左旗查干克日木古城，安北路治所位于今乌拉特前旗一带，黑山威福军司治所为今巴彦淖尔市临河区高油坊古城。

金灭辽以后，西夏与金在内蒙古西部地区继续维持着其与辽时的旧界。后来，西夏为南下的蒙古汗国所灭。蒙古灭西夏的过程较为漫长，自 1205 年至 1227 年，蒙古对西夏发动多次进攻。西夏灭亡以后，内蒙古西部地区被纳入蒙古汗国管辖范围。

### 三、金的北京路与西京路

长期活动于东北地区的女真在辽代时期，因避讳被改称"女直"，分为"熟女真"和"生女真"。辽设置属国制度管理女真，授予女真人官职。女真曾对契丹贵族的统治叛服无常。总体而言，双方关系以和平为主，女真定期向辽朝贡，双方经济往来不曾中断。11 世纪末，生女真完颜部日益强大，统一女真各部。

1113 年（辽天庆三年），完颜阿骨打成为部落首领，女真逐渐强大。翌年，辽任命完颜阿骨打为生女真节度使。1115 年（金收国元年），完颜阿骨打称帝，国号大金。1116 年（金收国二年），金攻陷辽东京。1120 年（金天辅四年），金攻取辽上京。1122 年（金天辅六年），金攻取辽中京、西京、南京。1125 年（金天会三年），天祚帝被俘，辽灭亡。金通过灭辽战争，逐步取代辽。1127 年（金天会五年），金灭亡北宋，后与南宋形成对峙局面，疆域趋于稳定。金极盛时期的疆域广大，东亚大陆除朝鲜半岛外，蒙古高原东部，混同江、黑龙江流域，辽宁、吉林、黑龙江三省，河北、河南、山东、陕西，以及安徽、江苏北部，均在其管辖范围内。今包头、呼和浩特及其以东的地区，当时归金管辖，以西与西夏相接。

金承辽制，最初设五京，后常置六京。1153 年（金贞元元年）所设六京，即上京（今黑龙江省阿城市白城子）、东京（今辽宁省辽阳市，原辽东京）、北京（今宁城县大明城，原辽中京）、西京（今山西省大同市，原辽西京）、南京（今河南省开封市）、中都（今北京市，原辽南京）。金代除诸京和中都外，还有路、府、州、军、县等建置。各路设兵马都总管统领军兵，路治所在的府称都总管府，由兵马都总管兼管民政称府尹。各路所辖府州可分为府、军镇、防御州、刺史州等几类，各州设节度使、防御使、刺史，统领

金界壕遗迹

位于内蒙古呼伦贝尔市境内

军兵并兼管地方政事。县是最基层的地方行政区，县令只管民政，县之下基础组织为村社。在金代的行政区划中，今呼伦贝尔市东部属上京路，西部属蒙古弘吉剌部；兴安盟、通辽市、赤峰市大致属北京路；锡林郭勒盟、乌兰察布市南部以及包头市属西京路，乌兰察布市北部属蒙古汪古部。

北京路。金以辽中京大定府为北京，辖 4 个府、7 个节度使州、3 个刺史州，42 个县、7 个镇、1 个寨。其中，大定府、临潢府、庆州（玄宁军）、全州（盘安军）等府州管辖的地域涉及内蒙古地区。其中，大定府的大定、三韩和松山县等均在赤峰市境内。临潢府大致为原辽上京。完颜阿骨打攻占辽上京后，仍称

上京。1138 年（金天眷元年），金改上京为北京；1150 年（金天德二年），又改称临潢府路，辖临潢府和庆、兴、泰三州。1153 年（金贞元元年），以原辽中京大定府为北京，置北京临潢府路提刑司，金章宗以后（1208 年后）并入大定府路，降为府，下辖临潢县（城址在今赤峰市巴林右旗林东镇）、长泰县（城址疑为今赤峰市巴林左旗西北四方古城）、卢川县（辖境约在今赤峰市巴林右旗西南部）、宁塞县（辖境约在今赤峰市阿鲁科尔沁旗北部和通辽市扎鲁特旗西部）、长宁县等。

西京路。西京路下辖若干州县，其中大同府的宣宁县，城址在今乌兰察布市凉城县岱海东北岸淤泥滩村。丰州（天德军），原本为辽代的丰州，置西南路招讨司，设天德军节度使，兼丰州管内观察使，辖富民县（即丰州所在县城，治所在今呼和浩特市东郊白塔村西南）、振武镇（即辽振武县，遗址即今呼和浩特市和林格尔县西北土城子）。净州，为丰州支郡，城址在今乌兰察布市四子王旗吉生太镇城卜子村古城。桓州（威远军），设西北路招讨司，负责北部安全，辖有清塞县，为州治所在。桓州城有两个，初建于今锡林郭勒盟正蓝旗南黑城子，后又建新桓州，城址即今正蓝旗上都镇北古城，俗称四郎城。桓州辖境约包括今正蓝旗、太仆寺旗、多伦县和河北省沽源县部分地区。抚州（镇宁军），为桓州支郡，州治即在所领柔远县，辖今锡林郭勒盟以南，河北省张北县和沽源县部分地区，还有集宁县（辖境约包括今乌兰察布市察哈尔右翼前旗、察哈尔右翼后旗及兴和、商都等县）、丰利县（辖境约在今太仆寺旗东南和沽源县西北）、威宁县（今乌兰察布市兴和县西北台基庙古城）。昌州，辖境约为今锡林郭勒盟太仆寺旗西部，河北省康保县、张北县和沽源县北部。云内州（开远军），原本为辽代云内州，辖二县、一镇，其中柔服县为州治所在地（即今呼和浩特市托克托县古城村东北西白塔古城），辖有辽代之宁仁县，后废县为镇。宁边州（镇西军），所辖宁边县为州治所在地，城址在今呼和浩特市清水河县黄河边下城湾古城，辖境约为今清水河县。东胜州（武兴军），所辖东胜县为州治所在地，城址即今呼和浩特市托克托县大皇城古城，辖境约为今托克托县与和林格尔县。

丰州万部华严经塔

位于内蒙古呼和浩特市东南郊，俗称"白塔"

金继承辽制，对内蒙古东部地区进一步加强治理。辽、金积极吸收中原地区的文化，推进了中国古代北方地区的经济发展和社会进步，为中国再一次实现大一统奠定了基础。

## 第二节　元朝对内蒙古地区的治理

在西夏、金与南宋并立的后期，蒙古部兴起、建立蒙古汗国并开始南下，在由蒙古汗国转变为元朝的进程中，先后兼并了众多分立政权。元朝实现了继秦汉、隋唐之后我国历史上的第三次大一统，无论是民族交往交流交融的广度和深度，还是中央对全国各地方的管辖和治理程度，都达到一个新的高度，统一的多民族国家得到进一步发展。元朝实行行省制度，把内蒙古地区纳入大一统政权的管辖之下，实行了更为有效的治理。

## 一、始置行省

　　蒙古原为室韦诸部中的一个古老部落。活动在呼伦贝尔地区的蒙兀室韦向西迁徙，逐渐形成漠北高原上的蒙古部，先后受过辽、金的管辖。12 世纪末至 13 世纪初，蒙古高原分布着蒙古、克烈、乃蛮、塔塔儿、汪古、蔑儿乞等部。蒙古部首领铁木真经过十余年征战，兼并了诸部。1206 年，蒙古汗国建立，铁木真自号成吉思汗。至此，蒙古高原诸部纷争、彼此争战的局面宣告结束，百姓生活安定。蒙古汗国建立以后，成吉思汗实行千百户制度，把以血缘为纽带的诸部族，改以地域为基础划分，重新划分人口，部族如塔塔儿、克烈、乃蛮、汪古、弘吉剌等融入其中。早在 1201 年至 1202 年，铁木真先后打败札答阑、塔塔儿和乃蛮等部，初步控制了今内蒙古呼伦贝尔市等地。为金驻守界壕的汪古部主动归附，蒙古部又控制了今内蒙古阴山一带。1206年蒙古汗国建立以后，开始南下进攻金和西夏，陆续占据城池。但此时蒙古军以掠夺为主，有时会沿袭金制，靠归附之人留守占领地区。1212 年，蒙古军攻取宣德府，任用降官耶律秃花统领契丹、汉军镇守其地。1215 年，蒙古汗国命吾也儿、金降将寅答虎二人镇守北京（今赤峰市宁城县大明城）。1217 年，成吉思汗命驻扎在金莲川草原的木华黎统军征讨金。

1231 年，蒙古汗国置中书省，任命耶律楚材为中书令，设立十路课税所，以课税使为长官，由中书省直辖。其中，宣德路课税所、西京路课税所下辖的宣宁、平地、丰州、云州和东胜州等位于内蒙古地区。又将地方划为十道，分设达鲁花赤（地方长官）管理，内蒙古部分地区分属于山西、北京、燕京诸道。

1234 年，蒙古汗国沿袭金代行台制度，设燕京行尚书省（或称行省、行台），这是元代行中书省制度的雏形。蒙哥汗时期，进一步完善了行尚书省制度，内蒙古部分地区受燕京行尚书省管辖。蒙哥汗又派诸弟分别镇守各地，其中忽必烈受命主持漠南地区事务。蒙古汗国治理体制逐渐由北方草原游牧治理模式向中原王朝治理模式转变，为元朝实现全国大一统奠定了基础。

## 二、上都建"大元"与实现大一统

### （一）金莲川开府

1251 年，蒙哥命皇弟忽必烈总领漠南军国事务。忽必烈受命之初，有大臣建议："幽燕之地，龙蟠虎踞，形势雄伟，南控江淮，北连朔漠。且天子必居中以受四方朝觐。大王果欲经营天下，驻跸之所，非燕不可。"① 于是，忽必烈驻扎到爪忽都之地，

---

① 宋濂等：《元史》卷一一九《木华黎传附霸突鲁》，中华书局 1976 年版，第 2942 页。

即金的桓州、抚州、昌州一带。早在 1211 年，铁木真南下攻金，最先占领桓、抚、昌三州。之后，铁木真连年南征，归来时便在此逗留。夏季此地多盛开美丽的金莲花，金世宗曾拟莲为连，取其"金枝玉叶相连之义"，将此地原名"曷里浒东川"更改为"金莲川"。[①]1255 年，忽必烈在此聘请北方士人，包括汉、契丹、女真、党项等族名士，形成谋臣集团，号称"金莲川幕府"。"金莲川幕府"的形成，不仅在忽必烈总领漠南军国事务中发挥重要作用，而

元上都遗址
位于内蒙古锡林郭勒盟正蓝旗

且为后来元朝的建立提供了必要的政策方略、官员储备和社会支持。

1256 年，忽必烈命刘秉忠"相地于桓州东滦水北，建城郭于龙冈，三年而毕，名曰开平"[②]。开平（今锡林郭勒盟正蓝旗上都镇东北 20 千米处）位于农耕和游牧的交接地带，北连漠北，南临中原的内蒙古草原南缘，四面环山，河流众多，水源丰富。开平城建成以后，逐渐成为蒙古汗国的政治中心。

---

① 脱脱等：《金史》卷二四《地理志上》，中华书局 1975 年版，第 566 页。
② 宋濂等：《元史》卷一五七《刘秉忠传》，中华书局 1976 年版，第 3693 页。

### （二）建立元朝

1259 年，蒙哥汗死于攻打南宋的征途中。其弟忽必烈与阿里不哥开始争夺汗位。1260 年（中统元年），忽必烈从南征前线返回开平称汗，开始用年号"中统"。阿里不哥也在漠北称汗，与忽必烈展开争夺。忽必烈最终打败阿里不哥。忽必烈称汗后，常驻开平，处理政务。1263 年（中统四年），忽必烈将扩建改造后的开平正式加号"上都"，作为汗国的政治中心。1271 年（元至元八年），忽必烈定国号为"大元"。

元朝创建初始，在中央设立中书省，总领全国政务。在地方分设宣抚司，职能为征调、派遣兵卒，输送军需物资，监督征税和刑狱，劝课农桑，考核州县官吏等。忽必烈营建大都，与上都并称"两都"，确立两都制。元朝皇帝每年二三月间从大都出发赴上都，八九月时返回大都，形成了两都巡幸制度。元朝皇帝每年有长达半年的时间在上都避暑理政，还在上都设置了一些重要官署和官衙的分支机构，如上都中书省（也称"上都分省"）、御史台上都分台、翰林国史院上都分院等。

元朝时期，有一些重大的历史事件在上都发生。1258 年，蒙哥汗曾委托忽必烈在开平召集佛道二教代表进行辩论，藏传佛教辩赢道教，佛教受到推崇。忽必烈即位后，封藏传佛教萨迦派僧侣八思巴为"帝师"，命他在上都建立寺院。自此，藏传佛教在蒙古人中广泛传播，并与中原文化进一步融合。1260 年（中统元年），忽必烈在上都向全国发行"中统元宝交钞"纸币。元朝的纸币制度逐步影响到了欧亚大陆其他国家和地区。1323 年（元至治三年），元英宗硕德八剌从上都返回大都途中驻扎于南坡，遭到暗杀。共有 6 位元朝皇帝在上都称帝，合计在位时间超过元朝历史的一半。

元朝建立后，加快了统一全国的进程。1273 年（元至元十年），元军攻占南宋重镇襄阳。1276 年（元至元十三年），占领都城临安（今杭州），南宋皇室成员投降，后被送往上都。1279 年（元至元十六年），随着幼帝赵昺死于广东崖山，南宋正式灭亡。至此，元朝实现了中国历史上空前的大一统。

### 三、行省制度的全面推行

忽必烈主持漠南事务时期，就对辖下诸王、姻亲的封地，通过设置路、府、州、县等地方行政建置进行治理。1260 年（中统元年），忽必烈设立十路宣抚司管理地方，两年后改宣慰司。内蒙古中东部地区分属于西京、北京两路宣慰司（宣抚司）。不久，忽必烈以行中书省代替宣慰司，行省代表中央管辖地方军政事务。行中书省"秩从一品。掌国庶务，统郡县，镇边鄙，与都省为表里……凡钱粮、兵甲、屯种、漕运、军国重事，无不领之"①。内蒙古中部地区直辖于中书省，是当时被称作"腹里"地区的重要组成部分。内蒙古东部地区为辽阳行省辖区，西部地区属甘肃、陕西行省辖区。

### （一）中书省直辖地区

1265 年（至元二年），忽必烈置上都留守司。1268 年（至元

---

① 宋濂等：《元史》卷九一《百官志七》，中华书局 1976 年版，第 2305 页。

五年），设上都路总管府。1281 年（元至元十八年），以上都留守司兼行本路总管府事。上都路总管府所辖州县，在仁宗爱育黎拔力八达以前，辖一院、一县、一府、四州，州领三县，府领三县、二州。其中，一院为警巡院，管辖城内"坊市"的民事；一县即路总管府直属的开平县；一府为顺宁府〔金为宣德州，元初为宣德府，1235 年改山西东路总管府，1263 年（中统四年）复为宣德府，隶属上都路，后因地震改名顺宁府〕，该府领有宣德、宣平、顺圣三县，奉圣州（保安州）、蔚州二州。奉圣州下设永兴、缙山、怀来三县，蔚州下设灵仙、灵丘、飞狐、定安、广灵五县。1316 年（元延祐三年），因为仁宗爱育黎拔力八达在奉圣州缙山县出生，元朝将奉圣州所属缙山县、怀来县一并自上都路划出，改属大都路。于是，奉圣州下设县由三个减为永兴一县。后因地震，奉圣州改名保安州。上都路领四州，即兴州、桓州、松州、云州。金设置桓州，元初废置，1265 年（至元二年）复置。松州城，金时为北京路大定府属县松山，1262 年（中统三年）升为松州，仍保留松山县。1265 年（至元二年），松山县建置撤销，归入松州。

兴和路在金代为抚州，属金的西京路，1262 年（中统三年）升为隆兴府，第二年归属上都路，1267 年（至元四年）由上都路分出，升为隆兴路，设路总管府。隆兴路地处上都路与大都驿路交通要道，是皇帝岁时巡幸的必经之地。1262 年（中统三年），忽必烈在隆兴路建行宫，元武宗建宫阙，扩建为中都。仁宗即位后，罢废中都，于 1312 年（元皇庆元年）改称兴和路。兴和路下设一州四县，其中高原县、宝昌州和威宁县在内蒙古地区。高原县为兴和路治所，威宁县城址在今乌兰察布市兴和县台基庙古城，宝昌州城址在今河北省张北县九连城古城，城址北面一带属内蒙古锡林郭勒盟太仆寺旗。

元朝在皇室姻亲家族汪古部、弘吉剌部等封地内，设府、路，统归中书省管辖。汪古部封地内设有三路和一个总管府。一是德宁路（今包头市达尔罕茂明安联合旗百灵庙西北敖伦苏木古城），原为金界壕沿线的一座边堡，扩建以后，又被称为黑水新城，后改为德宁路，下辖德宁县。二是净州路（今乌兰察布市四子王旗吉生太镇城卜子村），金时为西京路所属净州，下辖天山县。大德（1297—1307 年）以前，净州已升为路总管府，直隶于中书省。三是集宁路（今乌兰察布市集宁区巴彦塔拉镇土城子古城），金时为西京路抚州集宁县。1312 年（元皇庆元年）以前，集宁已升为路总管府。四是砂井总管府（今乌兰察布市四子王旗红格尔苏木拉莫林庙村西南大庙古城），1316 年（元延祐三年）设立。砂井是通往漠北的木怜站道上的重要驿站之一，元朝曾设立过粮食"军储所"和"榷场仓官"。

弘吉剌部从内蒙古东北地区南迁至今赤峰地区，封地有应昌路、全宁路。1270 年（至元七年），忽必烈批准在上都东北三百里答儿海子（今赤峰市克什克腾旗达里诺尔湖）附近建立城邑，名为应昌府，成为弘吉剌部首领驻地。后又在今赤峰市翁牛特旗乌丹镇西建立全宁府。1285 年（元全元二十二年），应昌府升为应昌路。1303 年（元大德七年），全宁府升为全宁路。

此外，还有直属中书省的河东山西道宣慰使司，1286 年（元至元二十三年）设置，1289 年（元至元二十六年）治所由太原迁至大同。河东山西道宣慰使司的辖区主要是大同、太原、平阳三路，涉及内蒙古地区的主要是大同路统领的州县。大同路于

1288 年（元至元二十五年）由金时设立的西京路改建而来，总管府治所在大同。其下直辖五县、八州，在内蒙古境内的有宣宁县、平地县，丰州、东胜州和云内州。宣宁县城址在今乌兰察布市凉城县淤泥滩村，平地县城址在今乌兰察布市察哈尔右翼前旗苏集村南，丰州、云内州、东胜州，治所与金代相同。此外，元朝于汪古部封地内的砂井、净州、德宁路等处，专设河东山西道宣慰使司分司，便于就近管理，协调汪古部首领赵王与宣慰司的关系。

### （二）辽阳行省大宁、宁昌和泰宁三路

在乃颜叛乱之后，元朝最终于 1287 年（元至元二十四年）设置了辽阳行省，下辖七路、一府、十二州、十县。其中，大宁、宁昌、泰宁三路辖境涉及内蒙古地区。

大宁路，辽时为中京，金时为北京路。元初沿袭旧名，称北京路，1270 年（至元七年）改北京路为大宁路。辽阳行省设置以后，大宁路成为监临东北地区蒙古诸王的主要机构，下辖一司、七县、九州。其中，大宁县、富庶县、武平县和高州在今内蒙古境内。大宁县为大宁路治所，遗址在今赤峰市宁城县大明城，即辽中京、金北京城旧址。富庶县，在金时为北京路大定府属县，遗址在今赤峰市宁城县右北平镇黑城古城。武平县，金时为北京路大定府属县，遗址在今赤峰市敖汉旗东白塔子村。高州，城址在今赤峰市元宝山区风水沟镇哈拉木头村。

宁昌路，位于与铁木真联姻的亦乞列思部封地内。亦乞列思部原本驻牧于额尔古纳河流域，与弘吉刺部为邻，1214 年南迁至老哈河与西辽河一带（今通辽市大部、赤峰市敖汉旗一带以及

吉林省西部等）。宁昌路治所位于今通辽市库伦旗与辽宁省阜新县交界处。1318 年（元延祐五年），元朝设置宁昌府。1322 年（元至治二年），宁昌府升为宁昌路，下辖宁昌县。

泰宁路，在金时属于北京路辖下的泰州，治所在今吉林省松原市前郭尔罗斯蒙古族自治县他虎城。1315 年（元延祐二年），元朝改泰州为泰宁府。1317 年（元延祐四年），泰宁府升为泰宁路。

### （三）甘肃行省兀剌海、亦集乃二路

甘肃行省下辖的兀剌海路、亦集乃路在今内蒙古境内。兀剌海路是元代沿袭西夏建置，在黑山威福军司的基础上设置，辖今阿拉善盟阿拉善左旗、阿拉善右旗及周边地带。1286 年（元至元二十三年），元朝设立亦集乃路总管府，隶属甘肃行省。亦集乃路治所位于今阿拉善盟额济纳旗黑水城遗址。

### （四）陕西行省察罕脑儿宣慰使司

陕西行省管辖有今鄂尔多斯市和乌海市海勃湾等部分地区。1310 年（元至大三年），元武宗设立察罕脑儿宣慰使司，该地成为军事行政重镇。仁宗继位以后，将察罕脑儿宣慰使司划归陕西行中书省管理。察罕脑儿城址为今陕西省靖边县的白城子古城。察罕脑儿不仅是元代驿站的枢纽，也是当时一个重要的军事牧场，是元代鄂尔多斯地区的政治、军事、经济、交通中心。

元朝对内蒙古地区的管辖，是在铁木真分封诸弟、贵戚和勋臣的基础上，辅以中书省和诸行中书省、路府州县，重新进行规划后实施。元朝行省制度可追溯到魏晋隋唐的行台和金代行尚书

省，之后被沿用至今。元朝行省制度对后世影响深远，内蒙古部分地区为元朝中央政府的中书省所直辖，在行省体系中具有特殊且重要的地位。

## 第三节　各民族交融发展的深化

辽宋夏金元时期，契丹、党项、女真、蒙古等经过长时期的发展，逐渐兴盛。中国一体在这一时期成为各族统治阶层和民众的集体意识。辽、夏、金、元各政权统治者倾向于学习和遵循中原礼法，因地制宜地进行治理。各族民众不断交往交流，促进了多元一体格局的发展和交融。尤其是在大一统的元朝时期，内蒙古地区各族交往交流交融达到空前水平。中原人口大量北上，迁入内蒙古地区，各族人民融居杂处、交汇交融的格局逐渐成形。内蒙古在大一统国家版图中的地位进一步巩固。

### 一、中原人口大量迁入

辽宋夏金元时期，南北方各族在政治推动下，出现整体性的迁徙流动，各族在迁徙流动中相互学习对方的政治制度、经济生产、思想文化、社会习俗，实现更深层次的交往融合。这一时期中原人口大量迁入内蒙古地区，产生了显著的历史影响。其中，既有自发的流动，也有官方迁徙和战争掠夺造成的人口流动。大规模的人口移动改变了内蒙古地区诸族的成分和分布，中原人口带来了新鲜血液，加速了民族融合的进程，为经济、社会和文化发展作出不可替代的贡献。

辽代是各族人口迁徙流动的高峰期。唐末至元朝大一统前的300多年间，中国北方地区政权分立、朝代更迭。其间，暴政、兼并、对抗与战争导致社会不稳定，人口大量迁徙。五代时期，藩镇割据，战乱不已。刘仁恭、刘守光父子割据幽州，统治残暴，致使"幽、涿之人多亡入契丹"[①]。赤峰市宁城县出土的《王敦裕墓志》记述了其家族由河北北迁的事迹。战争俘获也是中原人口大量迁入内蒙古地区的重要途径。在与北宋争战的过程中，尤其是在争夺燕云十六州期间，辽就曾俘获大批中原地区的百姓。澶渊之盟前，辽多次扣押中原诸政权的使者，将其长期留居辽境内，世代相袭。辽对移入内蒙古地

辽代陈国公主金面具

出土于内蒙古通辽市奈曼旗

区的中原人口，有三种安置方式：一是作为战利品分给契丹贵族或将领，安置在投下军州；二是设置州县安置，辽代的祖州、武安州、丰州、德州、云内州、东胜州等州，均以安置内地人俘户为目的设置；三是吸收部分内地人进入统治集团，并世代委以要职，如韩延徽、康默记、韩知古、韩匡嗣、韩德让等人，都

---

[①]　欧阳修：《新五代史》卷七二《四夷附录第一》，中华书局 1974 年版，第 886 页。

进入了辽统治集团的核心。

迁入内蒙古地区的中原人口多聚居在政治中心，如中京、上京及其周边地区，尤其是适合农业发展的中京城附近。北宋使臣苏颂曾经过中京地区，他看到这一带"耕种甚广，牛羊遍谷。问之皆汉人佃奚土，甚苦输役之重"①的场景。苏辙经过奚王府（中京城附近）地区时，见到的情况是："奚君五亩宅，封户一成田。故垒开都邑，遗民杂汉编。"②可见，大量迁入的中原人对内蒙古地区的农业发展作出了重要贡献。考古发现，内蒙古地区有大量来自中原的家族墓地，较为典型的有位于赤峰市巴林左旗巴彦乌拉苏木的韩匡嗣家族墓地。韩匡嗣的父亲韩知古是蓟州玉田（今河北省唐山市）人，入辽较早。耶律阿保机建国时，他曾辅佐谋议国事。韩匡嗣的儿子韩德让作为辽圣宗的辅佐之臣，长期掌握实权。

西夏自建立伊始，就广泛吸纳中原人为己所用，多通过俘获、移民、迁徙等方式使从事农业和手工业生产的中原百姓进入其管辖区域，并带入中原地区的文化和生产技术。从大量的出土文献和遗存表明，西夏时期，黑水城一带农业生产很发达，遍布农田和水渠。中原百姓是这一地区从事农业生产的主要力量，促进了内蒙古西部地区农业的发展。

金灭辽后，内蒙古东部地区在辽区域内的汉族被纳入金管辖之下。金政府也大规模组织人口迁徙，大批女真人进入中原地

---

① 苏颂撰，王同策等点校：《苏魏公文集》卷一三《牛山道中》诗注，中华书局1988年版，第170页。

② 苏辙撰，曾枣庄、马德富点校：《栾城集》卷一六《奚君》，上海古籍出版社1987年版，第397页。

区，更多的中原人则迁徙到内蒙古东部地区。

　　元朝疆域空前扩大，各地人口的流动更加频繁。忽必烈在建立元朝的过程中，儒家士人汇聚上都，为统治者出谋划策。元朝统治者为开发内蒙古地区，大量迁徙中原人口北上，分派这些人或驻兵防守，或去屯田生产，或去从事手工业制作。上都城遗址附近发现的砧

元代墓室壁画《墓主对坐图》

出土于内蒙古赤峰市元宝山区

子山、一棵树两处汉族居民墓葬群，埋葬的大多数是自上都建城时，陆续从中原迁来的人口。元朝两都巡幸制度建立以后，上都汇聚了更多中原人士，包括贵族、官员、普通士人、僧侣、商贾和农民等。这些人以各自不同的方式为开发内蒙古地区作出了贡献。

　　中原人口的大量迁入，对内蒙古地区产生了深远影响。带来了先进的农业生产技术，对开拓集中连片的农业区起到重要推动作用。丰富了内蒙古地区的民族成分，进一步推动了各族交错杂居、互通有无。尤其是频繁通婚，促进了各族之间在血缘上交融。把儒家文化传播到内蒙古地区，促进了不同文化之间的互学互鉴、互通互融。

## 二、各民族的深度交融

辽夏金时期，北方诸分立政权统治区域内各族并存，共同发展。元朝空前大一统下，各族交错杂居分布格局的形成，使内蒙古地区生活的各族，交往的广度、深度均有显著变化，交流途径多元化，交融内容多样化，融合发展迈出了历史性步伐。

907年耶律阿保机建国后，辽无论是在政治、经济、文化，还是在人口增长、民族交融等方面均得到充分发展。治下生活在内蒙古地区的契丹人，保持着自身的文化特色，畜牧业得到迅速发展。同时，与汉、渤海等族的长期交往，也使契丹人生产方式日益多样化，文化面貌呈现多元化。契丹人口在这一时期达到高峰，总人口约100万，大部分生活在内蒙古地区。

辽统治时期，内蒙古东部地区是各族交错杂居之地。北宋使臣宋绶看到中京地区"奚、契丹、汉人、渤海杂处之"①。辽统治者采取"因俗而治"政策，为各族的共同发展提供了良好环境。随着辽疆域的扩大，契丹人居住地区由原来的西拉木伦河与老哈河流域扩展到整个内蒙古东部地区，大量的内地民众移入这一地区，渤海、党项、回鹘、女真、乌古、敌烈、阻卜、室韦、突厥、吐谷浑等族也生活在这一地区。

1125年辽被女真攻灭以后，生活在内蒙古地区的契丹人有的西迁，有的归降金。西迁的契丹人在耶律大石率领下，到达中亚地区，建立西辽政权。西辽政权存在近百年，后被蒙古汗国灭

---

① 厉鹗：《辽史拾遗》卷一三《(宋绶) 上契丹事》，商务印书馆1936年版，第253页。

亡，西辽统治下的契丹人融入蒙古、回鹘、突厥等族。归降金的契丹人，上层人士担任要职，进入金统治阶层，普通百姓与女真、汉、渤海等族交错杂居，相互融合。金亡以后，部分契丹人成为蒙古汗国统治阶层的成员，如耶律阿海、耶律秃花、耶律楚材、石抹明安、石抹也先、石抹高奴等人，普通契丹人成为蒙古汗国治下百姓。元朝将契丹人划入"汉人"[①]行列。经过金元时期，契丹人逐渐融入汉、女真、蒙古等族中。

1038 年西夏政权建立以后，党项人开始兴盛，广泛进入内蒙古西部地区。今额济纳地区的西夏黑水镇燕军司驻地是党项人集中分布的地方，这里曾出土大量西夏文献。其余党项人主要分布在黄河沿岸和宁夏平原地区。党项与汉、吐蕃、回鹘等族长期交往共存、互相学习、共同发展，日渐融合。1227 年西夏灭亡以后，部分党项上层人士成为蒙古汗国的统治阶层，如高智耀、余阙、李桢、昂吉儿、星吉、昔里钤部等。党项上层人士在元朝地位很高，被划入"色目人"。部分党项人被征召入伍，加入蒙古汗国和元朝的军队，也有部分党项人留居原西夏境内。元朝建立后，今内蒙古西部地区成为甘肃行省辖区，元代亦集乃路农业居民档案文书中有许多党项人的姓名。可见，党项人仍生活于此地，他们与当地的蒙古、汉等族逐渐融合。西夏管辖内蒙古西部地区期间，党项、汉、吐谷浑等族在该地，各族共处共生。

金统治中国北方之后，在金太祖、太宗时期，疆域迅速扩

---

① "女直、契丹，同汉人。若女直、契丹生西北不通汉语者，同蒙古人"。宋濂等：《元史》卷一三《世祖本纪十》，中华书局 1976 年版，第 268 页。

展，人口的民族构成不断发生变化，统治区域内女真、契丹、汉、奚、渤海、党项、阻卜等各族共存的格局已经基本形成。金在民族政策方面多沿袭辽，促进了多民族共同发展。女真人在金治下获得较大发展，尤其是在吸收汉文化方面表现尤为突出。随着政治、经济、文化的发展，人口主体逐渐迁移到中原，遍布

元代高足金杯

出土于内蒙古包头市明水墓地

淮河以北。随着活动区域的扩展，女真与契丹、汉、党项、奚、渤海、室韦等族的接触逐渐增多，日趋融合。1234 年金灭亡以后，部分女真上层人士进入蒙古汗国和元朝的统治集团，如赵良弼、夹谷之奇、刘国杰、李庭等，部分女真人加入蒙古汗国和元朝军队，部分女真百姓散居各地，逐渐融入蒙古、汉等族之中。元朝将女真人划入"汉人"行列。部分女真人仍生活在东北地区，元朝按照因俗而治的原则对其进行管辖。

蒙古汗国建立后，东征西讨，不断兼并周边地区，将汪古、克烈、乃蛮、汉、契丹、党项、女真甚至一些中亚部族吸纳进来。同时，蒙古人还在征讨进程中进入中原甚至遍布全国，有的最终融入其他民族。

元朝实现大一统以后，中华各族实现深度交融。元朝时期，部族成分空前增多，不仅有蒙古、汉、契丹、女真、党项、回回等人，还有来自中亚、西亚的部族，元朝将各族聚合在大一统国家之下。内蒙古地区呈现出社会稳定、生产发展、文化交

融的面貌，生活在这里的各族充分交流、融合，与周边地区自由往来。随着元朝疆域的拓展，交通驿站广泛使用，居民活动范围空前扩大，为各族在更大范围内实现交往、交流、交融提供了条件。内蒙古地区作为元朝沟通中原、漠北乃至欧亚的重要节点和通道，在元代规模空前的民族大融合中发挥了重要作用。

这一时期，各族的发展、融合离不开对中华文化的高度认同。北方各族统治者多效仿和学习中原制度、礼法，采用"因地制宜""因俗而治"的措施，这一点在内蒙古地区体现得尤为明显。这套举措有效协调了各族之间的关系，增进了各族之间的相互认同，客观上推动了各族融入中华民族大家庭的历史进程。这一时期，内蒙古地区的北方诸族对中原文化中的正统、正朔观念高度推崇。契丹人自称"为轩辕后"[1]，认为"辽之先，出自炎帝"[2]。党项首领李元昊将远祖追溯到建立北魏的拓跋鲜卑。金皇帝认为，"四海之内，皆朕臣子，若分别待之，岂能致一"[3]。元朝统治者认为，"能行中国之道，则中国之主也"[4]。可见，辽夏金元统治者高度认同中华文化，已经树立起不自外于中华民族大家庭的理念。

---

[1]　脱脱等：《辽史》卷六三《世表》，中华书局1974年版，第949页。

[2]　脱脱等：《辽史》卷二《太祖本纪下》，中华书局1974年版，第24页。

[3]　脱脱等：《金史》卷四《熙宗本纪》，中华书局1975年版，第85页。

[4]　郝经：《陵川集》卷三七《使宋文移·与宋国两淮制置使书》，《北京图书馆古籍珍本丛刊》集部第91册影印明正德二年李瀚刻本。

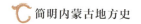

## 第四节　多种经济并存与商贸往来频繁

辽宋夏金元时期，内蒙古地区的经济活动是复合多元的，各族政权都非常重视经济生产，制定管理制度，设立管理机构。虽然当时中国经济重心已经南移，但是内蒙古地区乃至整个中国北方的经济也有显著发展。元代，内蒙古部分地区成为元朝"腹里"范围，大部分归属中书省直辖，相对受到重视，内蒙古地区的农业、畜牧业、手工业、交通、城镇和商贸等都获得了显著发展。

### 一、屯田的推广与畜牧业的发展

这一时期，北方各政权为了增强国力，都积极努力发展生产，尤其是在内蒙古地区大力推广农耕经济，实施重农、屯田政策，同时对畜牧业进行有序管理，推动经济获得显著发展。

### （一）屯田生产的推广

内蒙古地区位于蒙古高原南端边缘，向南与中原农耕区毗邻，向北与荒漠草原相接，恰好地处农牧交错地带，社会生产多样且复杂。内蒙古东部尤其是西辽河地区生态环境较好，生活于此的契丹、奚等部族始终保持半农半牧、农牧结合的社会生产方式。辽建立以后，设立司农司管理农业生产。燕云十六州归辽后，内蒙古东部地区的农业人口开始增加。中原人口北上移入此地，辽"始兴板筑，置城邑，教民种桑麻，习织组"①。辽代内蒙古地区的农业主要分布在城市周边。

辽代实行重农政策，发布了一系列保护禾苗、赈济农业、削减农业税赋、建立义仓等举措。辽太宗曾经下诏，命令以畜牧业为主的欧昆石烈契丹人在海勒水（今呼伦贝尔市海拉尔河）流域的沃土地带从事农业生产。针对军队行动时对农业生产造成的影响，辽太宗曾多次颁布"有伤禾稼者以军法论"②的命令。辽统治者实施这些农业生产的具体举措，收到了良好的成效。辽境内的农业种植面积逐渐增大，作物产量逐步提高。上京、中京及周边地区遍布农田，粮食收获颇丰，储备充裕。朝廷还选派精通管理、熟悉农业的官员到各地督查生产。

西夏在河套平原与鄂尔多斯高原的辖地宜农宜牧，尤其是有黄河水灌溉的便利。黑水流域（今额济纳地区）水源充足，适宜农耕，是屯田和储粮基地。西夏境内的内蒙古其他地区多为荒漠草原，居民多以游牧为生。1049 年（西夏延嗣宁国元年），辽兴宗率军亲征西夏，第二年"破摊粮城"③，缴获了大量存粮。摊粮城的位置，在今贺兰山北麓阿拉善左旗的吉兰泰盐池附近。

金代的农具和耕作技术大体继承辽并有所发展。今黑龙江、内蒙古、吉林、辽宁、山西等地都出土许多金代农具，主要有铁镰、铁犁、铧、铲、铡刀、叉等。这些农具可分别用于翻土、播种、中耕、除草、收获等农业生产的环节，许多农具与现代农具

---

① 脱脱等：《辽史》卷二《太祖本纪下》，中华书局 1974 年版，第 24 页。

② 脱脱等：《辽史》卷五九《食货志上》，中华书局 1974 年版，第 924 页。

③ 吴广成撰，龚世俊等校证：《西夏书事校证》卷一九，甘肃文化出版社 1995 年版，第 221 页。

接近，反映出当时农业生产的长足进步。

元代时期，社会趋于稳定，农业生产得到发展。生活在内蒙古地区的亦乞列思、弘吉剌、汪古等部均有种田的百姓，元朝对从事农耕的游牧部族提供牲畜、田地等支持，还在今阴山一带实行屯田，设立机构进行管理。1292 年（元至元二十九年），元朝选调大同等处军士共计 4000 余名，在燕只哥赤斤、红城（大约今呼和浩特市以南、以东一带）等地屯田。刘秉忠《过丰州》中有"夹路离离禾黍稠"[①] 的诗句，是对当时丰州地区农业生产的形象描述。

元代中书省辖地北部是汪古部领地（今内蒙古乌兰察布市、呼和浩特市和包头市等地），在这一带曾发现元代耕种的痕迹，出土许多铁犁铧、铁耧、铁耙齿、石臼、石磨盘、石槽碾、石碌碡等。生产工具的进步推动了农业的发展和粮食储备的增加。元代在全国设立了仓库，仅在上都城就设有广济仓、万盈仓、太仓等，储存粮食以供军民用度，赈济北方草原诸部。民间建有粮窖，集宁路古城中就曾发现过不少粮窖，具有良好的储存功效。内蒙古地区的东北部连同黑龙江等地，是蒙古贵族哈撒儿、哈赤温、别勒古台等人的封地，元朝政府迁徙部分蒙古人、女真人在此地混居，并从事屯田等活动，既发展了当地的农业生产，又促进了各族交融。开垦农田耕种，必然需要水利建设，元朝在甘肃行省亦集乃路开凿了合即渠、本渠、额迷渠、吾即渠、沙立渠等，引水灌田。

---

① 刘秉忠：《藏春集》卷三《七言律诗·过丰州》，《元人文集珍本丛刊》影印台北"中央"图书馆藏旧钞本。

### （二）畜牧业的发展

建立辽夏金元诸政权的民族都曾长期在北方草原上游牧、狩猎，逐水草迁徙。契丹、蒙古等族出产的马、羊、牛、骆驼等牲畜和皮毛，是中原地区不可缺少的物资。这一时期诸政权依然重视畜牧业。

辽统治者在内蒙古地区大量畜养马匹。辽朝有群牧制度，设有总典群牧使司这样的主管机构，以马群畜养规模为标准，实行分类管理。政府根据德才选任群牧官员，把畜牧业管理业绩作为升黜、奖惩标准，收到良好效果。西夏时期，今阿拉善地区盛产骆驼。西夏灭亡以后，骆驼被大量带入蒙古汗国，蒙古百姓从西夏人那里学会了驯养骆驼的技术。西夏党项人以善于养马闻名，唐朝诗人元稹有"北买党项马，西擒吐蕃鹦"的诗句。西夏经常向中原卖马，五代后唐明宗时，曾"诏沿边置场市马，诸夷皆入市中国，有回鹘、党项马最多"①。可见，马是西夏输出的大宗商品。金沿袭辽旧制，设置群牧所管理畜牧业。成吉思汗南攻金时期，在桓州（今锡林郭勒盟正蓝旗）得到金良马几百万匹。

元朝重视养马，设立太仆寺管理马政，太仆寺下辖的许多牧场均位于内蒙古地区。内蒙古地区草原面积广大，生态环境脆弱，草原畜牧业易受灾害，元朝多次调集牲畜、衣物、钱财等物资进行救助。汪古部曾发生旱灾，"民五万五千四百口不能自存，

---

① 薛居正等：《旧五代史》卷一三八《外国列传·党项》，中华书局 1976 年版，第 1845 页。

敕河东宣慰司赈粮两月"①。在大一统的国家中，中央政府能够有效调配各地资源赈灾，推动恢复生产生活秩序。

## 二、手工业、城镇建设与交通驿道

辽夏金元时期，中国北方社会的相对安定，农牧经济的发展，推动了手工业的进步，城镇的增多以及交通的改善，为古代内蒙古地区生产力的发展、人口的集聚和货物及信息的流通，创造了条件。

### （一）手工业

这一时期，内蒙古地区的手工业受到农牧业的支撑，有所发展。辽代的手工业主要有皮革、弓箭、马具、车具、陶瓷、纺织等制造业和盐铁业、金银冶炼业，铁器以镔铁刀最为有名。皮革是契丹等族的传统产品。契丹人向中原迁入的内地人学习手工业技术，制陶、纺织、农具制作水平都有提高。陶器的使用非常普遍，契丹人等所穿服饰的用料大多为织品。赤峰市松山区发现的缸瓦窑遗址，是辽代重要的陶瓷烧造窑场，既烧造杯、碗、盘、碟等中原式器物，又烧造鸡腿坛等契丹式陶瓷器。该遗址中曾采集到"官"字款匣钵，说明这里设过官窑，是一处官、民窑并存的大型陶瓷制作场。辽代上京城是当时最大的陶瓷生产基地，已发现多处陶瓷制作场。

元朝时期，内蒙古地区手工业发达的重要城镇有上都、兴

---

① 宋濂等：《元史》卷三一《明宗本纪》，中华书局 1976 年版，第 699 页。

和、集宁、大宁等。元朝在上都专门设立了手工业管理机构，主要有上都金银器盒局、甲匠提举司、管领上都等处诸色人匠提举司、管领上都怯怜口诸色人匠提举司和上都诸色民匠提举司等。元代的毡毯业兴盛，主要生产毡制的庐帐和日用的毡帽、地毯等。元朝在上都、丰州等地设有毛子局、毡局和剪毛花毯蜡布局等。意大利旅行家马可·波罗在亦集乃城中看到很多制造驼毛毡的工场，他认为驼毛毡是世界上最美丽的毡。其中，以白骆驼毛制成的白毡，是当时世界上最优良的毡。[①] 这些精美的毛毡制品由商人运至中原地区，也远销欧亚大陆各地。此外，制皮业也很发达。

### （二）城镇建设

这一时期，内蒙古地区涌现出大量城镇，从都城、州县、军塞到聚落，初步形成城镇体系。辽代城镇布局以五京（上京临潢府、东京辽阳府、南京析津府、中京大定府和西京大同府）为中心，下设府、州、军、县、投下军州和边防城。建在内蒙古地区的主要有上京和中京。上京城有皇城、汉城。皇城供契丹统治者居住，汉城则由汉、渤海和回鹘人交错杂居。皇城中有宫殿、官署、寺院、作坊等建筑，汉城内有市肆、市楼及简陋的民居。中京城仿照北宋汴京城营建，分为外城、皇城和宫城。外城南部为坊市区，借鉴中原城市规划，布局整齐。皇城内保留契丹的传统风尚，建筑物很少，留出大片空旷地带，以

---

① 马可·波罗撰，冯承钧译：《马可波罗行纪》，上海书店出版社 2001 年版，第 164 页。

备搭设毡帐之用。今呼和浩特市郊白塔村丰州城遗址，在辽代为丰州城，是辽代西南路招讨司驻地，在金和元朝继续沿用。今呼和浩特市凡带有"丰州"的地名，都源自这一古代丰州。辽代内蒙古地区还有为数众多的投下军州、奉陵邑和边防城。投下军州城是契丹贵族中诸王、国舅、公主所筑的私城。奉陵邑是在皇帝陵墓附近兴筑的专为祭祀和守卫陵墓的城郭，有祖州、怀州和庆州三座。奉陵邑内建有享堂、祭殿、膳房、官廨和防卫设施等。边防城是修筑在辽所属部族居住地区、驻扎兵卒的城郭，如通化州（今呼伦贝尔市陈巴尔虎旗浩特陶海古城）等。

西夏在内蒙古西部地区设立黑水镇燕军司、白马强镇军司、黑山威福军司等军镇，城址分别为今额济纳旗黑水城遗址、阿拉善左旗查干克日木古城、巴彦淖尔市临河区高油坊古城。金灭辽以后，其城市制度多沿袭辽，并有所发展，如在全国建立五京。今中京城改称北京，继续沿用。

元朝建立了比以前更为完善发达的城镇体系，有的城市发展为国际化都市。忽必烈在金莲川草原营建的上都城，与后来的大都（今北京市）并称为两都。元朝实行两都巡幸制度，每年的夏秋两季，皇帝都会带领大批官员和侍从赴上都避暑，并处理政事。经过多年的经营，上都地区"在野者，畜牧散居，以便水草。在市者，则四方之商贾与百工之事为多……充溢盛大，以称名都焉"[①]。上都城的空间布局包括城区、关厢和铁幡

---

① 虞集：《道园类稿》卷三七《上都留守贺惠愍公庙碑铭》，明初翻印至正刊本。

竿渠。城区采用中国古代中原都城的传统设计，由外城、皇城、宫城组成三重环套。其中，宫城是皇帝起居和处理朝政之处，皇城分布着各级官署和宗教建筑，外城有皇帝行宫、贵族府邸和百姓居所以及贵族集会和游猎场所，还有作坊和商铺。外城被一道东西向呈外弧形的隔墙分隔为互不相通的两个部分。皇城以北为"北苑"，皇城以西为"西内"。北苑供蒙古贵族培植奇花异草、圈养奇珍异兽；西内以棕殿为主，是蒙古贵族举行宴会的地方。

在大一统稳定的社会环境下，上都城逐渐发展成为沟通漠南、漠北，连接东方、西方的重要桥梁与纽带，成为13—14世纪的国际化大都市。上都城除了生活着汉、蒙古、契丹等各族居民之外，还有众多的外国使者、旅行家、商人、教士等，有的人曾长期留居。上都城出现了历史上罕见的、横跨欧亚大陆的多元文化交汇景象，操不同语言、持不同宗教、习不同文化的各路人群在上都"五方杂处"，共同把东西交流推上了历史新高度。《马可·波罗行纪》对上都城形象与文化的多姿多彩有许多描绘，文献中也有许多关于上都人口密集、商贾往来的记述。作为当时的世界性城市，元上都见证了中华民族的交往融合、中华文化的兼容并蓄。

### （三）交通驿道

辽以上京、中京为主要交通枢纽，西京、东京的部分州县位于今内蒙古境内，也是重要的交通节点城镇。辽与中原政权、西夏乃至欧亚内陆地区保持着交通往来。签订澶渊之盟以后，宋辽之间保持了长期和平稳定的关系，两国使者不断往来，民间贸易趋于活跃。北宋使臣进入辽的路线，多数是先到辽南京城（今北京市），然后经过古北口、松亭关，再经过今河北承德等地进入内蒙古地区，然后沿着老哈河向北进入中京城，或再向北越过西拉木伦河，到达上京城。这些交通路线均有固定的驿道。辽还在沿途设置驿馆，专门用来接待宋使。驿馆中，车、马、船、运夫及食宿甚至医药供应一应俱全，并有专门的接待人员，为使臣提供一切便利。辽在上京城设立"同文驿"供外来信使居住，还设置"临潢驿"专门接待西夏的官方使臣。在中京城设置"大同驿"专门接待北宋使臣，设置"朝天馆"接待新罗（今朝鲜半岛）使臣，设置"来宾馆"接待西夏使臣。

辽代向西的主要交通路线，起点在今赤峰地区，向西过西拉木伦河，进入锡林郭勒草原，经过西京、丰州向北，越过阴山进入漠北，转而向西过阿尔泰山进入中亚。设置西北路招讨司管辖漠北诸部族，与漠北保持密切的交通联络。同时，与回鹘诸部、中亚和西亚诸国保持往来，文献中屡有"波斯国来贡""大食国来贡"[1] 的记载。

西夏时期，内蒙古西部地区的交通驿道主要有两条。一是夏州道，即从夏州（今陕西省榆林市靖边县白城子古城）起至今天的鄂尔多斯市乌审旗"沙碛"（今毛乌素沙地），进入鄂托克旗，越过黄河进入乌兰布和沙漠地带，穿过合罗川（今阿拉善盟阿拉善右旗巴丹吉林沙漠北部草原），再往前行至格罗美源（今额济纳旗居延海），再向西直达伊州（今新疆维吾尔自治区哈密地区），然后到达高昌。二是西夏至辽的驿道。辽与西夏的分界

---

① 所谓"来贡"，并非藩属关系的朝贡，而是中原史家的撰史笔法。

在今鄂尔多斯市中部地区，虽有战争冲突，但大多数时间仍保持

着官方和民间的多层面往来，尤其是西夏曾称臣于辽，双方建有固定的驿道，以保证朝贡、贸易和人员往来。这条驿道起自西夏都城兴庆府（今宁夏回族自治区银川市），向北越过黄河，

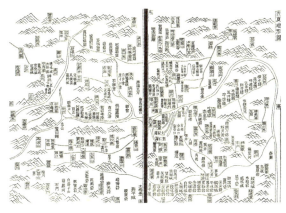

清光绪十一年（1885年）金陵刊本《西夏地形图》

转向东北方向进入鄂尔多斯市毛乌素沙地，"自河以东北，有十二驿，而达契丹之境"①。保留至今的《西夏地形图》上可以清晰地看到这条驿道及其各处驿站的名称。

元朝以大都和上都为中心，建立了通向全国各地的交通驿道，"星罗棋布，脉络相通，朝令夕至，声闻毕达"，驿站的马超过30万匹，元朝规定各地要提供驿站所需的人力、物力，保障道路畅通，并指定一部分人口为站户，专门从事驿站服务。元代驿站制度相对完善，一定程度上加强了中央对地方的治理。

元朝时期，内蒙古地区的主要交通路线是以上都（今锡林郭勒盟正蓝旗境内）为起点，有向东南至大都（今北京市）的若干条道路。一是以运送货物为主的"孛老站道"，从上都出发向西南，经南坡店（今正蓝旗西）、六十里店（上都城南六十里）、双

---

① 周春：《西夏书校补》卷十《地理考》，中华书局2014年版，第1552页。

庙儿、泥河儿、郑谷店、盖里泊（今锡林郭勒盟太仆寺旗西南巴彦查干诺尔）、遮里哈喇（即鸳鸯泊，今河北省西北安固里淖尔）、苦水河儿、回回柴、忽察秃（今河北省张北县西）、兴和路（今河北省张家口市张北县），再转向东南过野狐岭（今河北省张家口市西北），离开内蒙古高原，经宣化、怀来到达大都。二是两都之间的"望云驿道"，出上都，经望都铺（今内蒙古锡林郭勒盟正蓝旗西）、桓州（正蓝旗西南）、李陵台驿（正蓝旗西南黑城子古城）、明安（河北省张家口市沽源县东北）、察罕脑儿（沽源县北小红城），过牛群驿（沽源县南），还越偏岭（沽源县长梁），离开内蒙古草原抵达大都，这条道路也是大都通往漠北的驿道第一段。

元朝还在漠北地区设置交通驿道，以便加强管理。以上都为起点，向北至岭北行省哈剌和林城的驿道有三条。一条向东经应昌城（今赤峰市克什克腾旗达里诺尔应昌古城）折向东北克鲁伦河至漠北。一条向西经集宁（今乌兰察布市集宁区土城子古城）、丰州（今呼和浩特市东南丰州古城），折向北经汪古部领地至漠北。这条道路上的驿站在内蒙古地区的主要有兴和路境内的苦盐泊站、扎哈站，丰州故城东百里的燕只赤斤站、阿察火都站、宽迭怜不剌站、丰州站、净州七里村驿、沙井驿等。还有一条向西至亦集乃路折向北进入漠北戈壁。此外，大宁、东胜州、亦集乃等地也有数条通往中原内地的道路。

元代在内蒙古及其周边地区，构建的道路交通网络，发挥了畅达各地、沟通中外的重要作用。1271年（元至元八年），马可·波罗及其父亲、叔父一行三人从意大利威尼斯出发，进入中亚以后，转经丝绸之路的南道进入河西走廊，考察了亦集乃路，又转经河套进入丰州城并继续向东行进，于 1275 年（元至元十二年）到达上都，觐见了元世祖忽必烈。

辽夏金元时期，黄河流经内蒙古的河段，还有一条水运路线。西夏时期的黄河水路运输，主要依靠运输工具"浑脱"。黄河流经今宁夏，向北进入内蒙古地区以后，有的地区水急滩险，不便行船，当地居民就以牛羊皮制成袋子，充气后浮于水面，或连接数只乃至数十只拼成皮筏，用以渡人或运送物资，当地人称为"浑脱"。元朝初年，忽必烈命水利专家郭守敬考察黄河，重点对从宁夏向北进入内蒙古河套再向东至东胜（今呼和浩特市托克托县东胜古城）的黄河河段进行详细调查。在调查的基础上，忽必烈于 1267 年（至元四年）下令"自中兴路至西京之东胜立水驿十"[①]，其中位于内蒙古地区的水站有5处，即只达温站、白崖子站、九花站、怯竹里站、梧桐站。每一处水路驿站配置水手 240 人、驿船 60 艘，由专门的站户负责，保证黄河运输和声讯传递。这一时期的黄河内蒙古段也是沟通南北的物资运输通道。

### 三、与周边地区的商业贸易

辽宋夏金元时期，内蒙古地区的商业贸易非常繁荣。各政权、各地域之间都频繁进行商业往来，官方和民间贸易都比较兴盛。

---

① 宋濂等：《元史》卷六《世祖本纪三》，中华书局 1976 年版，第 115 页。

### （一）朝贡贸易

西夏建立前，党项首领李继迁曾于 986 年（辽统和四年）臣属于辽，对辽"入贡"。西夏建立后继续向辽入贡，辽上京、中京均设有接待西夏使臣的馆驿。进贡和回赠物资成为夏辽双方经济交往的重要内容。西夏的贡品有马、驼、牛、羊、兔、鹘、犬、沙狐皮、锦绮、被褥、苁蓉、矾石、井盐等。辽则主要以金带、细衣、金涂鞍辔马、素鞍辔马、散马、弓箭、仪仗器具、细绵绮罗绫、酒果等作为回赠。

地方政权内部被统治的各族要向统治者进贡。这种进贡行为，客观上促使物资大规模流动，实现了地区间的互通有无，增进了部族间的经济交流。辽代，主要由东北的乌古、敌烈、室韦、阻卜、女真和西北的回鹘等部族进贡。女真人常常向辽统治者进贡人参、蜜蜡、北珠、生金、细布等物品，鹰、海东青等珍贵动物，牛、马、麋、鹿、貂鼠等土产。铁利、靺鞨、于厥等部多进贡蛤珠、青鼠、貂鼠、胶鱼皮、牛、羊、驼等。金代，生活在漠北地区的蒙古诸部常常向金进贡，金也酌情回赐。元朝时期，各贵族、诸王、部落也要定期向元朝政府进贡，数量大小不等。朝贡并非严格意义上的商贸往来，而是一种效忠中央政府的政治表态。

朝贡贸易主要是一种政治交往形式，但也是高层之间在经济方面的礼节性交往，对双方的经济与文化交流起到一定的促进作用。

### （二）榷场贸易

辽鼓励商业贸易，在各州县市镇设"市"以交易货物。辽宋澶渊之盟后，从官方到民间，都开展了多种形式的交往。双方在边界开设榷场，互通有无。辽夏之间也开设榷场进行贸易。辽对西夏的榷场主要设置在黄河北岸（巴彦淖尔市、包头市和呼和浩特市等地区）的天德军、云内州、东胜州等地。辽与西夏的交易相当活跃，但禁止向西夏输出金、铁、铜等物资。

金与西夏、南宋形成共存局面，各方之间虽有冲突，但总体上保持和平稳定。1141年（金皇统元年），金、西夏在边境开展贸易，先后设保安、兰州、绥德、东胜、环洲等榷场，其中东胜位于今内蒙古呼和浩特市托克托县。金希望得到西夏的马匹，西夏却常向金输出珠玉之类。金对此很不满意，曾一度关闭若干榷场。西夏需要金的丝、帛等物品，金就以反复置废榷场来调整双方关系。1192年（金明昌三年），金在今集宁以东设置春市场，隶属于西京路大同府抚州属邑，后发展为元代的集宁路，在金元时期成为重要的商品交易地点和运输中转站。金统辖蒙古各部以后，曾在抚州（今乌兰察布市兴和县一带）、集宁（今乌兰察布市集宁区土城子古城）、净州（今乌兰察布市四子王旗乌兰花西北城卜子古城）的天山（今大青山）等地设置榷场，来购买草原地区的牧畜。

### （三）民间贸易

辽宋夏金元时期，不同地区之间的贸易虽然会受到政治隔绝、军事对峙的影响，或受到榷场官市制度的制约，但民间贸易却从未中断。辽政府曾屡次下令，禁止将生铁、熟铁卖到回鹘、阻卜等部族，但实际上这些物品仍能通过私市输向各地。金代，禁令废弛，铁器开始大规模流入北方部族。山西、陕西一带的铁钱，也由丰州、云内州流入蒙古诸部。

元代青花瓷罐
出土于内蒙古包头市燕家梁遗址

民间贸易发展以后，政府设置了专门征收商业税的机构。辽代设置上京商税院都监、燕京管内商税都点检、西京管内商税都点检、大定府都市令等机构和职官。这些机构和职官的主要职责就是征收商业税，而商业税的增多说明民间商业贸易有了长足的发展。

元朝重视南北交通，以促进民间物资交流。领地位于交通要冲地带的汪古部，与中原地区保持着频繁的贸易活动，皮毛、牲畜、肉奶食品等许多草原上的商品，经阴山一带的汪古部运往中原。来自中原地区的茶、瓷器、丝绸、盐和其他日用物品，也通过汪古部运往草原。

### （四）城镇商贸

这一时期，农业、畜牧业、手工业的发展为商业的繁荣奠定了基础，大一统格局的形成促进了城镇贸易的发展。这一时期，经过辽夏金时期的积累，到元代，内蒙古地区逐步形成以上都为商业中心，以亦集乃、集宁、兴和、大宁等地为商品集散地的城镇商贸格局。

元朝初期，统治者曾多次在上都实行轻税或免税政策。为保障商旅往来安全，元朝在水陆交通要道上置兵防卫。在政府优惠政策和高额利润的诱惑下，大批蒙古贵族、大小官员、色目商人以及寺院僧侣纷纷来上都从事商业活动。马可·波罗父子就是来自意大利威尼斯的商人。周伯琦在上都看到"诸部与汉人杂处，颇类市井，因商而致富者甚多"①。上都西门外的西关厢是专门的商业区，有官署、粮仓、店铺、民居等十多处，分布密集。对于这种店铺林立、商贾云集的繁盛景象，元代文人曾赋诗描绘："西关轮舆多似雨，东关帐房乱似云"②，"滦水桥边御道西，酒旗闲挂暮簷低"③，"滦河美酒斗十千，下马饮者不计钱"④，等等。作为当时北方草原地区的商业中心，上都汇集了来自中原、西域和草原地区的各路商人、各色商品。元代实行和买之法，凡官府所需要的物品，也要出钱购买。官府有时会仗势欺压商民，权豪和寺院也会依仗特权经营商业，因此元朝政府出台政策，加强管理。

---

① 周伯琦：《扈从诗后序》，载贾敬颜：《五代宋金元人边疆行记十三种疏证稿》，中华书局 2004 年版，第 368 页。

② 《永乐大典》卷七七〇二《上京杂诗》。

③ 《皇元风雅》卷一四《次马伯庸韵二首》（曹元用），元建阳张氏梅溪书院刻本。

④ 马祖常：《石田文集》卷五《车簇簇行》，元至元五年扬州路儒学刻本。

# 第五节　多元文化的互通互融

辽宋夏金元时期，我国各地各族共同创造了绚烂多元的中华文化。各族之间交往、交流频仍，互学互鉴，在文化上取得了瞩目的成就，留下诸多宝贵的文化遗产，影响深远。这一时期，内蒙古地区作为辽夏金元统治下的主要区域，为当时中国思想文化的交流激荡、互融互通提供了沃壤。元朝时期，在中国历史上实现了前所未有的空前大一统，南北、东西交通更为便捷，内蒙古地区与中原的关系日益密切，各族文化共同发展，在中华文化发展史上留下了浓墨重彩的篇章。

## 一、儒学推广

辽代重视儒学。918年（辽神册三年），太祖耶律阿保机令人在上京城建立孔子庙。建成以后，阿保机曾亲自拜谒，命皇太子耶律倍主持孔庙春秋祭祀事宜。仕辽的中原儒士也推广儒学。韩知古曾结合契丹特色，推广汉唐礼乐制度。辽景宗仿效中原开设科举，辽道宗在中京城设立国子监，在各地设立府、州、县官学，研习儒家五经。西夏建国以后，设立"蕃学"和"国学"，蕃汉并举，促进儒学的传播与繁荣。西夏统治者尊孔子为"文宣帝"，并下令各州郡均需设立孔庙以奉祀，表明对儒学的重视。黑水城遗址出土了大量的西夏儒学经典，其中有西夏文译本《论语全解》《孟子》《孝经》，汉文残本《论语》《礼记》等，表明儒学传入西夏各地，影响深远。金代亦尊崇儒学，统治者多祭祀孔子，研读《尚书》《论语》等儒学典籍，实行科举和兴办学校。策论进士出身的女真人，如裴满亨（金临潢府人）、完颜伯嘉（金北京路讹鲁古必剌猛安人，北京路路治大定府，在今赤峰市宁城县大明镇古城）等，均深受儒学熏染，努力践行儒学理念。

蒙古汗国时期，内蒙古地区的儒学在前代基础上继续发展。大约在1230年，贾非熊、周敬之等人曾先后在云内州（今呼和浩特市托克托县）、天山（今乌兰察布市四子王旗）等地兴建孔庙。[①]1234年金亡以后，蒙古汗国与南宋直接接壤，儒学大量北传。北方士人郝经总结道："近岁以来，吴楚巴蜀之儒与其书浸淫而北，至于秦雍，复入于伊洛，泛入三晋齐鲁，遂至燕云辽海之间。"[②]忽必烈主持漠南汉地军务以后，重用儒学之士，逐渐形成"金莲川幕府"。"金莲川幕府"由大量以儒学为主的汉、契丹、女真等各族士人组成。

元朝建立以后，以儒学为主的官学制度逐步建立。1271年（元至元八年），元朝建立国子学，以许衡为国子祭酒兼集贤大学士，教授国子监生员。1287年（元至元二十四年），元朝制定国学条例，教授儒家经典。成宗铁穆耳在上都创建国子监分学，教官、生员规模进一步扩大。官办地方儒学也在内蒙古地区普及，有路学、府学、州学、县学等级别，甚至一些军事机构中也设有儒学专员，以教育士兵。元代地方儒学沿袭宋金传统，学

---

① 耶律楚材著，谢方点校：《湛然居士文集》卷一三《贾非熊修夫子庙疏》、卷一四《周敬之修夫子庙》，中华书局1986年版，第280、311页。

② 郝经：《与汉上赵先生论性书》，《郝文忠公陵川文集》卷二四，《北京图书馆珍本丛刊》第91册，书目文献出版社2000年版，第685页。

校教育与孔庙祭祀相结合。上都国子监分学依附孔庙运行。1313

应昌路新建儒学碑

发现于内蒙古赤峰市克什克腾旗应昌路古城遗址

年（元皇庆二年），上都留守贺胜修葺孔庙，增设屋宇、学田，以供养国子生。上都庙学成为元代内蒙古地区儒学传播推广的中心。此外，弘吉剌部封地全宁路、应昌路，汪古部封地集宁路、净州路以及

亦集乃路均建有庙学，基本形成与中原相同的路、州、县三级儒学教育体系。

## 二、语言文字

辽夏金元的统治者契丹、党项、女真和蒙古诸族，均在发展壮大、建立政权的过程中创制和发展了各自的语言文字。

### （一）契丹文

契丹语是由契丹人创制和使用的语言文字。契丹语与鲜卑语大体相通、一脉相承，并与后来的蒙古语关系密切。汉文记载契丹语的资料保留在《辽史·国语解》中，共录200余词条，多为地名、人名和官名，日常用语非常有限。出使辽的宋朝使臣多能讲契丹语，而契丹人也在学习汉语、汉诗，显示了各族在语言文

化方面的交流融合与互学互鉴。洪迈《夷坚志》记载了契丹人学习汉诗的情形:"契丹小儿,初读书,先以俗语颠倒其文句而习之。至有一字用两三字者……如'鸟宿池中树,僧敲月下门'两句,其读时则曰:'月明里和尚门子打,水底里树上老鸦坐'。"①这既表现出契丹人学习汉语、汉文化情况的普遍,又表明了契丹语与汉语在语法结构上的显著差异。

　　契丹文字分大小字两种。契丹大字是借助汉字"以隶书之半增损"而成,可见契丹大字是在契丹与汉两族充分交往、交流基础之上创制。后来,契丹人又在契丹大字、汉字和回鹘字的基础上创制了契丹小字。目前所有的契丹文字史料只见于考古资料。今内蒙古现存大量契丹文墓志,如庆陵(位于今赤峰市巴林右旗境内)出土的辽兴宗及其皇后、道宗及其皇后的契丹小字哀册,阿鲁科尔沁旗出土的契丹大字墓志《耶律祺墓志铭》,翁牛特旗出土的《故耶律氏铭石》,扎鲁特旗出土的《南赡部洲大辽国故迪烈王墓志文》,喀喇沁旗出土的《耶律永宁郎君墓志铭》等。还有若干契丹文摩崖题记、官印等,如庆陵壁画契丹文题记、丰州万部华严经塔塔壁的契丹小字题记、科尔沁右翼中旗的巴拉哈达洞壁契丹小字墨书、扎鲁特旗乌兰哈达石崖上的契丹小字墨书题记等,还有在翁牛特旗、敖汉旗、巴林左旗等地出土的若干契丹大字官印。②契丹文一度在辽金时期流通,随着契丹人与其他民族融合,契丹文也逐渐不再使用。

---

① 洪迈:《夷坚志·丙志》卷一八,中华书局 2006 年版,第 514 页。

② 清格尔泰、刘凤翥、陈乃雄等:《契丹小字研究》,中国社会科学出版社 1985 年版,第 492 页。

## （二）西夏文

西夏建立之前，党项人借鉴汉字创制了西夏文。西夏字分

西夏文《德行集》
出土于内蒙古阿拉善盟黑水城遗址

单纯字和合体字两种，单纯字笔画较少，又分表音、表意两种。合体字笔画多，结构复杂，分为合成字、互换字和对称字三类。此外还有少量的象形字和指示字。西夏立国后，以西夏文为官方文字。西夏的对外公文上会同时写有西夏文字和对方的文字。如与宋往来，公文写有西夏文和汉文。与辽、回鹘往来，则写有西夏文、契丹文或回鹘文。从额济纳旗黑水城遗址等处发现的出土文献可以得知，当时官方和民间用西夏文翻译了许多汉文佛教文献和儒家典籍。同时出土的还有许多汉文、回鹘文和藏文文献，可知当时西夏境内诸族杂居，彼此间频繁交往，文化交流非常密切。

## （三）女真文

金建立以后，创制了女真文字。女真文字也分为大字、小字两种，现存世的女真文字仅有一种形式，学界一般认为是女真大字。金统治者通过行政手段推广女真字，专设学校、女真字教官，选拔各路优秀生员学习女真字，学成后再派往各地任女真字的教授或书吏。纥石烈良弼于 14 岁时习得女真文字，后被任命为北京（即辽上京）路女真字教授。丰州万部华严经塔中保留有女真字题记，在内蒙古其他地区也陆续发现若干零散女真文字。

女真文创制以后，一度与契丹文、汉文并行使用。

金亡以后，女真人与汉、契丹、蒙古等族杂居，并长期受汉文化浸染，更多地使用汉文。其姓氏大都已改为汉姓，如"尤要甲"改"赵"，"蒲察"改"李"等。留居东北的部分女真百姓仍使用女真文字。大约到明朝正统年间，大部分东北女真人已经不识女真文。

### （四）蒙古文

蒙古文是蒙古族长期使用的语言文字，延续至今。蒙古文在发展过程中，吸纳、借用了许多其他部族诸如突厥、回鹘、契丹、汉、藏等的语言、词汇，是一种多元文化交融汇聚而成的语言文字。13 世纪初，成吉思汗命畏兀儿人塔塔统阿创制文字，借用畏兀儿（回鹘）字母拼写蒙古语。畏兀体蒙古文一经创制，便被蒙古人使用。元朝建立以后，忽必烈命国师八思巴以梵文、藏文字母创制了八思巴字，作为官方文字颁行，希望以之译写一切文字，实现中国传统社会"书同文"的目标。元朝政府使用八思巴字拼写蒙古语，书写皇帝诏旨、各级公文、虎符印信，设立蒙古国子学、蒙古字学，教授八思巴字蒙古文。设立蒙古翰林院，负责撰写八思巴字蒙古文诏书或将其他文字译成八思巴字蒙古文。当时，许多蒙古、汉、回回等族上人都精通八思巴字拼写的蒙古文。但是八思巴字字体复杂，用以拼写蒙古文有割裂语词、表意不清等缺陷，故在元以后，该文字逐渐被弃用。

元朝时期，汉、蒙古、藏、波斯文等多种文字并行，相互影响，互学互鉴。科尔沁右翼中旗发现的用于驿站的"夜巡牌"

上面，刻有汉文、藏文、察合台文、畏兀体蒙古文和八思巴字。

元代五体文铜质夜巡牌

出土于内蒙古兴安盟科尔沁右翼中旗

翁牛特旗发现汉文、蒙古文合璧书写的《大元敕赐故荣禄大夫辽阳等处行中书省平章政事柱国追封蓟国公张氏先茔碑》。额济纳旗黑水城遗址出土的元代文书中，有汉文、西夏文、畏兀体蒙古文、八思巴字、古阿拉伯文、古叙利亚文、藏文等多种文字。表明汉、蒙古等族之间保持着广泛、深入和频繁的交往交流，在语言文化方面互相学习、借鉴，实现了高度融合。

## 三、社会风俗

这一时期，内蒙古地区的社会风俗多姿多彩，各族之间交流频繁，风俗习惯互相影响。

### （一）服饰

辽代服饰制度完备，衣料考究，工艺高超。辽代墓葬出土许多冠帽实物。奈曼旗陈国公主墓葬出土的两顶鎏金银冠，其上有各色图案，工艺精湛。契丹人的发式以髡发为主，男子及未出嫁的女子都有髡发传统。上身服饰有圆领、立领、窄袖、左衽长袍、短衣等；下身服饰有长裤、裙等。契丹人一般穿皮靴或毡靴。契丹女性的饰品有簪、步摇、耳环、项链、璎珞、戒指、手镯等。辽兴宗曾要求契丹官吏在大型活动中均穿汉服，民间百姓也多穿汉服。

西夏人的服饰既有自身特色，同时深受中原影响。西夏文典籍《圣立义海》中列有西夏服饰名目，如皇太后、皇帝、太子、嫔妃、官员的法服、朝服、便服与常服等。《高王观世音经》展现的男性头戴高冠，穿右衽窄袖、圆领或交领长袍，内有衬衣或背心，腰束带，脚着靴；女性戴花冠，穿右衽交领窄袖长袍，袍边绣花，高开叉，头梳高髻，与宋朝妇女服饰相近。

金代服饰制度受唐宋影响，贵族在服饰质料、颜色和样式等方面有等级标准。皇帝、皇后以及皇太子的礼服大体仿照宋朝，在祭祀、册封等重要场合中使用。男性服饰一般有幞头、盘领衣、腰带、乌皮靴等，女性服饰一般有直领团衫、裙等。女真妇女盘髻，饰品有玉钿等物，称为"玉逍遥"。金代，内蒙古地区各族服饰风尚亦相互影响。内地人也学习女真习俗，范成大在出使金的途中曾见到淮河以北的内地人"久习胡俗，态度嗜好与之俱化……最甚者，衣装之类"①。

姑姑冠

出土于内蒙古乌兰察布市四子王旗元代净州路古城遗址

蒙古人主要穿袍服，右衽，服饰材料、样式多元化。除皮革之外，还有丝织品、棉织物。冬季多穿由皮革制成的袍服。春夏秋季，则穿以棉布、绸缎等丝织物制成的袍

---

① 范成大撰，孔凡礼点校：《揽辔录》，中华书局 2002 年版，第 12 页。

服。蒙古男子也有髡发习俗。蒙古男性戴圆笠帽、宽檐帽。女性冠饰多戴姑姑冠。四子王旗、正镶白旗等地墓葬中都出土过姑姑冠。

## （二）饮食

契丹人早期的食物主要有牛、羊、马、驼等牲畜的肉、乳，

野鸭、鹅、雁等飞禽类和鱼类，由此保留了头鹅宴、头鱼宴等宴饮活动。辽占据燕云地区以后，各族饮食结构发生改变，米面类食物增多。从内蒙古地区的辽墓壁画可知，契丹人已从西域引进西瓜，宋人的西瓜种子也是通过契丹人获取的。酒的品种也很丰富，有粮食

辽墓壁画《宴饮图》
发现于内蒙古赤峰市敖汉旗羊山 1 号辽代墓葬

酿造酒、配制酒、果酒等。辽人常饮散茶、片茶，又以茶加乳、盐共煮，称为乳茶，其制法、口感与流传至今的蒙古奶茶相近。

党项人最初以肉、乳作为主要食物。西夏建立以后，农产品大增，主要有大小麦、荞麦、糜、粳米、糯米、豌豆等。水果有荔枝、甘蔗、回鹘瓜、大食瓜等，多数来自中原和西域，表明西夏与周边地区有广泛的交往。西夏人以酒、茶为主要饮

料，黑水城出土文书中就载有不少酒钱账。

早期女真人的饮食种类较少，有猪、羊、牛等肉食，韭、葱、蒜、长瓜等腌菜和稗子饭。金建立以后，女真与契丹、汉、渤海等交往渐多，饮食种类增加，面食有馒头、饼、煎饼、汤饼、馄饨等，酒有粮食酒、果酒、配制酒等，受宋人影响形成了饮茶之俗。

蒙古人日常以羊肉为主要肉食，牛、马、驼等一般在节庆、祭祀时宰杀食用。蒙古人将乳制成各类奶酪、奶油、奶干、奶茶，便携保质。马乳制成马奶酒，营养价值很高，此外还有粮食酿造酒、果酒、药酒、烧酒等。米面类主要有炒米、炒面、乳粥。元朝除清茶外，还有香茶、枸杞茶和酥油茶等。杂剧作品中经常出现内地人饮用酥油茶的场景。

### （三）住居

辽夏金元时期，内蒙古地区各族住居风俗不尽相同。契丹、蒙古等游牧部族逐水草而居，以毡帐为主要居所。克什克腾旗有辽代石棺壁画，描绘了契丹人的毡帐，呈半圆形顶，用皮绳拴固，向南开设小门，与今日蒙古包形制类似。辽代，中原的汉式板筑土屋传入内蒙古地区。其形制以木板夹土，分层夯实以筑土墙，屋顶盖有茅草。在砖石瓦房普及之前，这是内蒙古地区从事农耕生产的定居百姓的主要住所。金代女真人的居所，卧室中置火炕以供冬日取暖。这一习惯沿袭至今，今内蒙古东部和东北三省的农村仍保留这种方式。

陆路交通工具主要是畜力、车辆。马是各族最普遍使用的交通工具，车辆既是交通工具，也是游牧百姓的住所，所谓"以车马为家"。奚人擅长制作能够居住的车帐，其形制有长辕、高轮、粗辐，车上设棚，有垂幔、彩绘、流苏等装饰。蒙古人的毡车，顶部覆盖有用油或奶浸泡过的黑毡，可防雨水。

### （四）婚姻

这一时期，生活在内蒙古地区的各族婚姻习俗各具特色，但又互相影响。当时普遍实行族外婚制度。贵族实行世婚联姻，唯契丹皇族联姻仅限耶律、萧二姓，女真完颜氏联姻氏族范围较广，有近十姓。女真人还有指腹为婚的习俗。西夏人的婚姻观念受到中原影响，异族通婚现象普遍，不少党项人与内地人结为夫妻。蒙古人实行多妻制，妻子数量取决于男子财产状况。蒙古各部之间存在相对稳定的婚姻关系，如成吉思汗所属的孛儿只斤氏与弘吉剌氏、亦乞列思氏保持世代联姻。

### （五）丧葬

契丹人的丧葬方式有树葬、火葬、土葬、合葬等。树葬习俗与其发源地赤峰地区有千里平地松林关系密切。辽代，随着佛教在内蒙古东部地区的广泛传播，火葬一度成为契丹、奚等广泛接受的丧葬形式。当然，从内蒙古地区存在的大量辽代墓葬来看，契丹等主要还是以土葬为主。受中原习俗影响，契丹人也出现合葬形式，如通辽出土的陈国公主墓就是公主与驸马的合葬墓。西夏人受中原文化影响较深，重视丧葬礼仪。西夏法典《天盛改旧新定律令》中规定有系统的服丧制度。西夏人深受佛教影响，以火土结合的丧葬方式为主。皇族、贵族一般施行土葬，普通百姓先火葬再土葬，陪葬物有佛经等。女真人早期以土葬为主，后受到契丹等影响，出现土葬、火葬和火土结合等多种丧葬形式。

元朝对各族文化兼容并包，主张丧葬"各遵本俗"。蒙古人实行简单的土葬，"刳木为棺"，地面不留坟冢。阿尔寨石窟第31窟描绘了元代的丧葬场景，河北省沽源县和锡林郭勒盟苏尼特左旗发现的元代墓葬均是"刳木为棺"葬制。当时生活在内蒙古地区的蒙古、汉等人基本以土葬、火葬为主。《元典章》有"北京路百姓，父母身死，往往置于柴薪之上，以火焚之"①的记载，可见内蒙古东部地区存在火葬习俗。

## 四、多元宗教文化

北方游牧民族在兴起之初，一般以自然崇拜为主。他们认为万物有灵，崇拜天、地、日、月、雷、雨、风、火等自然事物。早期契丹人崇拜自然现象，后来形成仪式。例如柴册仪，是一种祭天仪式。战争之前，契丹人会祭祀天地以求保佑。契丹人还有拜日、拜山、祭风、祈雨、禳雷等习俗。党项人"三年一聚会，杀牛羊以祭天"，后逐渐发展出鬼神崇拜。女真人崇拜自然和祖先，通常把天地、日月星辰、风火雷电等视作崇拜对象，把某些自然现象视为预警征兆，认为它们昭示着祸福。女真、契丹人崇拜太阳，"门皆东向"，正月初一时祭拜太阳以庆贺。蒙古人也有自然崇拜，认为"长生天"是万物主宰，他们"正月一日必拜天，

---

① 陈高华、张帆、刘晓点校：《元典章》卷三〇，中华书局、天津古籍出版社 2011 年版，第 1062 页。

重午亦然……其俗最敬天地，每事必称天"①。

基于多神信仰，产生了沟通人神的使者，即萨满巫师。辽有从事祭祀、祈祷、占卜的专职萨满"巫觋"。西夏也有类似的角色，被称为"厮乩"。金的一位将军完颜希尹就是萨满。萨满在女真社会中地位很高，他们参与国家重大典礼、节庆活动，充任司仪，占卜吉凶。随着社会的发展，各族之间的交往交流增多，彼此间的宗教信仰文化也相互影响。萨满文化也一直在蒙古人中流传。

在辽治理下的内蒙古东部地区，大量中原人北上，佛教、道教信仰逐渐流传。皇帝在上京、中京城中建有多所佛寺、道观。辽太宗将南京城（今北京市）的白衣观音像迁至契丹圣地木叶山，建庙供奉，在契丹传统的拜山仪式活动中增设"诣菩萨堂"环节。耶律德光曾因母亲生病，亲自前往"菩萨堂"祈福。曾在内蒙古生活长达 6 年（947—953 年）的宋人胡峤看到上京城有"僧、尼、道士"等宗教人士活动②，均为中原北上至此的中原人士。内蒙古地区有很多保留至今的佛教遗存，如中京城大明塔、庆州释迦佛舍利塔、丰州万部华严经塔（俗称"白塔"）等等，都是珍贵的文化遗产。

佛教是西夏人的主要信仰，有汉传和藏传大乘佛教。额济纳旗的黑水城遗址曾出土大量汉、西夏、藏和回鹘等多种文字的佛教典籍，如净土宗典籍《无量寿经》《阿弥陀经》等，有汉、西

① 孟珙撰，王国维笺证：《蒙鞑备录》，载《王国维全集》第 11 册，浙江教育出版社 2009 年版，第 353、356 页。

② 贾敬颜笺证：《胡峤陷辽记》，载《五代宋金元人边疆行记十三种疏证稿》，中华书局 2004 年版，第 21 页。

夏两种文字的多种刻本、写本，还有由汉文译出的法相宗典籍《瑜伽师地论》，西夏译文的藏传佛教典籍《佛母大孔雀明王经》《大密咒受持经》等。此外，还有大量唐卡、卷轴画、佛经雕版以及佛塔遗存等。可见，黑水城是当时佛教文化的一个中心，对生活在内蒙古西部地区的西夏民众的精神信仰和文化产生影响。另外，黑水城遗址也出土了少量道教典籍及《玄武大帝图》画卷等，说明道教在内蒙古西部地区也有一定影响。

金代也信奉佛教，但受到一定的限制。宝严禅师是临潢府人，曾在临潢府兴园寺出家，1151年（金天德三年）迁居上京宝胜寺。[①] 金代士人赵秉文在给利州精严禅寺的盖公和尚所撰行状中提到，盖公曾前往北京（即辽中京城）松林寺向微公和尚请诣佛法，盖公和尚行状碑也是由金代北京灵感禅寺的住持所立。[②] 丰州万部华严经塔中也有金代人们留下的有关佛教信仰的题记。此外，道教也在金代内蒙古地区有所发展。元好问曾描写全真教的影响范围："南际淮，北至朔漠，西向秦，东向海，山林城市，庐舍相望，什百为偶，甲乙收受，牢不可破。"[③] 可见，内蒙古地区当时也有全真教的传播。

元朝对待宗教的态度是兼容并包的，佛、道、基督、伊斯兰、摩尼等教都得到广泛传播，体现了多元与开放的时代特征。

---

① 释广明：《宝严大师塔志》，载罗福颐校录：《满洲金石志》卷三，（台北）艺文印书馆1976年版，第292页。

② 赵秉文：《利州精严禅寺第一代盖公和尚行状铭》，载罗福颐校录：《满洲金石志》卷三，（台北）艺文印书馆1976年版，第306—307页。

③ 元好问撰，狄宝心校注：《元好问文编年校注》卷四《紫微观记》，中华书局2012年版，第363页。

上都城内建有藏传佛教寺庙，藏传佛教帝师、高僧也经常到这里传教。藏传佛教在元代的盛行，加强了蒙古、汉、藏等族的文化交流。全真教道士丘处机曾受召前往西域拜谒成吉思汗。丘处机东返时路过今呼和浩特地区，与当地的驻军首领和文士都有交往。聂思脱里教（时称景教）在唐朝时传入，元朝时期在内蒙古地区多有传播。作为沟通东西和南北的枢纽地带，大量信仰伊斯兰教的中业各族民众东迁进入内蒙古地区，他们带来了伊斯兰教及其文化，并与北方各族交融汇聚。

景教墓顶石

出土于内蒙古包头市达尔罕茂明安联合旗敖伦苏木古城

黑水城遗址出土了大量与宗教相关的文书典籍，有汉文、畏兀体蒙古文佛经，道教符箓残纸、《失林婚书案文卷》①。城外西南角有伊斯兰教礼拜寺遗址。生活在内蒙古中西部地区的汪古人信仰聂思脱里教，文献多有记载。汪古部故地曾发现《耶律公神道之碑》残碑，刻有"寺主管领也里可温"（聂斯脱里教徒）等文字。马可·波罗在其游记里提到，他经过亦集乃路、天德军等地时，曾看到当地民众中有佛教徒、聂思脱里教徒和伊斯兰教徒等。② 近年来，内蒙古东部的赤峰等地出土了元代景教

① 李逸友编：《黑城出土文书》（汉文文书卷），科学出版社1991年版，第61—65页。

② 马可·波罗撰，冯承钧译注：《马可波罗行纪》，上海书店出版社2001年版，第132、165—167页。

十字架墓碑、基督教铜牌等遗物。上都城汇聚了各种宗教及其文化，蒙古汗国时期最大规模的佛道论辩曾在这里举行。元朝诸帝每年北巡上都时的扈从人员中也有部分宗教人物，他们会在上都主持或参与各类祈福、游行和祭祀活动。上都外城建有众多寺庙，既有汉传佛教寺庙，如龙光华严寺、乾元寺等，又有藏传佛教寺庙，如八思巴帝师寺、开元寺等，道观有崇真宫、长春宫、寿宁宫、太一宫等，还有伊斯兰教的礼拜寺，多元宗教文化在这座大都会中交相辉映。

建于辽代的丰州城，金元时期沿用。城内的万部华严经塔，塔内各层墙面上，保留有金元以来的墨书题记千余条，有汉、契丹、女真、畏兀体蒙古、八思巴、藏等多种文字，是多元宗教文化汇聚的典型例证。

内蒙古鄂尔多斯高原上的阿尔寨石窟现存壁画近千幅，总面积近1000平方米，主要内容包括传统神佛像、历史事件和世俗人物等。壁画榜题有畏兀体蒙古文、梵文、八思巴字、藏文共100余处，是充分体现元代各族交融、多种宗教共存的历史遗存。

辽夏金元的统治者对于各种宗教一般都能持优容的态度，因此民众可以自由选择信仰。不同宗教信仰的各族民众得以和平共存、共同发展，形成多元宗教文化交融共存的良好局面。多元宗教带来多元人群的交流汇聚，留下了丰富的珍贵典籍和文化遗存。

## 五、文学艺术

这一时期，中原文化大量传入内蒙古地区，统治者主动提倡并制定相应政策，促进了中原文化的广泛传播。

辽代，内蒙古地区各族的文学艺术多受汉文化影响，契丹贵族尤为推崇中原文化，耶律阿保机的长子耶律倍曾购书万卷藏于医巫闾山（今称"闾山"，位于辽宁省锦州市）望海堂，还精通阴阳、音律、医药，善于绘画，能作契丹文和汉文文章，可谓多才多艺，是兼通多元文化的典型人物。辽代皇帝圣宗、兴宗、道宗、天祚帝等均善作诗文。辽代绘画、歌舞、建筑等受唐宋影响较深，但也兼具自身特色。著名画家胡瓌的《卓歇图》描绘了契丹人围猎结束后休息时设宴饮、听乐曲、赏舞蹈等生活场景。辽代墓室壁画丰富多姿，内蒙古地区出土的辽代墓室壁画典型的有《放牧图》《出猎图》《出行图》《归来图》《四季山水图》等。其中，绘于辽圣宗耶律隆绪庆陵四壁的《四季山水图》生动地展现了皇帝在捺钵活动的场面。

内蒙古西部地区黑水城遗址出土文献和阿尔寨石窟，保留了大量西夏时期用西夏文、汉文、回鹘文写成的文学作品以及佛教壁画、雕塑、版画等，体现了西夏时期多元文化融合。阿尔寨石窟第 28 窟的忿怒明王佛、男女双身佛像，是藏传佛教风格，呈现的是西夏风格的佛教人物。黑水城遗址出土的西夏卷轴画绘制的炽盛光佛与各星宿神，具有中原人物画特征。其中的女性星宿神两颊所涂椭圆形的胭脂，体现了北方游牧

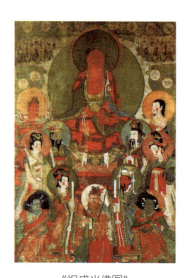

《炽盛光佛图》

出土于内蒙古阿拉善盟额济纳旗黑水城遗址

民族面部妆容的风格。黑水城遗址及其附近的西夏古庙遗址曾分别出土过木刻千佛、木雕菩萨,前者有波斯风格,后者形象融合印度、尼泊尔及唐五代风格,是多元文化艺术交流交融的代表性作品。

刘秉忠的散曲:"年来懒看,古今文字纸千张。酒中悟得天常,闲杀堦前好月,不肯照西厢。任昏昏一醉石枕藤床。名途利场,物与我两相忘。目断霜天鸿雁,沙漠牛羊。一庭秋草,教粉蝶黄蜂自任忙。花老也,尚有余香"①,描写了漠南草原的景观。元杂剧中大量使用蒙古语及其他语言,汉、蒙古等族共同造就了这一独特的文学体裁。上都宫廷每年都举办大型宴会,随行乐工、优人会进行"奏大乐、陈百戏"的表演,豪富之家也会举行。赤峰市出土的墓葬壁画《出猎归来图》中有类似庆功场面,即主人打猎归来,二人献酒,三人演奏乐曲。可见,杂剧戏曲、歌舞等已在内蒙古地区盛行。

元代的两都巡幸制度,催生了一种独具特色的文学艺术形式,即上都纪行文学。其创作主体是扈从随行的文臣雅士,以纪行诗为主,辅以词、散文等,留存至今的作品大约有 1000 首。作者群体多达 60 余人。代表性著作有袁桷《戏题开平四集》、周伯琦《扈从集》、杨允孚《滦京杂咏》等,专门吟咏上都制度、景物、风俗以及漠南草原景观。这些作品虽多为中原文人创作,但反映了元代内蒙古地区平民的日常生活、都城建筑、宫廷生活等,是中国文化史上的重要著作。

---

① 刘秉忠:《藏春诗集》,载《北京图书馆古籍珍本丛刊》,书目文献出版社 2000 年版,第 212 页。

# 第四章

# 明至清中期

## ——北部边疆巩固与促进统一多民族国家的发展

明朝建立对全国的统治，清承明制，中国历史再次走向大一统。明朝时期，蒙古诸部纷争不断，势力消长，分封六万户后，出现局部秩序化，漠南蒙古的地位逐渐凸显。蒙古诸部与明朝关系也由战争走向和平，内蒙古地区成为双方沟通往来的重要舞台。至明末，后金崛起，漠南蒙古 16 部 49 旗归附。清朝因俗而治、因地制宜，对内蒙古地区实施有效管辖。初时，清朝仅在内蒙古东部有府县设置，随着移民增多，农业开垦规模扩大，商业蓬勃发展，内蒙古地区大规模设置府、厅、州、县，管理体制逐渐趋同于内地。政治的直接管理，经济的有效相融，文化的渐次认同，都表明至清中期，作为中华民族多元一体中的重要区域，内蒙古地区的政治、经济、文化等方面，已经和中原模式极大相融，管理体制已经纳入清朝一体。

## 第一节　蒙古诸部的活动及明朝
## 　　　　设置卫所与羁縻治理

　　明朝时期，蒙古诸部生活在北方草原。明朝前期，明廷在北部沿边地区设立都司、卫所等军政建置，并与蒙古诸部建立朝贡互市贸易关系，密切了蒙古诸部与中原的政治、经济和文化联系。在各族人民的共同开发经营下，内蒙古地区的社会、经济、文化有了显著发展，与中原内地的相互依存也进一步加强，凝聚力、向心力不断增强，为清朝大一统政治体制的建立和中华民族多元一体格局的巩固奠定了坚实基础。

### 一、蒙古诸部的活动

　　1368 年（元至正二十八年，明洪武元年）春，朱元璋在应天（今江苏省南京市）建立政权。同年，明军攻克元大都（今北京市），元朝作为统治全中国的大一统王朝宣告灭亡。兵临城下之际，元惠宗率领宫室撤退到元上都（今内蒙古正蓝旗元上都遗址），史籍中称"北元"（学界称北元、北元—蒙古或明代蒙古），开始了蒙古诸部与明朝长期并存的局面。

### （一）瓦剌与鞑靼的争霸斗争

1370年（明洪武三年），元惠宗病逝，汗廷退往漠北哈剌和林。1388年（明洪武二十一年）经过捕鱼儿海（今贝尔湖）之战以后，脱古思帖木儿汗被杀，元室力量严重削弱，大汗权威衰落殆尽，漠北草原陷入混乱纷争。到了明朝永乐年间，蒙古诸部逐渐形成两大集团，即鞑靼和瓦剌。鞑靼是大汗直接统治的蒙古本部，占据大漠两侧的广阔草原。1408年（明永乐六年），蒙古贵族阿鲁台拥立元室后裔本雅失里为大汗，自称太师，活跃在历史舞台近30年。瓦剌分布于蒙古高原西北部，东与鞑靼相接，东南伸向明朝陕甘边外。明初，瓦剌的猛可帖木儿拥有"瓦剌王"的称号，猛可帖木儿死后，部众分别由马哈木等三人统领。此外，还有明朝设置的三个以蒙古部落为主体的羁縻卫所——兀良哈三卫（即朵颜、泰宁、福余三卫，亦称朵颜三卫），主要活动在今赤峰市和辽宁、河北部分地区。从永乐年间开始，瓦剌和鞑靼展开激烈斗争，争夺草原霸权。

1410年（明永乐八年），明永乐帝率大军亲征漠北，由北京出发，进入内蒙古地区，在玄石坡（在今苏尼特左旗昌图锡勒苏木）制铭刻石"玄石坡立马峰"6个字。明军在斡难河（今鄂嫩河）大败本雅失里汗，本雅失里为部下所杀。明军沿胪朐河（今克鲁伦河）向东进入今呼伦贝尔地区，打败阿鲁台部。之后，永乐帝又四次亲征，最后一次远征回师途中病逝于西乌珠穆沁旗境内的榆木川。永乐帝晚年连续亲征，鞑靼部力量受到削弱，瓦剌部势力趁机迅速恢复。1416年（明永乐十四年）马哈木死后，其子脱欢继领其部众。宣德初年，他统一了瓦剌三

部，又击败阿鲁台，占据漠北，并控制了兀良哈三卫。1433 年
（明宣德八年），脱欢拥立元室后裔脱脱不花为汗，这就与当时
阿鲁台拥立的阿台汗形成"两汗并峙"局面。1434 年夏，阿鲁
台被脱欢打败，死于今乌拉山，其拥立的阿台汗活动于今阿拉
善额济纳旗一带，四年后被脱脱不花汗杀掉。1439 年（明正统
四年），脱欢死，其子也先继为瓦剌首领。也先继承父祖遗志继
续扩张势力，西北控制了哈密卫，迫使亦力把里（东察合台汗
国）西迁；东北控制了兀良哈三卫和女真诸部。今以呼伦贝尔为
中心的内蒙古东部地区是脱脱不花汗活动区域；今锡林郭勒盟南
部地区、河北张家口市北部是阿剌知院活动区域；今呼和浩特、
包头、巴彦淖尔等内蒙古中西部地区是也先活动区域；今阿拉善
额济纳旗一带则在也先所设甘肃行省的范围之内，瓦剌势力一
度达到鼎盛。

也先不断扩张，以图实现"求大元一统天下"①的事业，这
必然要与明朝发生冲突。1449 年（明正统十四年），瓦剌分兵数
路，从辽东、宣府、大同、甘州等地同时进攻明朝。宦官王振
挟持明英宗率领号称 50 万的大军御驾亲征，结果在土木堡（今
河北省怀来县城东）被瓦剌击败，英宗被俘，史称"土木之变"。
明英宗被俘后，被也先带入草原，在今乌兰察布市、呼和浩特
市、包头市一带辗转居留，生活了将近一年。战争遭到各部民众
强烈反对，瓦剌派往明朝的使臣说："凡我下人，皆欲讲和。"②当

---

① 《正统北狩事迹》，载薄音湖、王雄编辑点校：《明代蒙古汉籍史料汇
编》（第一辑），内蒙古大学出版社 2006 年版，第 110 页。

② 《明英宗实录》卷一九二，景泰元年五月辛未，台湾"中央"研究院历
史语言研究所影印校勘本，1962 年版。

明朝使臣李实等人到达也先营地时，民众"闻为议和使臣，皆举手加额，欣幸其来"①，纷纷表示"离家年久""咸愿和好"②。这充分反映出广大民众反对统治阶级所进行的掠夺战争，迫切希望实现民族之间和平友好、交往交流的愿望。也先最终被迫与明朝议和，送还英宗。1450 年（明景泰元年），英宗回到北京，双方再度恢复通贡互市关系，史称"景泰和议"。

此后，也先与脱脱不花汗的矛盾日益尖锐，双方兵戎相见，脱脱不花战败而死。1453 年（明景泰四年），也先自立为大元田盛（天圣）大可汗。随后向明朝遣使贡马，并致书通报了他已称汗之事，希望得到明朝的承认，明朝称其为"瓦剌可汗"③。不久，也先在内讧中被杀，草原又陷于割据混乱状态。其间，脱脱不花的两个儿子马可古儿吉思、摩伦先后被拥立为汗，因其年幼，明朝称为"小王子"，他们仍然难逃傀儡的命运，被拥立不久就被杀死。这种纷乱状况直到达延汗时期才从根本上发生改变。

## （二）蒙古六万户的分封

1475 年（明成化十一年），永谢布部首领乩加思兰太师拥立脱脱不花的异母弟满都鲁为汗。1479 年（明成化十五年）满都

---

① 《明英宗实录》卷一九四，景泰元年七月癸亥，台湾"中央"研究院历史语言研究所影印校勘本，1962 年版。

② 李实：《北使录》，载薄音湖、王雄编辑点校：《明代蒙古汉籍史料汇编》（第一辑），内蒙古大学出版社 2006 年版，第 82 页。

③ 《明英宗实录》卷二三六，景泰四年十二月癸巳、辛丑；卷二三八，景泰五年二月癸未，台湾"中央"研究院历史语言研究所影印校勘本，1962 年版。

鲁汗去世后，年仅 7 岁的巴图蒙克被扶持登上汗位，称达延汗。当时，以鞑靼为主的东蒙古逐步形成了 6 个部落集团，称六万户，其中左翼三万户为察哈尔、喀尔喀和兀良哈万户，右翼三万户包括鄂尔多斯、土默特和永谢布万户。达延汗名义上是六万户共主，但实际上能够直接统率的仅是左翼三万户，而右翼三万户则在一些权臣的把持之下，割据一方，自作主张。1510 年（明正德五年），达延汗率领左翼三万户及科尔沁万户西征右翼三万户。两军在达兰特哩衮（今呼和浩特市以北的大青山）展开决战，右翼被彻底击败。

达延汗统一蒙古各部后，重建六万户制度，并分封自己的子孙为兀良哈之外的其他五个万户部落的首领。六万户中，兀良哈万户分布在漠北，其他五万户牧地绝大部分在内蒙古地区。其中，察哈尔万户牧地在今锡林郭勒盟地区，是大汗的直属领地，达延汗以后，其长子图鲁博罗特一系世袭大汗驻牧在这里，管理左翼三万户；喀尔喀万户分布在喀尔喀河流域一带，分为内、外喀尔喀两部分，内喀尔喀在内蒙古地区；鄂尔多斯万户牧地在今鄂尔多斯市及周边地区，是济农（大汗的副手）的直属领地。达延汗第三子巴尔斯博罗特及其长子一系世代担任济农驻牧于此，管理右翼三万户；土默特万户牧地在今大青山下的土默特地区，是达延汗孙俺答汗的领地。永谢布万户由永谢布、阿速、喀喇沁三部组成，牧地在今张家口以北的内蒙古东南部一带，主要由俺答汗四弟老把都控制。六万户之外，兀良哈三卫仍然在蓟辽边外活动，科尔沁万户驻牧大兴安岭地区。

达延汗重建六万户并进行分封，调整了蒙古诸部的社会政治秩序，顺应了人民对和平统一的迫切愿望，结束了草原上长期割据混乱的局面，造就了相对安定的生产生活环境，推动了本地社会历史的发展进步。

达延汗时期与明朝的关系可谓跌宕起伏。他曾多次率部南下，也曾数次派遣朝贡使团与明朝互市贸易，使团人数最多时达到 6000 余人，互市规模相当可观。双方关系中既有刀光剑影的军事冲突，又有朝贡互市的和平交往，体现出北方草原地区与中原内地之间相互碰撞和彼此依存的鲜明特征。

### （三）左右翼三万户的发展变迁

达延汗以后，内蒙古中西部地区的右翼三万户，在土默特万户首领俺答汗（达延汗孙）领导下获得了发展。其兄墨尔根济农死后，俺答汗成为右翼事实上的首领。他率领部众越过黄河，在大青山南麓的土默特地区发展。1524 年（明嘉靖三年）开始的 40 年间，俺答汗率右翼蒙古诸部通过一系列军事活动，瓜分了兀良哈万户，远征瓦剌，收服了青海诸部，发展实力，拓展牧地。1578 年（明万历六年），俺答汗在青海仰华寺与索南嘉措会晤，将藏传佛教引入漠南蒙古，对蒙藏地区历史及相互关系产生了深远的影响。

与此同时，俺答汗吸纳大量内地居民进入草原，积极开发土默特地区。1546 年（明嘉靖二十五年），在呼和浩特白塔附近的古丰州城，俺答汗"用牛二犋耕城，约五六顷，所种皆谷、黍、蜀、秫、糜子"[1]，积极发展农业和手工业生产。俺答汗改

---

[1] 瞿九思撰：《万历武功录》卷七《俺答列传上》，载薄音湖编辑点校：《明代蒙古汉籍史料汇编》（第四辑），内蒙古大学出版社 2007 年版，第 45—46 页。

善了内地民众的待遇，给予他们妻室、牛羊、幕帐和土地，有能力的人则被提拔为首领，从而吸引了更多内地民人来到草原。在各族人民的共同开发经营下，土默特地区出现了大小数十处板升（百姓、房屋或村落），农牧交错、蒙汉各族杂居共处。

右翼三万户在内蒙古中西部地区快速发展的同时，东部地区的左翼三万户也发生着变迁。1520 年（明正德十五年），达延汗长孙博迪继承汗位。博迪汗病逝后，其子达赉逊继位（明译打来孙），率部迁牧于辽河一带。1558 年（明嘉靖三十七年），图们汗继位（明译土蛮汗）。图们汗任用五万户著名的实权人物执理政事，使汗权得到一定程度的加强。俺答汗与明朝实现"隆庆封贡"（也称"俺答封贡"）后，图们汗也积极设法通过右翼部落或兀良哈三卫与明朝进行互市贸易。图们汗之后是布延彻辰汗继位。1603 年（明万历三十一年），布延彻辰汗去世后，由其 13 岁的长孙继大汗位，即林丹汗。

林丹汗时期，长期的割据分裂助长了诸部的离心倾向，大汗权力衰微。1616 年（明万历四十四年，后金天命元年），努尔哈赤统一女真诸部，建立后金政权。明朝、后金、蒙古三方展开激烈的博弈斗争。在复杂的政治形势下，林丹汗采取了错误的做法，一方面企图以武力控制诸部，另一方面与明朝关系也不断恶化，最终导致诸部逐一被后金政权征服。林丹汗本人也向西逃跑，1634 年夏秋间，林丹汗病死于甘肃大草滩（今甘肃省天祝藏族自治县境内）。第二年，林丹汗的妻子与儿子额哲在鄂尔多斯归降后金。

## 二、明朝设置卫所及长城防御体系

明朝初期在内蒙古地区设置都司卫所、羁縻卫所进行治理。为防御蒙古诸部南下，明朝从洪武年间开始构筑规模宏大的长城防御体系，一直持续到明末，在内蒙古中南部和西南部均有分布。

### （一）明朝设置军事卫所

明代卫所制，一般以 10 名军士组成 1 小旗，5 小旗为 1 总旗，2 总旗为 1 百户，10 百户为 1 千户，5 千户为 1 卫。卫之上为都指挥使司（简称"都司"）。都司是明朝在地方上设置的最高管理机构"三司"（承宣布政使司、提刑按察使司、都指挥使司）之一，掌一省或一方军政，隶属于中央军事机构五军都督府，同时听命于兵部。洪武年间，明朝在北部边疆设置了大量的都司卫所，由东向西主要有大宁诸卫、开平诸卫、东胜诸卫，分别隶属于北平行都司、北平都司和山西行都司。这些都司卫所的设置，体现了明朝对内蒙古部分地区的直接治理。

大宁诸卫主要指在今赤峰市及与其毗邻的河北省、辽宁省部分地区设置的卫所，名称来源于元代大宁路。诸卫中，在内蒙古地区的主要有大宁卫和新城卫。大宁卫的治所在今宁城县大明镇，1387 年（明洪武二十年）设置，并建大宁都司，第二年改为北平行都司。后来又分成大宁左、右、中三卫，增设了大宁前、后二卫，一共形成大宁五卫。1391 年（明洪武二十四年），明太祖封皇子朱权为宁王，镇守大宁。新城卫的治所在今宁城县城西南红城附近，也是 1387 年（明洪武二十年）设置。1403 年

（明永乐元年）时，明太宗将宁王迁往江西，北平行都司迁往内

地，大宁诸卫或裁撤

或内徙，新城卫也被

裁撤。

开平诸卫指明朝

在元上都地区设置的

卫所，即今锡林郭勒

盟南部及与其毗邻的

河北省部分地区。其

中，位于内蒙古地区

明长城遗址

位于内蒙古呼和浩特市与山西省朔州市交界地带

的主要有开平卫、开平诸屯卫及兴和守御千户所。开平卫的故址

就是今天正蓝旗境内的元上都，在1369年（明洪武二年）设置。

开平诸屯卫包括左、右、中、前、后五屯卫，在1396年（明洪

武二十九年）设置，大体相当于今天锡林郭勒盟南部及河北省独

石口以北地区。兴和守御千户所在元朝兴和路故地，辖境涉及今

乌兰察布市东南部、锡林郭勒盟南部地区。永乐初年，开平卫、

开平中屯卫内迁，其他四屯卫被废弃。1406年（明永乐四年），

明朝重新设开平卫。1422年（明永乐二十年），兴和守御千户所

迁徙到宣府卫城。八年后，开平卫再次迁徙至独石堡，隶属于当

时的万全都司。

东胜诸卫指明朝在今内蒙古西部大青山以南地区设立的卫

所，主要包括东胜卫、镇虏卫、玉林卫、云川卫、宣德卫等，隶

属于山西行都司。东胜卫的故址即今托克托县东沙岗古城，1371

年（明洪武四年）初置，第二年迁往大同。1392年（明洪武

二十五年），置东胜左、右、中、前、后五卫，修筑东胜城。第

二年，撤销其他卫，仅保留左、右二卫。镇虏卫、云川卫、玉林卫、宣德卫都是在 1393 年（明洪武二十六年）设置，前三卫故址分别为今托克托县黑城古城、和林格尔县大红城古城和榆林城古城。宣德卫治所在今蒙晋交界处的山西省大同市新荣区拒墙堡附近，辖

明代东胜卫古城

位于内蒙古呼和浩特市托克托县城

境兼及今天的内蒙古丰镇市、凉城县大部分。永乐初，东胜左右卫、镇虏卫、云川卫、玉林卫内迁，宣德卫被废除。1426 年（明宣德元年），镇虏卫、云川卫、玉林卫又迁徙回旧治。"土木之变"后，镇虏卫徙治天城卫，云川卫徙治大同左卫，玉林卫徙治大同右卫，今山西省的天镇县、左云县、右玉县由此得名。

此外，明朝在今宁夏地区还设置有宁夏诸卫，管辖范围也涉及今鄂尔多斯市、乌海市等地；在今甘肃境内设置的甘肃诸卫，管辖兼及合黎山、龙首山外的今阿拉善右旗、额济纳旗等。

### （二）明朝设置羁縻卫所

按照因俗而治的政策，明朝还设置了一批羁縻卫所，用以安置降附的蒙古部众。

兀良哈三卫是指朵颜、泰宁、福余等三个以蒙古部落为主体的羁縻卫所。1389 年（明洪武二十二年），故元辽王阿札失礼、

会宁王塔宾帖木儿等降附，明置泰宁、朵颜、福余三卫指挥使司，作为外藩。三卫的地域，最初在潢水（今西拉木伦河）以北的大兴安岭至金山（今东、西辽河汇流处）一带。明永乐年间开始南迁，正统时期进入大宁地区，主要活动在今赤峰市及与其毗邻的河北省、辽宁省部分地区。兀良哈三卫是明朝管理东北地区的代理人，其首领接受明朝的册封，与明朝保持着密切的通贡互市关系。后来，泰宁卫居住地被内喀尔喀以联姻、蚕食方式据有，和明朝入贡的多是内喀尔喀五部，即扎鲁特部等；朵颜卫地域相当于今天赤峰市一带，后被东迁的土默特部占领。

全宁卫位于今翁牛特旗，是元朝全宁路故地。1388 年（明洪武二十一年），明朝设置全宁卫，捏怯来为指挥使；1405 年（明永乐三年），明朝设置海剌儿千户所，位于今呼伦贝尔市海拉尔河流域，坚河卫位于今呼伦贝尔市根河流域。哈剌哈千户所位于今呼伦贝尔市哈拉哈河流域。

卜剌罕卫、木塔里山卫均设置于 1406 年（明永乐四年），初设时隶属于辽东都司，后隶属于奴儿干都司。其中，卜剌罕卫在今流经呼伦贝尔、兴安盟境的绰尔河流域，木塔里山卫在今乌兰浩特市北公主陵附近。

忙忽军民千户所位于黄河河套东段附近，1370 年（明洪武三年）设置，隶属于绥德卫。

今察哈尔右翼中旗境内有明朝设置的官山等处军民千户所，官山卫位于今乌兰察布市卓资县梨花镇三道营古城附近。1375 年（明洪武八年），蒙古首领乃儿不花归降明朝，明朝设置官山卫，以乃儿不花为指挥同知，隶属于大同都卫。

1371 年（明洪武四年），故元枢密都连帖木儿等自东胜归降明朝，明朝设置失宝赤、五花城、斡鲁忽奴、燕只斤、瓮吉剌五千户所，安置蒙古部众，即今乌兰察布市西南部至鄂尔多斯市东北部地区，千户所均下设百户所，隶属于东胜卫。

永乐年间，明太宗对北部边防进行了调整，将大宁、东胜等卫所迁往内地，以减少来自蒙古诸部的直接威胁，并减轻国力负担。宣德以后，明朝对蒙古诸部的政策更趋保守，加上军粮运输困难，这些卫所逐渐撤销、内迁，绝大部分被废弃，只有兀良哈三卫等极少数羁縻卫所保留下来。

### （三）明朝设置长城防御体系

明朝从洪武年间开始，在北边陆续设置边镇、修筑长城，逐步建立了一套完整的军事防御系统，即九边防御体系。九边是对明北边军镇的统称，通常指的是辽东镇（治所在今辽宁省北镇市）、蓟州镇（治所在今河北省迁西县西北）、宣府镇（治所在今河北省张家口市宣化区）、大同镇（治所在今山西省大同市）、山西镇（也称太原镇，治所在今山西省宁武县）、延绥镇（治所在今陕西省榆林市）、宁夏镇（治所在今宁夏回族自治区银川市）、固原镇（也称陕西镇，治所在今宁夏回族自治区固原市）、甘肃镇（治所在今甘肃省张掖市）9个边镇。每镇皆派兵驻守，设总兵官、巡抚等文武官员镇守，数镇之上还有总督居中调度。长城是九边防御体系中主要的防御工事，由墙体、城堡、墩台等构成，形成一道东西横贯万里、纵深几十里至数百里的防线。

内蒙古地区明长城的营建，始于洪武朝，持续至明朝末年。洪武至宣德年间，蒙古诸部退居漠北。明朝沿着河套南缘、东胜至大同一线开展边防建设，除堵塞隘口、修筑关城、筑墩添堡之外，还于 1413 年（明永乐十一年）在山西修筑东西两路烟墩，这是今天内蒙古中南部明长城西段的雏形。"土木之变"后，蒙古部落渐次进入河套地区，明朝加紧构筑长城防线，位于今呼和浩特市、乌兰察布市中南部的明长城大边（边即长城边墙）逐渐形成。同时，明

明长城头道边与二道边遗址

位于内蒙古鄂尔多斯市鄂托克前旗

朝开始在今蒙晋交界处构筑小边。在河套南缘，明朝于成化年间通过"延绥边墙""河东墙""沿河边墙""旧北长城""城西南墙"，构筑起东起黄河东岸清水营（今陕西省府谷县清水镇），向西经花马池（今宁夏回族自治区盐池县）至横城堡（今宁夏回族自治区灵武市横城村），再沿黄河北进，到达乌海市海南区，过黄河与贺兰山相接的防线。"河东墙"即今鄂托克前旗西南部的二道边，"沿河边墙"为今乌海市明长城雏形，"城西南墙"为今阿拉善左旗明长城大边的主体。

　　嘉靖、隆庆时期，蒙古吉囊、俺答等部强盛，明朝与蒙古诸部关系紧张。明朝修边运动规模也随之扩大。明朝在山西镇、大同镇一带蒙晋交界处构筑了二边，并逐渐取代在其北边的大边，成为明朝对蒙古的主要防线。河套以南的宁夏镇，构筑起了"深沟高垒""陶乐长堤"，加固了贺兰山诸山口防线，在此基础上形成了今鄂托克前旗头道边、乌海明长城及阿拉善左旗明长城二

边。"隆庆封贡"后，双方基本实现了和平，明朝整饬边务，重点将嘉靖年间构筑的边墙增高加厚、壕堑挖深拓宽、墩台城堡甃以砖石，大量添建砖包空心敌台。

内蒙古明长城全长 923 千米，主要位于内蒙古中南部及西南部。内蒙古中南部明长城分布在兴和县、丰镇市、凉城县、和林格尔县、清水河县南部，有南北两道。北边的一道为头道边，全部分布在内蒙古境内，全长 313 千米。南边的一道为二道边，全长 355 千米。内蒙古西南部明长城分布在鄂托克前旗西南部、鄂托克旗西部、乌海市海南区北流黄河东岸、阿拉善左旗贺兰山东麓，全长 255 千米。

明长城处于北方游牧地区与中原农耕地区的交错带上，虽然是明朝为了防御蒙古部落而修筑的军事设施，但游牧与农耕经济上的互补需求、各族人民强烈的交往交流愿望，使得长城没有阻断各族交往的通道，长城沿线也成为民族交融的文化带。明长城两边的各族人民依然在经济上互通有无、人员上往来交流、文化上互鉴交融。

### 三、明朝对蒙古诸部首领的封王授职与朝贡体系的建立

明朝建立后，在处理同蒙古诸部关系问题上，继承了汉唐以来对边疆地区各民族羁縻封授的政策。明朝 200 余年间，先后给蒙古各部首领分封了 5 个王号。在封王的同时，明朝还对蒙古部落首领和使臣分别量授一定的职衔。通过封王授职，明朝同蒙古诸部建立了朝贡关系。

### （一）永乐时期明朝对蒙古诸部的封授

永乐年间，明太宗宣称："华夷本一家，朕奉天命为天子，天之所覆，地之所载，皆朕赤子，岂有彼此？"[①]多次派遣使者前往鞑靼、瓦剌和兀良哈三卫进行招抚。最先响应明太宗的是兀良哈三卫。洪武年间，兀良哈归附明朝后又叛离。经明太宗招抚，兀良哈再次回归，明朝重新设置了泰宁、福余、朵颜三卫，并册封脱儿火察、安出、忽剌班胡等为左军都督府都督佥事、都指挥同知、都指挥佥事等，分别掌管三卫。自此，兀良哈三卫每年向明朝遣使朝贡，明朝设立开原、广宁两处马市与其互市贸易。

1408 年（明永乐六年），瓦剌首领马哈木等响应明太宗的招谕，派遣使者来明朝贡马，并请求印信封爵。第二年，明朝封瓦剌首领马哈木为特进金紫光禄大夫顺宁王，封太平为特进金紫光禄大夫贤义王，封把秃孛罗为特进金紫光禄大夫安乐王。明太宗派遣使臣携印信诰敕到瓦剌颁赐三王。自此，瓦剌与明朝建立了稳定的朝贡关系。

相比瓦剌，鞑靼对明朝诏谕的反应比较冷淡。虽然明太宗先后六次遣使致书表达和好往来意愿，但可汗鬼力赤不予理睬，本雅失里汗杀使峻拒。不过，权臣阿鲁台对明朝表现出了归诚之心，1407 年（明永乐五年）开始遣使朝贡，但也时叛时降。1410 年（明永乐八年），明太宗亲征漠北，先后击破本雅失里和阿鲁台，阿鲁台于这年年底向明朝遣使贡马。1413 年（明永

---

[①]　《明太宗实录》卷二四六，永乐二十一年十月己巳，台湾"中央"研究院历史语言研究所影印校勘本，1962 年版。

乐十一年），明朝册封阿鲁台为特进光禄大夫太师和宁王，赐金印；封其母为和宁王太夫人、妻为和宁王夫人；先后授予其部下头目3765人都督、都指挥、指挥、千百户、镇抚等职。自此，明朝与鞑靼部正式建立了朝贡关系。

永乐年间的封王授职是明朝与蒙古各部博弈的产物。明朝扶弱抑强、分而御之，制约东西蒙古。通过封王授职，又同兀良哈、鞑靼、瓦剌等蒙古部落建立了朝贡关系。在某种意义上，朝贡既是明朝与蒙古各部政治上藩属关系的体现，也是双方保持经济联系的一种特殊形式。蒙古贵族每年派遣大批使臣，带着大量的马、驼、牛、羊及皮货等土特产前往明朝开展朝贡贸易，明朝回赐钞币、彩绢、衣帽、靴袜等草原地区缺乏的生产生活用品，而且数量可观、价值往往高于蒙古所贡之物。朝贡期间，蒙古各部使臣还会与明朝军民进行互市贸易。按明朝所定贡制，兀良哈三卫入贡，一般是一年两贡，一次是贺"万寿圣节"，另一次是贺正旦（即正月初一），后改为冬至朝贡。每次进贡，每卫定额百人。阿鲁台时期的蒙古本部，常例每年一贡或两贡。瓦剌一年一贡，大体是十月参加正旦朝贺、赐宴，次年正月返回。

明朝对赴京朝贡的蒙古使臣，往往会根据其等级授以品级不等的官职，对已经授予一定官职的使臣，还会予以擢升，以示优遇，并颁赐冠带敕书，作为朝贡的标识和凭信。这种情形集中在永乐到弘治时期，主要是针对瓦剌使臣及达延汗之前的东蒙古使臣。明朝不断给蒙古部族首领和使臣升授官职的行为，具有政治羁縻意义。同时，授职也是完整的封贡体制的一个环节。

永乐之后，明朝与蒙古诸部之间的朝贡更加频繁。至宣德、正统年间，双方不再有大的战事，通贡成为这一时期双方交往的主要内容。但是随着实力日渐强盛，瓦剌不断要求增加朝贡次数和贡使人数，希望能从明朝获得更多的经济利益。明朝为了控制瓦剌，希望将朝贡规模限制在可控范围内。这种政策和认识上的抵牾，成为"土木之变"的一个重要诱因。早在"土木之变"之前，蒙古部族名义上的大汗脱脱不花就曾表示反对："吾侪服用多资大明，彼何负于汝而忍为此，天道不可逆，逆之必受其殃。"①"土木之变"发生后，朝贡贸易中断，蒙古上下均受影响，要求和平的愿望更加强烈。在一片要求和好的呼声中，经过多次交涉，也先于1450年（明景泰元年）送回英宗，明朝答应恢复通贡贸易。"土木之变"后，仅用一年时间，双方关系得以弥合。

### （二）嘉靖时期明朝对蒙古右翼的封授和"隆庆封贡"的实现

也先死后，蒙古诸部陷入混乱，马可古儿吉思、孛来、毛里孩、孛罗忽、乩加思兰、满都鲁等蒙古贵族势力此起彼伏。他们为解决经济上的困难，仍断断续续遣使至明朝朝贡。但总体而言，这一时期朝贡贸易的次数或规模都大大缩减。正德、嘉靖时期，明朝统治者闭关绝贡，基本断绝了与蒙古各部的经济往来。此时，蒙古土默特部俺答汗逐渐崛起，部众日益增多，深刻认识到与内地进行经济交流、互通有无的重要性，数十年坚持不懈，

---

① 《明英宗实录》卷一六〇，正统十二年十一月丁未，台湾"中央"研究院历史语言研究所影印校勘本，1962年版，第3118页。

积极谋求与明朝建立稳定的通贡互市关系。他一方面单独或联合其他首领不断遣使求贡，另一方面在遭到明朝屡屡拒绝后，又不惜使用武力以战迫和。1550年（明嘉靖二十九年），俺答汗率部由大同攻入内地，兵临北京城下，明朝京师震恐，史称"庚戌之变"，迫使明朝同意开放马市。一年后，明世宗便寻找借口又一次关停马市。长城沿线烽火不断，给民众带来了深重灾难。

1570年（明隆庆四年），俺答汗嫡孙把汉那吉因家庭矛盾，与俺答汗产生矛盾，带几个随从叩边降明。明蒙双方多次交涉，最终和平、妥善解决了这一政治事件。以此事件为契机，俺答汗向明朝再次提出封贡要求，得到了同意。1571年（明隆庆五年），明朝册封俺答汗为顺义王，授俺答汗弟弟老把都、子黄台吉为都督同知，授宾兔台吉等61名头目指挥、千户、百户等官职。双方在大同得胜堡边外晾马台（在今丰镇市新城湾乡南部）举行了盛大的册封仪式，俺答汗齐集部下前来参加。册封仪式上，俺答汗会同土默特、永谢布、鄂尔多斯三大部落首领，与明朝派遣的官员进行会商，双方决定从此化干戈为玉帛，友好往来，"隆庆封贡"正式达成。同年，明朝再授鄂尔多斯部吉能及其部下头目49人都督同知、指挥、千户、百户等官。至此，内蒙古中西部的蒙古右翼各部与明朝全面建立了封贡互市关系。"隆庆封贡"后，蒙古右翼诸部于每年年末派遣使者向明朝朝贡，明朝除以白银支付贡马之价外，还会以贡赏、抚赏等形式回赐丝绸衣物。同时，应蒙古方面要求，明朝还不断给部落首领升授官职。对于在明蒙封贡关系中发挥重要作用或有较大影响的部落首领，明朝还会授予"龙虎将军""骠骑将军""金吾将军"等将军名号。俺答汗去世后，其夫人三娘子主持封贡事宜，约束蒙古右翼各部，继续保持与明朝的和平关系。1587 年（明万历十五年），明朝册封三娘子为忠顺夫人。

隆庆封贡达成后，每年冬至，明朝都会循例派遣使者来到土默特地区"颁大统历"①。顺义王的承袭，需要明朝册封确认。俺答汗之后，顺义王先后传黄台吉、扯力克和卜石兔，直至明朝末年。

## 第二节　清朝强化对内蒙古地区的中央集权统治

1644 年（清顺治元年），清朝入主中原，建立对全国的统治。与此同时，内蒙古及东北、西北各边疆地区都纳入清朝的管辖范围之内。清朝在边疆地区因俗而治、因地制宜，采取不同的政策，建立相应的管理体制，边疆地区与内地一体化程度不断加深。

### 一、清朝统一漠南蒙古诸部

明末，蒙古鞑靼、瓦剌等部逐渐形成以大漠为中心的漠南、漠北、漠西蒙古三大部分。其中，大漠以南相当于今内蒙古地区，分布的蒙古各部主要有：河套地区的鄂尔多斯部，其东及北是土默特部；嫩江到兴安岭一带有科尔沁、杜尔伯特、郭尔罗

---

① 瞿九思撰：《万历武功录》卷八《俺答汗列传下》，载薄音湖编辑点校：《明代蒙古汉籍史料汇编》（第四辑），内蒙古大学出版社 2007 年版，第 96 页。

斯、扎赉特、阿鲁科尔沁、四子部落、茂明安、乌喇特部;西拉木伦河和老哈河流域有翁牛特、奈曼、敖汉、扎鲁特、巴林、喀喇沁等部;察哈尔部迁到西拉木伦河流域,驻帐广宁以北。[①] 漠南蒙古长期割据纷争,宗主察哈尔林丹汗试图用武力与强权统一诸部,并未成功。在东北地区,分布于长白山以北、松花江流域和黑龙江下游一带的女真诸部,逐渐兴盛起来。

### (一) 天命时期漠南蒙古诸部归附后金

女真部首领努尔哈赤逐渐统一各部。漠南蒙古诸部在政治上互不统属,有的部落向努尔哈赤遣使通好,进献驼马,建立姻亲和贸易关系;有的参与女真别部对努尔哈赤的攻战;有的与明朝加强联系,共同遏制女真的壮大。

努尔哈赤改革社会组织形式,将女真、蒙古、汉等诸族全部编入女真人的社会组织牛录之中,设立四旗,后因"归附日众,乃析为八",形成八旗制度。八旗"以旗统人,即以旗统兵",八旗成员出则备战,入则务农,非常有战斗力,并且兼有军事、行政、生产等多种职能。1616年(明万历四十四年,后金天命元年),努尔哈赤于赫图阿拉(今辽宁省新宾满族自治县永陵镇)建立政权,名为金国,建元天命,史称"后金"。1618年(后金天命三年),努尔哈赤征讨明朝。后金政权积极争取漠南蒙古诸部力量,采取征抚兼用的方针,通过联姻、赏赐、互派使团贸易方式联系相邻的科尔沁、内喀尔喀等部,对于归附诸部予以奖

---

① 周清澍主编:《内蒙古历史地理》,内蒙古大学出版社1994年版,第156页。

励，对于抗衡的部落则采取军事手段。1619年（后金天命四年），女真以少胜多，取得与明朝的萨尔浒之役胜利，改变了明朝与后金之间在辽沈地区的攻守态势，明朝也因此改变政策，大力支持察哈尔部林丹汗，用以遏制后金发展。但是从天命末年到天聪初年，先后有科尔沁、巴约特、敖汉、奈曼、扎鲁特、巴林、喀喇沁、土默特等蒙古部落依附后金，后金和蒙古诸部联军多次打败林丹汗的进攻，并迁都沈阳，是为盛京。

### （二）"内蒙古"名称的由来

1626年（后金天命十一年），皇太极继位。他重用汉族儒生，大力选拔人才，后金政权不断发展壮大。他继续实行既定的对蒙古诸部政策，1628年（后金天聪二年），调遣土默特、鄂尔多斯、喀尔喀等部兵力，大破察哈尔部，后又统率八旗与喀喇沁、奈曼、喀尔喀等部兵力，亲征察哈尔部，据有西拉木伦河一带。1632年（后金天聪六年），皇太极再次亲征察哈尔部，林丹汗向西退至青海，部众溃散，多降附于后金。1634年（后金天聪八年），林丹汗病逝，喀喇沁、土默特和鄂尔多斯等部归附后金，漠南蒙古为后金所统一。

林丹汗之子额哲归降之时，进献所藏元朝的传国玉玺，以此为契机，1636年（清崇德元年），漠南蒙古16部49旗首领聚会盛京，尊皇太极为"博克达·彻辰汗"（意为宽温仁圣皇帝），后金诸贝勒、八旗满蒙汉文武大臣、汉三降将（孔有德、尚可喜、耿仲明）、漠南蒙古16部首领拥戴皇太极为共主，皇太极祭告天地太庙，去汗号称皇帝，改国号为"大清"，改元崇德。漠南蒙古各旗扎萨克、各贝勒照宗室封爵之号予以封爵。清后期，内蒙古逐渐成为漠南蒙古 49 旗的正式称呼，清朝推行的盟旗制度，也是以此为基础。

1643 年（清崇德八年），皇太极病逝，福临继位。1644 年（清顺治元年），山海关守将吴三桂降清，多尔衮指挥吴三桂部与八旗军在山海关击败李自成的大顺军，清军入关。同年，福临从盛京迁都北京，在南郊天坛祭天，再即皇帝位，清朝成为统治全国的中央王朝。在清朝统一全国的进程中，漠南蒙古诸部发挥了重要作用。

## 二、清朝从因俗而治到直接管理

清朝对内蒙古地区的管理，充分考虑了地区和民族特点，奉行因俗而治的治理策略。在漠南蒙古各部原有的社会组织、宗教信仰、生活习俗等基础上，实行盟旗制度、弘扬藏传佛教，"众建以分其势"，对漠南蒙古诸部、同一部落的不同支系实行不同的政策措施。通过封爵、给俸、联姻、朝觐，施加以"恩"；通过剥夺其享有的特权，军事镇压反叛，施加以"威"，从而实现对诸部上层的有效控制。清朝又在中央设置理藩院对边疆民族事务进行统一管理，同时派驻八旗军队驻防地方，实行直接有效管理。

### （一）清廷对内蒙古地区的治理方略

漠南蒙古诸部归附以后，后金（清朝）政权对其采取了一系列行之有效的治理方略。

1.满蒙联姻。清朝入关前就重视与漠南蒙古诸部的联姻。

1612 年（明万历四十年），努尔哈赤遣使往聘科尔沁贝勒明安之女。1617 年（后金天命二年），努尔哈赤以弟舒尔哈齐之女与内喀尔喀台吉恩格德尔结姻。皇太极的孝端文皇后、孝庄文皇后都是科尔沁蒙古王公之女。入关前，清朝皇家出嫁蒙古诸部的女子达 27 名，皇帝及宗室王公子弟娶蒙古王公之女 57 名。在联姻过程中逐渐形成了指婚制。清帝掌握皇族宗室王公子女的婚配权，由皇帝择取八旗及蒙古王公的适龄俊秀子弟，指配聘嫁；或由皇帝从八旗中选出秀女指配，或择取蒙古王公的女儿拴婚。入关后，指婚制进一步发展完善，管理更加严格，特别是对皇族女儿格格的指嫁，重点指婚内蒙古各旗，且具有强制性。清朝还制定下嫁宗女省亲规定，限制其来京频率、留京时长。清皇室与漠南蒙古各部通婚共计 515 次，清朝后妃出自内蒙古者共 18 名，皇室公主嫁于内蒙古者共 21 名，其后裔众多，清朝皇帝与大部分内蒙古王公、台吉"世世有甥舅之亲"。

清朝公主与其蒙古额驸所生之子以及他们的后裔，因有公主血脉而统称为"公主子孙台吉"，其中主要分布在内蒙古各旗，清廷在谱牒中都明确其特殊血统身份，相应赋予年班、围班资格，享有朝觐、宴赏、封爵以及"备指额驸"等特权。嘉庆道光年间"公主子孙台吉"已是一个人数相当多的阶层。联姻所形成的后裔，是内蒙古各部向心清朝的重要力量。在清朝统一全国、平定西北过程中，内蒙古各旗皆有领主王公率本部作战，科尔沁、喀喇沁的皇家姻亲，西套阿拉善旗的阿宝、罗卜藏多尔济等都功勋卓著。

2. 弘扬藏传佛教。俺答汗引入藏传佛教格鲁派，即黄教，俗称喇嘛教。17 世纪初，喇嘛教已成为内蒙古民众普遍信仰的宗教。清朝因势利导、因俗施治，既尊崇喇嘛教，又加强管理，"因其教而教之，俾僧俗相安"。清朝对喇嘛教领袖不断赐以封号，表示尊崇。喇嘛教中地位最高者称呼图克图。多伦诺尔的章嘉呼图克图，清廷授八十八两金印，为大国师，总管内蒙古各地喇嘛教。清朝在内蒙古广建寺庙，优待僧众。康熙于多伦诺尔建汇宗寺，雍正于库伦建庆宁寺，康乾时期在口外热河一带修建"外八庙"。内蒙古各旗也分别修建寺庙，多则十余座，少则数座。清朝中期，漠南蒙古的喇嘛庙有1800余座。其中，昭乌达盟有大小庙宇170多座，哲里木盟有近200座召庙，卓索图盟的土默特左旗有寺庙300余座，是当时寺庙最多的一个旗。喇嘛上层有年班等特殊待遇，一般喇嘛僧众享有免除赋税、兵役、差役等的特权。

清朝推崇利用黄教的同时，也对其加强管理。在北京设喇嘛印务处，置掌印正副扎萨克达喇嘛，总管京热四十庙，兼辖在京喇嘛，参与喇嘛教仪注。呼图克图的继承制度原来是以"灵童转世"寻找呼毕勒罕，推选为继承人。乾隆末年规定，内外蒙古所信奉的呼图克图的继承，采用"金瓶掣签"来确认，由清廷派员监掣，掣签结果报朝廷批准。清朝通过《大清会典》《蒙古律例》《理藩院则例》等立法管理黄教。普通民众视喇嘛为智慧、学问和美德集于一身的特殊阶层，格外尊崇，往往挑选子弟中聪颖者去当喇嘛。

3. 中央设置的理藩院管理蒙古事务。清朝于中央设置理藩院，管理包括漠南蒙古在内的边疆民族地区事务。理藩院地位与中央的六部等同，机构庞大，组织严密，与中央户部、兵部等相辅相成，结合在内蒙古设置的盟旗，派驻的将军、都统等机构，共同实现了清朝中央对边疆地区的有效统治。漠南蒙古各盟旗都领属于中央的理藩院。理藩院的职能包括：参与中央的议政、朝廷军事行动，审理刑事诉讼案件，管理藏传佛教，赈济灾荒，办理满蒙联姻，管理会盟、驿站、稽察蒙古地区户丁，管理王公朝觐、贡物、燕赉、廪饩、封爵和俸禄，管理旗界、调解各旗纠纷等。理藩院设置众多的附属机构和派出机构（人员），以加强边疆地区事务管理。

4.五路驿站设置。清朝前期，逐步在漠南地区设置喜峰口、古北口、独石口、张家口、杀虎口五路驿站，统称内蒙古五路驿站，分别与长城五口以内的驿站相连，直达京师。理藩院还派遣五口管理驿站员外郎，管理五路驿站，以有效传达政令、传递公文、军事通信、人员往来和物资转运。驿站按规模可分为正站和腰站，根据需要每站设官马、兵丁、当差壮丁、轿夫、马夫、兽医等若干名。驿站由理藩院与兵部共同管辖，同时邻近驻防大臣也对驿站予以兼管，如绥远城将军兼管杀虎口路驿站，察哈尔都统兼管张家口、独石口路驿站，热河都统兼管喜峰口路、古北口路驿站。清廷设置驿站，主要是为了加强对内蒙古地区的管理，完善的管理体制保障了内蒙古各驿站的正常有效运转。

## （二）盟旗制度

在明代蒙古部族划分的基础上，清朝推行盟旗制度。自天命年间起，已经对归附的漠南蒙古编佐设旗，逐渐增设，形成漠南49旗，设扎萨克进行管辖，也有一部分总管旗和喇嘛旗。察哈尔八旗、归化城土默特二旗就是总管旗，由总管或都统管辖。内蒙古的锡埒图库伦旗是喇嘛旗，是建立在大寺庙领地上的特殊旗。明代以来蒙古诸部有会盟的传统，遇到重要事情，采取由若干部落协商解决的办法，入清以后，会盟成为惯例。内蒙古地区会盟地点共有6处：

哲里木（今内蒙古科右中旗境内），今内蒙古兴安盟和通辽市科尔沁区，科尔沁左翼中、后二旗属于此盟。卓索图（今辽宁省北票市境内），今赤峰市喀喇沁旗、宁城县属于此盟。昭乌达（今内蒙古翁牛特旗境内），今赤峰市的市辖区、克什克腾旗、

清代苏尼特左旗扎萨克虎钮银印
现收藏于内蒙古博物院

林西县、巴林左旗、巴林右旗、阿鲁科尔沁旗、翁牛特旗、敖汉旗，及通辽市的开鲁县、奈曼旗、扎鲁特旗等均属于此盟。锡林郭勒（今内蒙古锡林浩特市境内），今锡林郭勒盟东、西乌珠穆沁旗，锡林浩特市，阿巴嘎旗，苏尼特左、右二旗和二连浩特市均属于此盟。乌兰察布（今呼和浩特市北红山口），今乌兰察布市四子王旗，包头市达尔罕茂明安联合旗、固阳县，巴彦淖尔市乌拉特前、中、后三旗，杭锦后旗，五原县，呼和浩特市武川县等旗县均属于此盟；伊克召（今达拉特旗境内），今鄂尔多斯市的全部和巴彦淖尔市临河区、五原县及杭锦后旗、乌拉特前旗的一部分属于此盟。

清朝在漠南蒙古设置的盟旗，直接受中央政权的统辖和节制，履行清廷委付的职责。在盟旗之上，一切重大军政事宜的最高裁决权属于理藩院，而地方性的重大事件，则报有关地区的将

军、都统和大臣会办。旗地的性质也发生变化，土地的所有权被收归国家，蒙旗王公只有管理权和使用权，且只限于本旗界内之地，清廷有权调整改变土地的归属。盟旗王公贵族享有爵级、封号等方面的特权，还享受清廷多种赏赐。清朝在内蒙古实行盟旗制度，既保留了内蒙古王公上层的一些特权；同时通过编旗设盟，打破内蒙古各部落界限，使其纳入国家主权的有效管辖之下。

### （三）驻防将军和都统的设置

清朝蒙古各盟旗相对独立，有一定的军权。清朝陆续设立了一些将军、都统、大臣等管辖。内蒙古地区有绥远城将军、察哈尔都统、热河都统、呼伦贝尔副都统。这些驻防长官由中央政府派遣，驻守内蒙古各地，治理地方政务。驻防将军、都统都是从一品，掌"镇守险要，绥和军民，均齐政刑，修举武备"[1]。

绥远城将军衙署
位于内蒙古呼和浩特市城区

1.绥远城将军。绥远城将军前身为驻防山西右卫的建威将军，1737 年（清乾隆二年）移驻土默特地区绥远城。1761 年（清

---

[1]　赵尔巽等：《清史稿》卷一一七《职官》，中华书局 1976 年版，第 3383 页。

乾隆二十六年）改称绥远城将军。绥远城将军管辖所属副都统二员，兵丁 3500 名，兼管右卫副都统、归化城土默特二旗，军事上统驭乌兰察布、伊克昭两盟，有调动宣化、大同两镇官兵和节制沿边各道、厅的权力，巡查归化城土默特地方卡伦，管理杀虎口驿站，甚至派拨驻防官兵赴乌里雅苏台、科布多换防，是清朝控制内蒙古地区的重要军政机构。

2. 察哈尔都统。1762 年（清乾隆二十七年），清朝在张家口设察哈尔都统一员，管辖张家口驻防八旗官兵及张家口理事同知，总管察哈尔左右两翼副都统、八旗总管。设副都统二员，分驻左、右翼游牧边界，管理各旗游牧。后裁副都统一员，剩余一员改驻张家口协同都统办事。察哈尔都统还管理察哈尔地区的官设牧厂，兼领锡林郭勒盟军务。

3. 热河都统。清入关后，皇帝北巡热河避暑，举行木兰秋狝，接见蒙古王公，热河成为清廷直辖重地。1723 年（清雍正元年），清廷派兵驻防热河等地，设总管一员、副总管二员等官，统领兵丁 800 人。后改设热河副都统一员，增设属员兵丁，兵力达到 2000 人。嘉庆时期，改设热河都统，统领八旗满洲、蒙古官兵驻扎热河，专管热河、喀喇河屯等处，兼领昭乌达、卓索图两盟共 16 旗的军务。

4. 呼伦贝尔副都统。呼伦贝尔地区在清朝归黑龙江将军管辖。1732 年（清雍正十年），清廷设立总管，统领呼伦贝尔八旗，并由京拣派大臣统领。1743 年（清乾隆八年）将总管改为副都统衔总管，1881 年（清光绪七年）改设副都统。呼伦贝尔副都统驻海拉尔，受黑龙江将军节制。呼伦贝尔总管统辖在该地区游牧的额鲁特、陈巴尔虎、新巴尔虎、索伦等旗的 5 总管 91 佐领。

清朝初始设置盟旗制度，因俗而治，逐渐以将军都统进行管理。将军都统初始是由蒙古部族首领担任，后逐渐被京员取代。将军都统原本的职能是以军事为主，后来逐渐拥有了部分行政职能。从清朝对内蒙古的行政制度管辖看，逐渐向加强皇权过渡，最终完成对其直接管理。

## 三、道、府、厅、县的设置

康熙时期，中原内地人口迫于生存压力，纷纷向北迁徙。到康熙末年，内地民众在内蒙古经商、种地已多达几十万人。移民大量迁徙而来，导致民人（指移民）事务和蒙古、民人之间交涉事件增多，清朝逐渐将内地实行的州县制管理体制推行到内蒙古地区。康熙时期，清廷已经在当地设有理事同知，管理财政、旗民交涉等事务，同知、通判的办公地方叫厅，厅原本不是独立的地方建置，随着同知职能扩大，久而久之形成独立的地方行政单位。

### （一）雍正时期初设厅、州

1723 年（清雍正元年），清朝在归化城设理事同知，隶属山西，管理土默特等地区的蒙古、民人事务。1734 年（清雍正十二年），设萨拉齐、和林格尔、托克托 3 个协理通判厅，通判由理藩院拣选八旗蒙古中通晓汉文的笔帖式担任，到归化城协理同知办事。同年，设大朔理事通判，驻察哈尔右翼正红旗新城子湾，管理大同、朔平等地事务。热河地区也在 1723 年（清雍正元年）设理事同知，隶属于直隶，负责旗民事务。后增设八沟厅通判、同知，地点也曾移驻。察哈尔地区 1724 年（清雍正二年）在张家口设理事同知，1732 年（清雍正十年）在多伦诺尔地区设理事同知。这些理事同知管辖范围涉及内蒙古部分地区。

### （二）乾隆以后道、府、厅、州、县的增设

乾隆时期，内地人口锐增，土地问题严重，贫民出口谋生的情况愈加频繁。在内蒙古地区的荒山僻谷之间，很多民人"安立家室，悉成土著"。热河一带"贫户络绎奔赴，垦地居住，至二三十万之多"[1]。大量人口迁入，开荒垦殖，需要加强管理。

归化城土默特地区，即今天的呼和浩特市、包头市一带，1736 年（清乾隆元年），清水河设置协理通判厅。绥远城修建之初，就有理事同知，管理绥远城驻防八旗粮饷事务。1750 年（清乾隆十五年），丰镇厅、宁远厅设置理事通判，1760 年（清乾隆二十五年），萨拉齐、清水河、和林格尔、托克托等厅由协理通判改置理事通判，意味着权限的扩大。

热河地区的厅制也在扩大。1739 年（清乾隆四年）在八沟地方添置理事通判，管理喀喇沁左、中两旗蒙古、民人事务。第二年，设塔子沟理事通判，管理喀喇沁左、中两旗和土默特左、右两翼旗与奈曼一旗蒙古、民人事务。1774 年（清乾隆三十九年），析出八沟厅北境设乌兰哈达厅，析出塔子沟厅东境设三座塔厅。

---

① 《清高宗实录》卷三〇四，乾隆十二年十二月己未，中华书局 1985 年版，第 12 册第 973 页。

内蒙古地区的理事厅，初设时主要隶属于邻近直省已有的道或府。为加强事务管理，特别是交涉事件中刑名诉讼案件的审转、本地文武官员的统辖节制，1740 年（清乾隆五年）开始，清朝设热河道。1741 年（清乾隆六年），又在归化城设归绥道，总理旗民蒙古事务。另外，在察哈尔地区设置的张家口、多伦诺尔、独石口各厅，合称"口北三厅"，隶属于直隶口北道管辖。这就是内蒙古地区的道员专辖数厅的道厅制。

1778 年（清乾隆四十三年），清朝在热河"创建府州县，为畿辅上郡"①，进行行政管理改革。涉及内蒙古的有：热河厅改为承德府、八沟厅改为平泉州、乌兰哈达厅改为赤峰县。

清朝前期，内蒙古地区逐渐建立了道府厅县行政管理体制，形成了复杂的"旗县并存"的行政关系。

### （三）编设保甲

清朝官方统治机构只设到州县一级，广大乡村城镇的治理主要借助保甲制实现，由非官员的本乡人协助进行。雍正时期，清廷每年派官员到案件较多地区巡查，乾隆时期在盗案甚多的归化城建立捕盗官兵奖惩制度，在大青山口、黄河沿岸、杀虎口至绥远城沿途等处，分别设立卡伦、墩台等加强巡哨缉查。为加强"弭盗"、治民，乾嘉时期清朝在内蒙古地区编设保甲。保甲制主要在蒙汉、旗汉杂居地区及旗人聚居区等地方推行。每十户为一牌，设牌头；每十牌立一甲，设甲长；每十甲立一保，设保长。

---

① 和珅等纂修：《钦定热河志》卷八三《文秩》，第 496 册，天津古籍出版社 2003 年版，第 334 页。

根据村落大小，或一村自成一乡，或合数村为一乡，每乡设保长一人，也称乡保。保甲长的主要职责是约束乡民，稽查举报违法行为，其职责具有义务性，一般限年更代，或轮流充当。对蒙古各旗牧民也采取类似的措施，每十家设立一人，称"什长"，"逐户严查，不许无事闲人存留"，蒙古之家容留内地逃犯、旗下逃人，由扎萨克查拿按律治罪。此外，每族各设族长一人，"择有行谊能任事者为之"，稽察控制族内人众，"台吉以下有不率者，则举以告"。保甲制的推行，显示出清朝对内蒙古地区治理力度的加大。

## 第三节　各民族的交往交流交融与多元一体格局的巩固

从明代起，内蒙古地区与内地在政治、经济、文化等方面进行着全方位、多层次的交往交流，频繁的通使往来、广泛的贸易交流、深度的人群融合，丰富了民众的物质文化生活，土默特地区等广大地域得到开发。进入清代，无论是满蒙联姻，还是移民迁徙，迁徙而来的各族民众，随着时间的推移，融合到当地居民之中。

### 一、明代内蒙古地区与内地的互动交融

自永乐年间明朝与蒙古各部建立朝贡关系以后，内蒙古地区与内地开启了多种形式的交往交流，包括官方使臣往来、民间贸

易、蒙汉民流动融合等。

## （一）使臣往来

明初，明朝对蒙古各部的各项政策措施就通过使臣进行宣谕，蒙古各部对明朝的需求也通过使臣传递表达。双方之间往来的一切事宜，战争的发动、和平的沟通、封藩授职、朝贡贸易、礼仪往来、情报传递、突发事件的处理，无一不以使臣的往来为先导。

明朝一般派通事出使蒙古各部，主要有招抚、宣谕、册封、赏赐等。招抚是前往蒙古各部招降、安抚其首领与部众，宣谕是去蒙古各部宣读或转达明朝皇帝的旨意，册封是给蒙古各部封授其首领爵职，赏赐是代表明朝皇帝赐予蒙古部落首领及其家眷、权臣等内地的珍贵物品。担任使臣的，往往是一些降附明朝的蒙古人、回回人，这些人懂蒙古语，熟悉蒙古的风土人情，有的还与出使对象有旧交，能出色地完成出使任务。

蒙古各部派往明朝的使臣，也是在部落里有一定地位的人，担任平章、知院等职。明朝也加封给他们官职，如都督、都指挥金事、指挥等。据统计，从明永乐到隆庆年间的 100 余年里，蒙古诸部首领向明朝遣使 800 多次。明正统、景泰 20 余年间，瓦剌向明朝派出贡使 43 次，贡使总人数达到 2.4 万人，贡献的驼马数量超过 6.8 万匹。甚至出现前使未归、后使踵至，使臣"络绎于道，驼马迭贡于廷"的景况。

明朝与蒙古各部互相派遣使臣，妥善解决了双方的许多问题。"土木之变"发生后，正是通过使臣的多次沟通，最终英宗得以回到明朝，朝贡贸易重开。隆庆年间的把汉那吉事件和平解决，使臣发挥了重要作用。"隆庆封贡"后，双方之间的通使往来步入正轨。明朝每年定期遣使传谕开市，赴边抚赏。蒙古各部定时遣使至明朝进贡方物，并汇报相关事宜。遇有重大事件，如顺义王嗣封、首领升授官职、新辟市场、市期改易、边界纠纷等，双方随时派出使者协商处理。明朝与蒙古右翼诸部60余年的和平相处，多得益于使者的沟通。

### （二）民间广泛的经济交往

通过通贡和互市进行的经济交往，最初局限于上层，普通民众并不能从中获得所需物品。特别是明朝禁止兵器、铜铁等出口，蒙古民众生产生活所必需的铁锅、农具等不能从合法贸易中获得，走私便盛行起来。在私市中，往往不顾明朝禁令，出现"远近商贾多以铁货"①与蒙古交易的情况。

嘉靖年间，明世宗一再拒绝蒙古通贡互市的要求，蒙古经济需求得不到满足，民间私市贸易更加兴盛。私市主要集中在长城一线。驻守边地的明朝地方官员、墩军哨兵、沿边民众与蒙古普通牧民保持了长期的私人贸易。在频繁的交往中，各族人民生活习惯日益接近，隆庆时期负责蓟镇防务的戚继光曾说：边境的军士和百姓已经很像蒙古人了。蒙古民众也因沿边"驻牧日久，渐有华风"②。

"隆庆封贡"后，内蒙古地区与内地的经济交往进入新阶段。

① 《明孝宗实录》卷一五〇，弘治二十年五月壬午，台湾"中央"研究院历史语言研究所影印校勘本，1962年版，第2653页。

② 《明武宗实录》卷一二五，正德十年五月己酉，台湾"中央"研究院历史语言研究所影印校勘本，1962年版，第2512页。

土默特部首领三娘子常常跨过长城，拜访明边臣，也常常拜托边臣为其在内地购买各种生活用品。明朝沿长城关口还开设了 11 处马市。但马市定期开市，每年交易次数有限，不能满足民众对扩大贸易的需求。因此，应蒙古首领要求，明朝在土默特和鄂尔多斯地区沿长城一线开设了小市，小市的开设便意味着原来的私市得到官方认可。小市位于沿边关口，每月十五日以后开市一次，也叫月市。在小市上，牧民以马匹、牛羊、皮张、马尾、毡裘、盐碱、柴草等换取粮食、布匹、成衣、锅釜、针线、糖果等生活日用品。小市地点多，限制少，开市频繁，更有利于民众的经济文化交流。

明朝末年，辽东马市也有了发展，不再局限于每月开市一次或两次，蒙古贵族、牧民可以随时入市与内地商人进行交易。马市之外，辽东还开设了多处木市，蒙古民众用木材换取内地的生产和生活必需品。东起辽东、西至甘肃的长城沿线，出现了几十处各种形式的交易场所，建立起朝贡、马市、小市等多种形式的经济联系，丰富了各族人民的生活，密切了各族人民的联系，促进了当地的开发与兴盛。到明朝末年，"塞上物阜民安，商贾辐辏，无异中原"①。

### （三）各族民众流动交融

除经济交往外，有明一代，内蒙古地区与内地还存在着广泛的人员流动。明朝建立后，不断有蒙古民众迁入内地。明洪武、永乐年间，因被俘、迁移、投附等，迁往内地的蒙古军民达 70

---

① 陈仁锡：《无梦园集》卷二，崇祯六年刻本。

万人。永乐之后，主动内附的仍不在少数。这些迁入内地的蒙古民众，逐渐适应内地的生活，融入当地民众。

与此同时，内地各族民众也以各种方式陆续来到内蒙古地区。隆庆末年，仅土默特地区就有移民5万多人。他们带来了内地的技术、文化和习俗，在这里建造房屋、种植作物、创建板升。至万历初年，从内地迁至土默特地区的民众已逾10万人，出现各族杂居、农牧交错的繁荣景象。一些内地人娶蒙古女子为妻，子女多取蒙古名，明代中后期，内蒙古中东部、中南部地区，都活跃着大量的内地人，各族民众共同生活，交融与共。

## 二、清前中期内蒙古地区各民族的交融

清朝大一统国家的建立使内蒙古地区的民族融合再现高潮。持续不断、地域广泛的满蒙联姻，加强了各族间的亲谊关系，保障了边疆的稳固。大量内地人迁入，实现经济上的互补，生活中的杂居，各族间的融合成为不以人们意志为转移的历史潮流。

### （一）满蒙联姻促融合

与清朝联姻的蒙古，主要是漠南蒙古、漠北蒙古及西套蒙古中的阿拉善旗，其中与漠南蒙古通婚的人次最多。从漠南蒙古联姻部落的分布看，主要集中于内蒙古东部地区，越往西则联姻部落越少。内蒙古东三盟中与清朝皇家通婚时间较长、人次较多的是科尔沁、喀喇沁、东土默特、敖汉、巴林、奈曼、翁牛特7

部，尤其科尔沁部是联姻的重中之重。康熙皇帝的祖母孝庄皇太后就是科尔沁蒙古人。

康熙中期至乾隆末年的 100 余年间，是清廷大量遣嫁皇家女性至内蒙古地区的满蒙联姻高峰期。这些嫁入的女性及其随行"陪嫁人"，带来了内地的生活方式、生产技术、道德观念、文化艺术，对内蒙古地区的经济发展、社会进步产生积极影响。

和硕恪靖公主德政碑

位于内蒙古呼和浩特市清水河县口子上村

出嫁到巴林右旗的淑慧公主在家族中处事谦和，笃行善举。1660 年（清顺治十七年），她在巴林部与翁牛特部交界的西拉木伦河上，为牧民们修建了一座巴林桥，以方便两地民众往来，在牧民中赢得好名声。出嫁漠北的和硕恪靖公主（也称"四公主"），长期生活在漠南蒙古。最初住清水河厅（今呼和浩特市清水河县），后移居归化城。恪靖公主重视农业生产，曾请求康熙帝赐其清水河田地，由管家侍卫黄忠招民耕种、负责管理。黄忠在公主的许可下，体恤百姓，给予粮种，借给耕牛，秋收之后"牛无租而粟无利"，引来大批口内民人耕种。周边民众安居乐业，恪靖公主也深受民众爱戴，清水河现存多处颂扬其德政的石碑。

　　凡出嫁到内蒙古地区的皇家公主、格格，其母家都要媵送陪嫁人员。陪嫁人身份复杂，大部分是汉族，少部分是满、蒙古人，其中有不少是成户的家庭。陪嫁人擅长各种技艺，有木匠、石匠、泥匠、金匠、银匠、锡匠、皮匠、粉匠、油漆匠、碾子匠、糕点匠、豆腐匠、兽医、中医、厨师和兵役等。这些陪嫁人把各种手工业生产技能带到内蒙古地区，促进了当地手工业技术的进步。

　　公主、格格去世后，陪嫁人及其后裔大都定居在内蒙古地区，开垦种植，渐成村落，并世代与当地民众通婚，成为满、蒙古、汉之间联姻的一种特殊形式。有清一代，随同皇家格格下嫁蒙古的陪嫁人口，多则5000人，少则3000人。这些人忽略前后期不计，统以每人五代计算，则仅人口的增长应在数万至数十万之间。一方面，陪嫁人因与当地民众杂居、通婚，受到本土风俗习惯的熏染；另一方面，陪嫁人把内地的生活习俗、农业技术、生产技艺带入，长期影响着周边的人。

　　此外，清初也有蒙古女性离开草原嫁入皇室，有的成为皇后、妃，后来又成为嗣皇帝的母亲（太后）、祖母（太皇太后），孝庄皇太后就是典型事例。她们的行为活动对民族关系均有不同程度的影响。乾隆年间，一些出嫁蒙古的公主与额驸及子孙长居京城形成惯例，加之蒙古王公子弟的内廷教养制度，使蒙古王公们接受了中原的文化教育，思想开化，文明素质较高。

　　大规模、多层次、持续进行的满、蒙古及汉族互通婚姻，使各族之间建立了亲缘关系，并延至子孙后代，形成"你中有我、我中有你"的融合局面。

### （二）移民迁徙铸交融

清朝前中期，内蒙古地区各族间交往交流的另一个重要方式是移民。虽然清廷对长城以北地区采取封禁政策，但移民的过程却是长期持续不断的。

1683 年（清康熙二十二年），清廷规定在内蒙古地区进行贸易、耕种的内地民人，不允许娶蒙古妇女为妻。看似禁令，实则透露出政府对内地民人的出口开垦予以认可，山西、河北、山东等地的遇灾民人纷纷来到内蒙古地区。

游牧经济需要农业的补充和支持，本地人既想发展农业，但又不谙农耕。理藩院派遣熟悉农业的官员来到当地指导民众耕种，有些地方官员便"乞发边内汉人与蒙古一同耕种"①，促使内地人大量迁入内蒙古地区。清廷允许官府招垦，如土默特地区，移民出关就不完全是违法的。清廷用兵准噶尔之际，为了解决军粮供应，在归化城附近屯田，把大小黑河沿岸的土地分划九区，招徕民众前来种植。尽管清廷对移民有诸多禁令和约束，但已形成事实上的大规模移民。

至乾隆初年，土默特平原的垦殖范围已西达黄河边，在靠近黄河、长城的地方，多有内地民众足迹。北至大青山下，山西人携家开垦，田地饶沃。归化城地区的移民多来自长城口内邻县，迁入后很快融入新的环境。清水河一带，绝大多数民众都是由口内近长城各州县招徕开垦而来，乾隆初期十几年间，迁徙而来的

---

① 《清圣祖实录》卷一八一，康熙三十六年三月乙亥，中华书局 1985 年版，第 939 页。

民人达 10 万有余。这些由农区移向牧区的人口，推动了当地的农业发展。土默特一带的余粮，除供军需之外，还供应京师及山西、陕西等省区。

1670 年（清康熙九年），清廷将古北口、罗文峪、冷口及张家口外的大片土地拨给镶黄、正黄等七旗兵丁作为庄田[①]。旗人招募内地民众从事耕垦，最初河北和山西等地农民多春来秋去，称为"雁行人"，以后则定居者日多。据 1748 年（清乾隆十三年）统计，喀喇沁中旗有 103 个汉屯，汉民约 4.3 万人；在喀喇沁左旗地区，一份 1752 年（清乾隆十七年）的佃户调查表证明，移居的民众中 80% 为直隶农民。

在内蒙古东部地区，昭乌达盟各旗的开垦至乾隆末年才达到一定规模，其中尤以南部各旗开垦程度最高。敖汉旗当地有人专职招种，"大揽头""小揽头"众多，遂使移民挟资携眷聚居于此，人烟日渐稠密。北部的克什克腾、巴林等旗也有移民迁入。在哲里木盟东部的科尔沁，乾隆中期亦有内地农民迁入开垦种植。

大量内地民众迁入内蒙古地区，耕种定居，并传入手工业，改变了该地区原有的社会结构。事实上，前述雍正至乾隆年间府厅州县的设置，本身就标志着这些区域已有大量内地民众迁入，以及农业开发的相对成熟。至 1707 年（清康熙四十六年）仅在内蒙古地区行商、耕田的山东移民就达数十万之多。

乾隆中期以前，驻防各地的八旗官兵由京城派出，致仕、退

---

① 《清圣祖实录》卷三二，康熙九年二月癸未，中华书局 1985 年版，第432 页。

伍后都必须携家属归籍。1756 年（清乾隆二十一年）后，新规定去世的八旗兵的家属一律留在驻防原地，这意味着驻防八旗的本地化。以绥远城驻防八旗为例，八旗兵中既有满洲八旗，也有蒙古八旗，还有汉军八旗，当地民众交往、交流频繁，相互融合。

清代额济纳土尔扈特形成于 18 世纪初。1703 年（清康熙四十二年），因土尔扈特与准噶尔交战，致使赴西藏熬茶礼佛的土尔扈特汗国的阿拉布珠尔归途受阻，遂率众归附清廷，赐牧地于今甘肃省境内。1731 年（清雍正九年），阿拉布珠尔的儿子丹忠因惧怕准噶尔的掠扰，请求内徙，获准率其部众到额济纳河一带游牧。1753 年（清乾隆十八年），清朝正式设置额济纳旧土尔扈特特别旗，直属理藩院管理。

清中期还是回族人口迁入内蒙古地区的高潮时期。有因经商贸易或随军迁入的，也有逃荒避灾或受放垦政策鼓励迁入的。迁入人口主要定居在内蒙古中西部地区的较大城镇，例如今呼和浩特、包头等地。

清代以来，内蒙古地区的汉、蒙古、满、回等各族在共建家园中交往交流交融，成为中华民族共同体的组成部分。铸就的这种亲缘关系，是极为珍贵的历史财富。

## 第四节　多元经济进一步发展与融入全国大市场

明至清中期，内蒙古地区的经济逐渐发展，逐步融入全国大市场。农牧业持续发展，村落与城镇快速增加，手工业与商贸日益繁荣，税收管理有了显著发展，各种经济形态在这一时期多元共生。内蒙古地区在纳入国家统一治理体系的同时，作为中国对外贸易的中转站和大通道，在全国经济一体化发展过程中发挥了重要的作用。

## 一、农牧业的持续发展

明至清中期，内蒙古地区生产方式依然是以畜牧业为主，但农业呈现持续发展的态势。明代表现为畜牧业的复苏和板升农业的发展，清代表现为民间畜牧业及官方牧业的发展，以及农耕经济的繁荣与半农半牧区域的进一步扩大。

### （一）明代农牧业

明朝时期，内蒙古地区的农牧业发展深受明蒙关系的影响，经历了从明朝初年的衰退到明中期以后逐步恢复的过程。

1. 畜牧业的复苏。明初，由于战争频繁，社会动荡，人口锐减，正常的生产生活秩序被破坏，畜牧业仅在局部地区有所发展，总体上处于衰退状态。宣德以后，随着战争形势的改变，战场由内蒙古境内转移到明朝边境地区，内蒙古地区的畜牧业逐步得到恢复和发展。在内蒙古东部，兀良哈三卫逐渐南下进驻蓟州宣府边外，发展农耕。在内蒙古西部，草木茂盛，适宜农耕的河套地区成为漠南蒙古右翼诸部的重要根据地之一。广大牧民以马、牛、羊、驼为主要饲养对象，衣食住行无不仰赖牲畜。蒙古人非常重视畜牧业的发展，在牲畜的选种、交配、接羔、驯马等方面积累了丰富的经验。

隆庆封贡后，右翼蒙古诸部与明朝基本结束了长期战争，维持了较长时间的和平稳定。大小领主积累了大量牲畜和其他财富，如俺答汗就拥有马 40 万匹，橐驼牛羊百万头（只）以上。1587 年（明万历十五年），察哈尔部的阿穆岱洪台吉叩见达赖喇嘛，进献驼马上万头（匹）。边境互市牲畜的数量大大增加，从侧面反映出畜牧业的发展。仅 1571 年（明隆庆五年），宣府、大同、山西三镇官市易马就 7000 多匹，加上商民等所市易马骡牛羊 29000 多头（匹）。

随着进入内蒙古各地的内地民众数量增加，他们逐渐向蒙古人学习，开始从事畜牧业。经济联系的增强，使各族民众之间的交往程度进一步加深。

2. 农业发展。明朝初年，内蒙古境内农业只有零星分布，几乎消失殆尽。明中叶以后逐步得到恢复，以板升农业的发展最为典型。

兀良哈三卫得到了明朝耕牛、种子、农具等方面的接济，使得当地半农半牧区进一步扩大，到嘉靖年间，已经是"人皆土著，可以耕稼"①。此外，当地蒙古贵族们任用内地工匠修建华丽的寺院，用以供奉佛像，这些寺院建筑被称为"楼子"。"楼子"左右前后三四十里，招徕内地民众耕种，发展农业。

嘉靖年间，内蒙古中西部土默特地区的板升农业得到发展。俺答汗招徕内地民众，给予耕牛、土地、农具，鼓励其从事农

---

① 《明宪宗实录》卷二五二，成化二十年五月丁亥朔，台湾"中央"研究院历史语言研究所影印校勘本，1962 年版。

业与手工业，同时还制定了一系列法令保护农业生产。随着社会环境的安定、大量内地民众的移居、治理者的开发，当地农业得到充分发展。在河套地区，由于得天独厚的自然条件，有大量农业人口迁入，"套中之地，一岁而耕，再岁而获。所谓不费牛马，其利百倍"。

到明朝中后期，内地的犁、锄等基本农具在内蒙古地区推广使用，麦、谷、豆、黍、糜子等重要农作物在内蒙古各地都有种植；瓜果蔬菜以及鸡鸭猪羊等家畜家禽在各地板升随处可见。这一时期，农业虽然仍以广种薄收的粗放式经营为主，但农耕区域不断扩展，形成了以牧业为主，包括农业在内的多种经营的经济格局。

### （二）清代农牧业

清朝统一全国后，蒙古各部之间结束了混乱割据的状态，内蒙古地区作为大一统国家组成部分，其经济与内地联系更加密切，农牧业生产持续发展。

1. 畜牧业发展及官办牧场。清朝初年，清政府采取休养生息、轻徭薄赋的政策，对畜牧业予以扶植。出于政治安定的考量和对牧业保护的需要，1655 年（清顺治十二年），清廷谕令，内地民人不得往口外开垦牧地。此后又增加一些禁令，如严禁私垦牧地，严禁各旗越界游牧等。种种措施减少了各旗之间的纠纷，避免了牧场的随意开垦，有利于畜牧业发展。康熙年间，西征准噶尔部的噶尔丹，清军的战马多在归化城购买。

除了民间牧业，政府设置的官办牧厂也在这一时期得到发展。清政府利用察哈尔等地适宜放牧的自然条件，选占优良草场设置官牧厂，并由专门机构进行统一管理。官牧厂分布广阔，东至克什克腾旗界，西至归化城土默特旗，南至晋北大同府、朔平府边际，北到苏尼特及四子部界，周边达千里。1754 年（清乾隆十九年），"查庆丰司三旗牧场，现有羊二十一万五千余只，达里冈爱牧场现有羊八万三千二百余只"。1760 年（清乾隆二十五年），"查商都达布逊诺尔，达里冈爱牧场，总计马驼十二万八千有奇，牛三万九百有奇，羊三十四万九千八百有奇"。1761 年（清乾隆二十六年），"达里冈爱牧场，现除照额存留外，尚余羊五万一百余只，马二千九百六十七匹，驼五百八十只"。1779 年（清乾隆四十四年）"据车布登扎布等奏，牧放驼群之官兵，于三年内孳生驼驹二千三百十一只。"①清廷所需的牛、马、羊、驼均由官牧厂供应，减轻了普通牧民的经济负担；官牧厂有国家经济作后盾，对自然灾害有较强的抵御能力，支撑了内蒙古畜牧业的发展。乾隆朝以后至道光朝，塞外草原基本未遇大灾，畜牧业处在一个相对稳定发展的水平。

2. 农业发展。清朝初年，传统农耕区域继续存在，新开垦的农耕区面积不断扩大。起初，因为有封禁令，众多内地农民只能遵循禁令，以"雁行人"的方式，春至秋归，往返于边地。由于内地人地矛盾的尖锐，越来越多的流民进入内蒙古地区谋求生计，"违禁出关"日趋频繁。内地民众主动入境，蒙古民众招内地民众耕种，还有官方拓地垦殖等活动，共同推动了农业发展。

康雍时期，由于西北战事的需要，清政府十分重视边外农

---

① 《清高宗实录》卷四五八，乾隆十九年三月辛亥；卷六二四，乾隆二十五年十一月辛丑；卷六四〇，乾隆二十六年七月己亥；卷一〇九三，乾隆四十四年十月辛未，中华书局 1985 年版。

垦，如康熙曾令人派庄丁到达尔河、呼尔河等地耕种，对生产需要的种子、耒耜、耕牛等予以提供。雍正则从在京八旗满洲、蒙古骁骑内，挑选熟悉农耕的兵丁共800多名前往热河、喀喇河屯、桦树沟三处垦地耕种。在内蒙古地区与内地联系日益密切的背景下，迁入的内地民众与当地蒙古人相互学习，取长补短，逐渐改变了原来粗放式的耕作方式，因地制宜发展生产，如种植大麦、莜麦、糜子等耐寒且生长期短的农作物；春天下种时用雪拌种来防旱；加高田垄以防风沙等。针对广大牧民不善农耕的情况，清政府派遣专人前往指导。如汪灏在《随銮纪恩》中提到："康熙十年，口外始行开垦，皇上多方遣人教之树艺，命给之牛、种，致开辟未耕之壤皆成内地。"[①]

清朝中期以后，内蒙古东部喀喇沁地区最早形成半农半牧局面，最初喀喇沁左旗和中旗发展较快，嘉庆、道光年间，喀喇沁右旗也得到发展，最后基本成为农业区；昭乌达盟以敖汉旗开垦土地最多，在克什克腾、巴林等旗也达到一定规模；哲里木盟自乾隆年间已有内地农民流入垦殖，嘉庆年间清廷又准许4万流民在科左后旗昌图地区垦种，科左中旗、科左前旗南部随后也陆续开放。在内蒙古中部，以归化城土默特地区最为典型。1743年（清乾隆八年），归化城都统对土默特两旗土地和人口进行普查，查明两旗蒙古族人口共43559口，无地的有2812口，地少的有2156口，原有农田和牧场共75048顷，已经典给汉民者4000顷，其中已垦地多达60933顷，牧地只占14268顷。[②] 在内蒙古

---

① 汪灏：《小方壶斋舆地丛钞·随銮纪恩》，杭州古籍书店1985年版，第291页。

② 《清高宗实录》卷一九八，乾隆八年八月壬子，中华书局1985年版。

西部，河套地区天然适宜农耕的自然条件得到充分利用，更多的土地被开垦出来。与伊克昭盟相连的阿拉善地区，从嘉庆年间开始放垦，到 1839 年（清道光十九年），在定远营一带，已垦熟地1190 顷 67 亩。

## 二、村落与城镇的增加

明清时期，随着农业、畜牧业、工商业的发展，内蒙古各地的村落与城镇逐步增加。村落类型多样，逐渐与内地趋同，城镇则由以政治、宗教功能为主向以经济功能为主转变。各族民众在这些定居点聚集生活、从事生产，引发了经济结构的进一步变化。

### （一）村落的增加

明代，内蒙古地区畜牧业占主体地位，村落的发展集中体现在板升形成上。自明嘉靖年间开始，俺答汗率领土默特部落驻牧丰州川一带。由于该地区自然条件相对优越，时局比较稳定，加之俺答汗政策宽松，积极招徕内地民众。大批内地民众进入这一区域发展农耕，这些人成为俺答汗经营板升、开发丰州川所依靠的中坚力量。嘉靖中期，俺答汗令丘富、赵全等建造房屋，种植作物，经营板升。经过十五六年的发展，丰州川已有内地民众五万余人，大板升十二部，小板升三十二部，"南至边墙，北至青山，东至威宁海，西至黄河岸，南北四百里，东西千余里"[①]，

---

① 顾祖禹撰，贺次君、施和金点校：《读史方舆纪要》，中华书局 2005 年版，第 2006 页。

形成农牧交错的景象。

清朝大一统格局下，内蒙古地区的经济进一步发展，大量聚居村落形成。这些村落有的是农民由"雁行"而散居，进而聚居形成，以农耕经济为主。这些村落"一年成聚，二年成邑"，逐渐增多。有的是由商人或手工业者建立，分布在商路之上及城镇周边，其中有的以"店"为名，如上店、下店、张家店、李家店等；有的以商号为名，如福合源、三义成、蒲和永等。另外还有村落由部分放弃牧业、从事农耕的蒙古族民众建立。如喀喇沁旗大牛群乡的蒙古营子，科尔沁右翼前旗的六十户村、一百六十户村等。这些星罗棋布的村落，使当地社会结构和经济结构发生巨大转变，进而推动了内蒙古地区经济的发展。

### （二）城镇的发展

明代内蒙古地区的城镇侧重宗教和政治功能，最为典型的是归化城（今呼和浩特市回民区城区一带，俗称"旧城"）和福化城（今包头市土默特右旗美岱召）。

1572 年（明隆庆六年）到 1575 年（明万历三年），俺答汗大兴土木，在大青山南麓修建城池。城池建成后，命名库库和屯，意为青色的城，明朝赐名为"归化"。1581 年（明万历九年），俺答汗再次对城市进行扩建，使其具备了塞外名城的雄姿。俺答汗去世后，其遗孀三娘子居住归化城，被明朝封为忠顺夫人，始终和明朝维持着友好关系。当时的归化城，城池布局严整，宫殿楼阁众多，建筑富丽堂皇，召庙林立，各族民众交往聚集，呈现一派繁华景象。此后，归化城一直保持着漠南蒙古政治、军事、经济、文化中心的地位。

隆庆年间，俺答汗以美岱召为核心修建了一座城堡，发展喇嘛教。明万历皇帝给这座城池赐名"福化"。这座城池在今天依然存在，是当地著名的古迹。福化城的建筑布局特点是先有城，后建寺，城池布局严整，城内有大雄宝殿、东万佛殿、西万佛殿、乃琼庙和达赖庙数十个殿宇，形成"城"与"寺"相结合的建筑群。福化城周围开展的农业生产活动促进了土默特地区的农业发展，满足了当地粮食需

美岱召

位于内蒙古包头市土默特右旗

美岱召泰和门上的匾额

求，缓解了社会矛盾，推动了各族民众的交流。

清朝统一后，农耕经济迅速越过长城向北延伸，形成了中国北部农牧交错地区城镇大发展时期，出现了许多有名的城市，如归化城、张家口、多伦诺尔、热河等。从城镇类型上看，有以下几类。

"因治而设"型。最为典型的是归化城和绥远城。归化城在明清更替之际一度遭到破坏，1691年（清康熙三十年），清廷出

于军事需要，重建归化城，作为清军征战准噶尔部噶尔丹的驻防城。随康熙出征的，还有大量旅蒙商，这些旅蒙商逐渐也以归化城为据点，囤积往来货物，归化城成为重要的贸易中转站。乾隆初年，为了加强防务，屯驻兵丁，开始在归化城东北五里另筑一座新城。该城于 1739 年（清乾隆四年）正式建成，乾隆帝赐名"绥远"。归化城都统、绥远城将军的管辖及兵丁的戍守，使该城成为漠南蒙古第一重镇，发挥着重要的政治、军事功能。随着城市规模的扩大与人口增多，除了屯兵戍守外，其经济功能逐渐增强，大批汉、满、回、蒙古等人逐渐迁入，城内兴建了与各族宗教信仰和生活习俗相关的建筑，有召庙、清真寺、文庙等。乾隆以后，归化、绥远成为内地至口外的商贸运转中枢，大盛魁、元盛德、天义德等商号将其作为重要的商业基地，一时间商贾辐辏、车水马龙、百货流通，成为塞外名城。除归化、绥远两城外，清廷相继在这一地区设置了托克托、萨拉齐、清水河、和林格尔、丰镇、宁远等厅，并属归绥道，都逐步发展为综合性的城镇。

"因寺而兴"型。清政府在内蒙古地区发展宗教，广建寺庙，在一些地处交通要冲的寺庙周围，庙会集市逐步定期定点开展，形成了固定的交易场所。随着商人、手工业者及其他定居人口的增多，逐渐形成了繁华的市镇。多伦诺尔是其中之典型。1691 年（清康熙三十年），多伦诺尔会盟后，康熙帝命人在多伦诺尔建汇宗寺，并请章嘉呼图克图到寺主持喇嘛事务，奉其为内蒙古佛教首领，多伦诺尔地区成为内蒙古的宗教中心之一。雍正时期，又在汇宗寺西南建善因寺，请三世章嘉呼图克图主持喇嘛事务。随着多伦诺尔宗教活动的增多，各地蒙古王公贵族及牧民来朝拜者日众，人群逐渐聚集，商贾接踵而至，集市发展为城镇。与多伦诺尔发展类似的城镇还有大板、贝子庙、百灵庙等。

"因商而兴"型。清前中期，内蒙古地区的商业与交通得到了发展，人口与物资的流动使部分地区因商而兴，成为日后重要的地方城镇。其中典型代表有经棚、包头等。克什克腾旗经棚城原先只有一座喇嘛庙，人口较少，后因地处连接满洲里与多伦诺尔及张家口的通商大道上，集市逐步繁荣，在道光年间具备城市规模。包头北有阴山，南有黄河，东连土默川，西接河套平原，交通条件优越。乾隆年间，包头因商人的活动逐渐兴起，起初集中在城市西南的脑包村，1753 年（清乾隆十八年），包头居民400 户以上，有一半以上从事商业活动。嘉庆、道光年间，包头逐步发展为萨拉齐厅西部最大的集镇，又因黄河码头从托克托厅的河口西移至包头附近的南海子，成为西北地区的交通要道和货物集散中心。

## 三、手工业与商贸交通的繁荣

明至清中期，内蒙古地区的手工业生产呈现逐步多元化的趋势，反映了各族民众之间交流交往日益加深的历史潮流。商业发展主要表现在旅蒙商的活动及内蒙古地区与内地交通网络的形成上。

### （一）手工业发展

明代内蒙古地区的手工业在继承传统的基础上，得到了进一步发展。传统手工业有奶制品加工，用牛羊乳制作奶酪、奶饼、马奶酒等；有皮毛加工，用牲畜皮毛鞣革、制毡，进而用皮革、毡毯制作衣服、靴帽、甲胄、鞍具、帐篷等。专业化手工业有木弓、木碗、木盆、木架、木柜等木器制造；有马嚼、鞍镫、铁镐、剪、凿、斧、锤等铁器制造。明嘉靖以后，内地众多专业手工业者如窑工、木匠、瓦匠、石匠、铁匠、银匠、画工、绣工等进入内蒙古地区，丰富了手工业的门类。另外，随着喇嘛教的传入，一些藏族工匠来到内蒙古，在与汉族、蒙古族手工业技术交流的过程中，一起推动了内蒙古地区手工业的发展。

清代以来，内蒙古地区的手工业在各民族之间交往交流交融的过程中继续发展。内地民众从蒙古牧民那里学习制作皮衣、擀毛毡，加工乳食品等手工业生产技术。汉族泥瓦匠、木匠、石匠、画匠等受雇于王府、寺院，传播了手工业技艺。各族定居的手工业者，充分利用天然资源和畜牧产品，开设手工业作坊，制造皮革、靴帽、毡制品、柳条编织品、头戴首饰、金银器皿制品和马鞍、马具饰品等。同时，由于大量村落的形成及农业的发展，烧锅酿酒、粮食制品（如粉条、豆腐等）、榨油、酱油与醋的酿制等加工业，都在内蒙古地区兴起。土默特地区，清代中期以来发展蚕桑，产品物美价廉，当地蒙汉百姓都争相效法，生产的丝织品除供应蒙地外，还销往中原。察哈尔等地蒙古妇女所生产的黄油（酥油）、乳酪等制品，不仅是当地的生活必需品，也在京、津和内地市场大为畅销。这种手工业技术的相互学习，进一步加深了内蒙古地区各族人民之间相互依存、友好合作的关系。

### （二）商贸及交通的发展

明代，内蒙古地区与中原经济联系始终保持且不断加深。明成祖即位后，即向蒙古各部宣布："其各居边境，永安生业，商贾贸易，一从所便。欲往来者，与使臣偕至。"[①]此后，明朝与东西蒙古各部先后建立了封贡关系，开启了经济交往的闸门，到"隆庆封贡"后，双方的和平交往成为主流，内蒙古与内地的经济联系进入一个新的阶段。

明朝与蒙古诸部之间商贸往来的主要表现是朝贡贸易与互市。朝贡贸易政治色彩浓厚，是明朝羁縻政策的表现，基本内容为蒙古诸部向明朝进贡马匹、骆驼、皮张等；明朝回赐以彩缎、纻丝、绢及折钞绢等。使臣进贡途中，允许开展民间贸易。使臣进贡领赏完毕，明朝于会同馆开市，在一定期限内，允许使臣将明朝赏赐的物品及政府不需要的马匹、玉石等，在街市上出售。

互市起初与朝贡同时进行。以辽东开原、广宁及山西大同为主要互市点，后来互市逐渐与朝贡分离，单独发展。"隆庆封贡"后，在原有互市点的基础上陆续增设了新的交易市场，如大同得胜堡、新平堡，宣府张家口堡，山西水泉营，宁夏清水营、中卫，甘肃扁都口市场等。互市既包括官市又包括私市。官市交易以马匹为主要内容；私市交易中，蒙古民众出售马、骡、牛、羊、皮张、毛毡等，内地商贩出售粮食及绢帛、铁锅等日用手工业品。每年从四月中旬到十月末，内地商贩云集交易点，在政府

---

① 《明太宗实录》卷一四，洪武三十五年十一月壬寅，台湾"中央"研究院历史语言研究所影印校勘本，1962 年版。

的严格管理下开展贸易。东起辽东，西至甘肃，在长城沿线上，形成了各种形式的交易地点，建立起了朝贡、马市、小市等多种形式的经济联系。

清初，清廷在京城内固定地点设立"里馆""外馆"，专门接待来京贸易的蒙古王公及其商队，允许其进行贸易活动。蒙古各部贡使每年进贡一次，获得清朝赏赐的丝织品、棉织品、农产品等。同时，在张家口、古北口、杀虎口、归化城等处，设置贸易点，双方开展互市贸易。随着社会经济的发展与贸易需求的扩大，旅蒙商群体应运而生。

大境门

位于河北省张家口市

17世纪末18世纪初，清廷用兵西北，一些内地商人在政府的允许下备办粮草物资，跟随清朝的远征军队进行随军贸易，为军队服务的同时，也与沿途所遇蒙古民众进行交易。由于与沿途民人的贸易利润丰厚，越来越多的山西、河北商人加入到旅蒙商人的队伍中来，他们或以物易物，或折合现金，或采取赊销的方式，将牧民的牲畜和畜产品收购销往内地，规模和范围逐渐扩大。起初旅蒙商多以春入秋归的"雁行"方式活动，以行商为主。康熙中叶后，清朝对旅蒙商人采取鼓励和保护的政策，对其颁发部票（龙票），票面用满、汉、蒙古三种文字写有保护商人生命财产的条文，同时还给部分商人封官授爵。朝廷的保护再加上边口贸易与草原城镇的迅速发展，旅蒙贸易进一步繁荣起来，越来越多的商人开始在王府、寺庙、集镇附近居住，成为坐商。他们起初开设各种货栈，有杂货栈、皮毛栈、牲畜栈、布栈、粮栈等，进而在归化城、张家口、多伦诺尔等地建立商号，进行商业活动，当时的归化城流行着"三大号走货，带动各行各业""大盛魁，上自绸缎、下至葱蒜，无所不走"的说法。他们的身影遍布内蒙古中西部地区，带动了当地手工业、饮食服务业、运输业的繁荣。

旅蒙商人的活动还推动了内蒙古地区商业交通网络的形成。康熙年间，清政府在内蒙古地区到北京的五路贡道沿途设置了驿站，简称为"蒙古台站"，有时也笼统叫作草地路。这些驿站均以长城关口命名，从东到西有喜峰口驿站、古北口驿站、独石口驿站、张家口驿站、杀虎口驿站。五路驿站总长近 6000 千米，从北京通过这些驿站可以到达内蒙古地区所有盟和旗。旅蒙商人利用这些驿路，把内蒙古地区的城镇作为贸易的枢纽和中转站，将草原的畜产品、土特产、药材等贩运至内地，又将内地的布匹绸缎、茶叶、生活用品等运过长城关隘，再至草原深处的恰克图以至俄国，最终形成了遍及内蒙古地区的交通网络。

"万里茶道"的发展又使内蒙古地区与全国大市场进一步融汇，成为中外贸易的商贸大通道。全长 1.4 万千米的"万里茶道"是一条始于 17 世纪的国际古商道，它南起中国福建武夷山，经江西、安徽、湖南、湖北、河南、河北、山西、内蒙古向北延伸，途经蒙古国，抵达俄罗斯，是欧亚大陆重要的经济文化交流通道，其参与人口之多、行经的区域之广、商品流通量之大、对历史文化影响之深，可以与"丝绸之路"相媲美。

中国各地的商人们从"万里茶道"的起点福建出发，一路辗转，水陆交替，经江西、湖南、湖北、河南、山西、河北，进入内蒙古地区，再通过内蒙古地区的商业贸易交通网络，穿越草原、戈壁，最终走进草原深处，去到异国他乡，沿途发展了贸易，交流了物资，传播了文化。

"万里茶道"线路示意图

总之，从明朝的边境贸易的活跃到清朝商贸网络的形成，内蒙古地区各族人民的生活水平不断提高，各地手工业和商品经济有了长足发展，各族民众聚居的城市经济繁荣发展，内蒙古地区的经济进一步融入全国大市场。

## 四、清朝对内蒙古的税收及管理

在清朝大一统格局下，内蒙古地区社会安定、经济发展，成为祖国稳定且不可分割的一部分。清政府在内地颁行一系列税法的同时，也在内蒙古地区逐渐采用了相似的税收管理办法，内蒙古地区与内地逐渐趋向一致。

### （一）税收类型

内蒙古地区地域辽阔，畜牧业、农业、手工业、商业多种经济形态多元共生，清政府在内蒙古地区的税收包括诸多种类：

1. 畜产税。包括清政府向官牧厂的官牧丁征收的赋税以及普通牧民向本旗扎萨克王公缴纳的实物税。按《大清会典事例》记载，牧民每年需向扎萨克王公缴纳的税额："有五牛以上及羊二十者，并收取一羊，有羊四十者，取二羊。虽有余畜，不得增取。"[①]在乾隆后期近百年间，内蒙古地区牧业经济的发展达到了高峰，畜产税额也有所增加。

2. 农业税。清初大量移民进入内蒙古地区，人众日多。清朝开始起课征税。从内蒙古西部的鄂尔多斯、乌拉特、归化城、土默特，到内蒙古东部的敖汉、翁牛特、科尔沁各旗，有官地农垦的地区，清政府都依照内地标准起征农业税。起初税额偏低，之后随着土地开垦面积的增加而逐步增加。这也从侧面反映出内蒙古地区农业经济的持续发展。

3. 工商杂税。随着内蒙古地区城镇经济的发展，从乾隆年间开始，清政府在一些城镇和交通要津起征商业贸易税和杂税，包括盐税、矿税、关税、畜牧税、落地税、门面税、铁器税、当税和田房契税等。种类繁多的税收体现了当地经营门类的多样及市场的繁荣兴盛。

### （二）税收管理

中央主理内蒙古地区赋役征收的机构是理藩院和户部。理藩院负责外藩各旗，户部负责内属蒙古各旗及内蒙古南部新设州、

---

① 赵云田点校：《钦定大清会典事例·理藩院》，中国藏学出版社 2006 年版，第 240 页。

府、县、厅地区。在地方上，赋税征收分几种类型：（1）各外藩扎萨克旗自主处理本旗赋税，不收归国有，用于当地行政开支或灾年赈济等。（2）内属蒙古各旗，如归化城土默特2旗、察哈尔8旗、呼伦贝尔索伦巴尔虎8旗等，由将军、都统直接管辖。下设总管、副总管、参将、佐领等，负责赋税、兵役征派、征收朝贡物品等。（3）在新设州县地区，如归化城、张家口、独石口等，府设知府、厅设同知或通判，县设知县，管理包括赋税在内的民政事务。（4）乾隆以后，在交通要津及人口稠密的商业城镇，理藩院派出司员与笔帖式负责管理互市征税等事务。

### （三）税关设置

清政府在水陆要冲和商品集散地设置税收关口，对往来货物征税，称作榷关（税关），隶属户部、工部，由中央统一管理。全国税关有"户关"和"工关"之分，"凡榷关百货者，为户部分司；榷竹木及船钞者，为工部分司"。即货税解交户部，木税解交工部。内蒙古地区的榷关，以归户部管辖的户关为主，主要包括张家口、杀虎口、多伦诺尔、归化城等。顺治年间，清政府在张家口和杀虎口派满官笔帖式收税，建立税关。此后，两处关卡税收额逐步增长，乾隆年间年均税收都达4万两以上。嘉庆中后期到道光、咸丰年间，两处关税继续增加，最高曾达8万两以上。当时流传着这样的说法：

> 东有张家口，西有杀虎口。
>
> 南有绍兴府，北有杀虎口。
>
> 先有杀虎关，后有绥远城。

1750年（清乾隆十五年），清政府在多伦诺尔设置榷关，征收牛、马、羊、驼四项牲畜税。1761年（清乾隆二十六年），归化城设税收关卡，城中建立总局，于城东、西、南、北各设栅栏一座，以货税和牲畜税为主，派员征税。这些税关的发展，一方面体现了内蒙古地区商贸的繁荣及与内地联系的加深，另一方面则体现了中央财政管理体制在内蒙古地区的持续延伸。

清朝内蒙古地区的税收，逐步发展完善，趋于规范化、制度化，推动了内蒙古地区经济尤其是工商业的发展。

<h2>第五节　各民族文化的交融与<br>中华文化认同的加强</h2>

明至清中期，逐渐形成的大一统局面为各族人民之间的互动提供了场域，促进了各族思想文化的深入交流。这一时期，文学、史学、艺术、教育及科技等在内蒙古地区均有新的发展，产生了许多值得称道的成果。各族人民交错杂居，交往交流，于衣食住行、风俗习惯等方面相互交融。内蒙古地区的翻译成果丰富，也体现了中华文化的多样与繁荣。

### 一、文史著述与艺术成就

明至清中期，内蒙古地区的文化交流逐渐活跃。文学体裁广泛，史学有经典之作，艺术植根于民众，各族共同创造了丰硕的精神文化财富。

### （一）文学

明代时期，内蒙古地区的说唱艺术比较发达。长篇英雄史诗《江格尔》，即是代表作品之一，是明代内蒙古地区的文学珍品。这部作品描绘了天堂般的家园，以及热爱故乡、珍视友谊、疾恶如仇的草原勇士形象，反映了内蒙古社会生活的多个方面。这部史诗后来陆续被译成俄、德、日等多种文字，流传甚广，是世界著名史诗之一。现实主义力作《乌巴什洪台吉》，具有散文诗的韵味，开内蒙古地区短篇小说创作的先河。晚明的史学典籍，在某种程度上也可看作文学作品。佚名《阿勒坦汗传》以四行诗形式写就，通体用韵，颇具文学价值。《黄金史》《黄史》均有一定的艺术感染力，在民众中广为流传。明代内蒙古地区的文人还创作了大量的祝词、赞词、歌谣等，成为研究内蒙古社会的宝贵资料。

清代，内蒙古地区涌现出一批杰出的诗人和文学家。著名史诗《格斯尔传》是民间文学中的璀璨明珠。其最早脱胎于藏族《格萨尔王传》，在长期流传中不断改编、丰富、再创作，19世纪后以各种版本刊行，是蒙古族、藏族口头文学交流的例证。《满都海彻辰哈屯的故事》《阿睦尔撒纳的传说》《巴拉根仓的故事》等是内蒙古地区大量历史小说和民间故事中的优秀代表作品，广为流传。叙事诗《成吉思汗的两匹骏马》等是创作中的精品。

17—19世纪，内蒙古地区有不少藏文作家。察哈尔部镶白旗人罗卜藏楚勒图木曾在察哈尔、多伦诺尔、北京等地学习佛教经典、蒙藏文翻译，30岁后在察哈尔察罕乌拉庙从事写作、翻译和出版工作。他的藏文文集有 10 部，包括史学、文学、医学、天文学和翻译方面的著作。阿巴嘎旗的阿旺丹丕勒用藏文创作的《阿旺丹丕勒之言》最为著名。阿拉善旗的丹德尔喇兰巴用藏文创作颂词、训谕诗，其中《人与经的喜宴》颇具特色。

长期生活在内地的八旗蒙古子弟，自幼学习汉语汉字，受汉文化的熏陶，并进行汉文创作。察哈尔镶蓝旗人博明，精通汉、满、蒙古、藏等多种文字，博学多识，作品有《西斋诗草》《西斋诗辑遗》等；八旗蒙古正黄旗人法式善是蒙古人中唯一参加编纂《四库全书》的作者，撰有《梧门诗话》《存素堂诗集》等。女诗人那逊兰保，嫁于清朝宗室，存世有《芸香馆遗诗》。

### （二）史学

明晚期，内蒙古地区的史学家们编纂了一批重要的史学著作，开创了新的体例和风格，有的流传至今。佚名《阿勒坦汗传》是现存关于明代蒙古的最早史作。全书按编年顺序详细叙述了阿勒坦汗（即俺答汗）的生平事迹，包括"隆庆和议"、兴修库库和屯（今呼和浩特市）等重大政治事件，是研究内蒙古历史、蒙藏关系及蒙汉关系的重要文献。《白史》，全称《十善福白史》，是内蒙古鄂尔多斯著名政治家和思想家切尽黄台吉据古本《白史》改编而成。佚名《黄金史》系统反映了明代蒙古的政治和社会状况，其编年史的体例被以后的内蒙古地区史学家纷纷效仿。

清代，内蒙古地区的学者非常重视历史研究，他们用蒙古、汉、藏文撰写著作，记载并反映了内蒙古地区的沿革变迁，成为宝贵的遗产。1662 年（清康熙元年），伊克昭盟历史学家萨囊彻辰根据多种蒙古、藏文史料编著成《蒙古源流》。昭乌达盟喇西明素克，利用《辽史》《金史》《元史》《通鉴纲目》等汉文史料，经研究考证，编撰了《大元盛朝史》《蒙古世系谱》等史学著述。衮布扎布精通蒙古、满、汉、藏文，著有编年史《恒河之流》。这一时期撰写的蒙古文历史著作在成书过程中广泛借鉴和使用汉文史料，有的还受到了中原传统的谱系学的影响。清廷很多史书均有多种文字体现，《蒙古回部王公表传》《清实录》等典籍中少则 3 种文字，多则 6 种文字。以《西域同文志》为例，每一词条都用 6 种文字对照，分别为满文、汉文、蒙古文、藏文、托忒蒙古文、察合台文，体现了各族之间的文化交流，又反映出中华文化的兼收并蓄。

## （三）艺术

明清时期，内蒙古地区流行长调、短调歌曲，基调粗犷、悠扬。民歌种类繁多，内容丰富，生活在这里的人民能歌善舞。除马头琴、蒙古筝外，二胡、四胡、长号角、冬不拉等都是这一地区民众喜爱的乐器。熔音乐、舞蹈、歌谣为一炉的集体舞蹈"安代"在内蒙古东部地区普遍流行，受藏传佛教影响的"察玛"是在寺院法会上表演的化装舞蹈。

随着内地移民大批进入内蒙古地区，蒙汉各族人民的表演艺术进一步发展。不仅有说唱《格斯尔》《江格尔》的艺人，在内蒙古东部地区还出现了新的说唱艺术"好来宝"，产生了一批优秀的说书艺人。说唱的本子都是《三国演义》《隋唐故事》等长篇小说，民众喜闻乐见。

内蒙古地区的造型艺术丰富而美观，既有蒙古传统的回纹、云纹、卷草纹等图案和纹样，也吸收融入了诸如龙、凤、佛手、梅、寿，以及花卉、吉祥结、双鱼、宝瓶等汉、满、藏等各族的图案和纹样，并广泛应用于各种器物和服装上。内蒙古地区的妇女擅长刺绣工艺，服饰是施展刺绣技巧的天地，手艺高超的妇女还能刺绣佛像和吉祥图案。精美的各式纹样和图案，也会被巧手的工匠錾雕在金、银、铜、铁等金属制品上。这些金属工艺品不仅用于日常生活中，当时佛教寺院也借此进行艺术装饰，如五当召（位于今包头市东北）的殿内即有10米高的黄铜弥勒佛像。

美岱召人物形象壁画

现存于内蒙古包头市土默特右旗美岱召内

美岱召（位于今包头市土默特右旗）佛殿墙壁上的壁画，生动逼真，场面宏大，构图丰满。其中，大雄宝殿内释迦牟尼历史壁画，以及描绘蒙古贵族拜佛的画面都完好无损，壁画上的人物服饰，很多都可在明代萧大亨所著的《北虏风俗》中找到依据，不仅有很高的艺术价值，也是研究明清内蒙古地区民俗、服饰的宝贵资料。

木雕是内蒙古地区民间造型艺术的重要组成部分，蒙古象棋的棋子上雕有骆驼、马、狮子、人等各种形象生动的造型，马头琴、马鞍、木桌、木桶等都是工艺精美的日常用品。

## 二、教育发展与科技进步

明至清中期，内蒙古地区的教育缓慢发展，教育受众面相对较窄。天文、历法及测绘领域取得一定的成就。医学从恢复到发展，获得新的提高。蒙医学从理论到临床，从医疗技术到药剂配制都有长足的进步。这一时期的建筑结构、技术工艺和建筑质量的改进与提升，适应了日益变化的生活需求。

### （一）教育

明朝中后期，内蒙古地区社会稳定、经济发展，知识分子逐渐增多，出现了类似内地的私塾。《北虏风俗·尊师》载："其能书者，名曰榜什，此师也。学书者，名曰舍毕，此弟也。"[①]掌握和传授文化的知识分子称"榜什"，他们既承担地方内外文书的撰写工作，又是培养学生的教师，颇受人尊敬。今呼和浩特无量寺（大召）大殿前有铸造于1623年（明天启三年）的铁狮子一对。其上铭文中有监造者11人的名讳，其中两人系榜什，与太子（台吉）、脑烟（诺颜）、恰（贵族管家）并列署名，可见榜什在当时的社会地位较高[②]。榜什数量由起初的"不过数人"逐渐发展到"颇为殷众"，且榜什施教的方式在内蒙古地区也一直延续至清末。学生从师念书，先持羊、酒，行叩首礼。待学习结束，再谢以白马一匹、白衣一件或布帛、丝缎等物。受经济条件的限制，内蒙古地区纸张笔具较为缺乏，以木板或羊皮为书写工具。1571

---

① 萧大亨：《北虏风俗》，载薄音湖、王雄编辑点校：《明代蒙古汉籍史料汇编》（第二辑），内蒙古大学出版社2006年版，第244页。

② 晓克主编：《土默特史》，内蒙古教育出版社2008年版，第389页。

年（明隆庆五年）后，中原的纸张才不断输入，便利了文字的学习与记录。

清代前中期，寺院教育占有重要地位。寺院也是学校，一般设有若干学部，具备六个学部的学问寺地位最高，如内蒙古西部地区的五当召。部分民众通过出家为僧的方式，在寺院里学习各类经典，包括语言、文学、史学、哲学、宗教、医学、数学、天文、建筑等，获得相应学位。同时，这些知识与技能也在民间传播开来。

内蒙古地区的各旗公署，为了便利公文的上传下达，常招收少量的贵族和官吏子弟学习满蒙文互译及公文写作等知识，以适应日常工作需要。1724 年（清雍正二年），清廷准许于归化城南不远处修建文庙，祭供孔子、孟子等先贤，并在邻近文庙西南处建土默特官学一所，学生从总管旗内青少年中选拔，主要学习满蒙文字、翻译及骑射。土默特官学既是内蒙古地区诸旗中设立最早的旗学，也是当时土默特地区唯一的正规学校，反映了清代内蒙古教育有所发展。土默特官学培养了诸多人才，对内蒙古地区的文化教育事业颇有贡献，其发展后期改名为"启运书院"。

明至清中期的内蒙古地区尽管缺少专门的学校，但生产生活的知识、待人接物的品德，因家庭的口口相传、社会的自然熏陶，从未停止学习和传承。

### （二）天文历法

内蒙古地区有着广阔的草原，观察天象、研究历法的历史悠久。至清代，内蒙古地区黄教寺院中的时轮学部，主要学习和研究的就是天文、历法等知识，培养了一批专门人才。

八旗蒙古的明安图是成就卓著的天文学家和数学家，所著的《历象考成》《仪象考成》《割圆密率捷法》等在科技史上占有重要地位。明安图每年将汉文本《时宪书》译成蒙古文，由清廷颁行后使用。蒙古、藏、汉等各族学者共同完成的蒙古文版《康熙御制汉历大全》，刊刻于1712年（清康熙五十一年）。该书传播到内蒙古地区，既对当地人民的生产、生活起到了指导性作用，也是内蒙古地区民众学习吸收各族文化精华的典型例证。

五塔寺

位于内蒙古呼和浩特市城区

石刻蒙古文天文图

发现于五塔寺内

现存今呼和浩特市五塔寺的石刻蒙古文天文图，是迄今为止发现的唯一一幅用蒙古文标注的天文图，反映了清代内蒙古地区的天文学发展水平和特色，弥足珍贵。

康熙年间，在进行全国测绘的大背景下，于内蒙古地区测定经纬度点55个，第一次用地理坐标测绘内蒙古地图。1743年（清乾隆八年）绘有《蒙古五十一旗地图》。

### （三）医学

明初，内蒙古地区传统的医学未能进一步发展，医疗水平较低，无力抵御疾病流行，各部首领不得不经常从明廷求取医药。1542 年（明嘉靖二十一年），土默特地区流行灾疫，"人畜死者什二三"。1586 年（明万历十四年）至 1587 年（明万历十五年）冬春，天花肆虐，民众束手无策，死亡不断。明中期以后，中原的医生、医药陆续输入内蒙古地区。如周元"善医药"，受到俺答汗等蒙古贵族的信任。在互市交往中，各族民众也能够购入大量的药物。1584 年（明万历十二年），宣大山西总督郑洛曾派一名姓郭的医官，前往归化城为第二代顺义王黄台吉治

医用点灸器
现收藏于内蒙古博物院

病。随着喇嘛教的传入，藏族医学传入内蒙古地区，并很快为民众所接受。一些大寺庙中设有医学部，传授藏医（包括兽医）、藏药的知识。

清代，内蒙古地区的医学发展令人瞩目。内蒙古地区的寺院十分重视医学教育，学习时间长，且在师资、教学、考核方面均有严格制度。寺院中的僧人通过还俗或其他途径，将医术广泛应用于民间，并在实践中得到提高。

蒙医在传统的基础上充分吸收汉、藏的医学成就，形成了富有特色的蒙医学。松巴堪布的《四部甘露》是蒙医学基础理论的经典著作；占巴拉的《方海》、官布扎布的《各种重要药方》、高世格的《普济杂方》是方剂学的重要著作；罗布僧苏勒合木的《脉

诊概要》是脉诊学原理的著作；占巴拉的《蒙药正典》是药物学著作。《普济杂方》所收单方和验方均以蒙古、汉、藏、满四种文字合璧对照写成。且此时汉文的《本草纲目》《牛马经》等被译成蒙古文，增加了内蒙古地区医生的用药种类和治疗经验。

此外，内蒙古地区有一批造诣精深的医生，他们在伤科、骨科方面的治疗，以及针灸技术方面常有奇效，这些疗法也传到中原地区。医术在交流中不断提高，使民众受益。

### （四）建筑技艺

明至清中期，内蒙古地区寺庙建设的扩大和城镇的出现，推动了建筑技术的发展。

重要寺庙的时轮学部设有建筑类课程，学习的喇嘛实际上也是寺院建筑的设计师。这一时期，内蒙古地区的寺宇建筑众多，除藏式、蒙古式、汉式等单一形式外，更多的是将三者融合起来，形成独特的建筑艺术风格。坐落于今包头市土默特右旗的美岱召，约始建于 1566 年（明嘉靖四十五年），是一座仿中原汉式、融合蒙藏风格的"城寺结合"寺庙，四周筑有高厚的城墙，四角建有角楼，城内大殿林立，错落有致，无论建筑选址、格局，还是殿堂的设计、建造，都显示了高超的建筑技艺。

归化城的修建、扩建是建筑技术发展的典型例证。该城建成于 1575 年（明万历三年），当时俺答汗利用迁入内蒙古的明朝工匠建盖宫殿，有朝殿、寝殿，城周围盖滴水楼 5 座。显然，当时内蒙古地区的工匠已熟练掌握建城的相关技术。

出嫁而来的皇家公主、格格，在入乡随俗的同时，也在新的居住地按京城样式建造府第，用青砖和石头盖起了瓦房。归化城和硕恪靖公主府占地广阔，五重院落，三进殿堂，影壁、府门、仪门、议事厅、寝殿、禁卫房、配殿及院落、围墙至今保存完好。

和硕恪靖公主府
位于内蒙古呼和浩特市城区

　　寺庙、城镇、王公府第等土、木、石结构的大型建筑，凝聚了中国传统建筑的精华，是蒙古、汉、藏等各族建筑风格的交汇融合，形成了新的独特的建筑艺术群。

## 三、衣食住行与社会风俗

　　明至清中期，内蒙古地区人民的风俗习惯在沿袭传统中又有发展变化，受内地文化的影响体现在社会生活的方方面面。

### （一）衣食住行

　　牧民普遍喜穿长袍、束腰带、穿靴子，男袍朴实、宽松，女袍华丽、式样众多，且不同地区有所差异。半农半牧区的百姓一般喜穿短衣，多穿布鞋。1768年（清乾隆三十三年），生活在锡尼板升的绰依劳占上身穿蓝布夹袄、小白布衫，下身着白单裤，

清代察哈尔女式袍服
现收藏于内蒙古博物院

265

脚穿布袜、蓝鞋。同年，马群沟的博罗勒岱穿白布衫、裤子、白布袜、黑鞋，头戴凉帽（草帽）。清代内蒙古地区的官员着装一般遵循清廷定制，不同品级的图案和配饰有所区别。

在牧区，牛羊肉、黄油、奶豆腐、酸奶等都是生活必需品，肉食以烤、煮或风干等方式食用，炒米是黍子炒制的常见食品。在半农半牧区，日常生活以谷物、蔬菜为主，辅以肉食。明清以来，饮奶茶一直是内蒙古地区人民的普遍生活习惯，影响至今。以青砖茶或黑砖茶熬熟后，加入牛乳或羊乳，成为一日三餐的重要佐食。内蒙古地区的人民喜饮酒，除了马奶酒，靠近农业地带的人开始酿制白酒，称为"烧锅"。

牧民居住在传统的毡帐，即蒙古包中，逐水草于冬夏营地之间，燃料多用牛粪。为了适应新的生产、生活方式，特别是农业地带和半农半牧区的住所逐渐过渡到修建土房定居，有了院落。有的居所虽为土木结构，但形状是蒙古包样式，有的还在汉式平房居室前放置蒙古包。王公贵族之家，既有豪华的大蒙古包，更有宫殿式王府，甚至出现了毡帐与汉式宫室相结合、兼具蒙汉两种文化特色的住所。

交通运输主要有马、骆驼和各种畜力车。马匹是民间最主要的交通工具。勒勒车独具特色，家家皆备，是移营徙牧的好帮手。

### （二）社会风俗

内蒙古地区人民的祭祀活动往往和传统的节庆结合在一起举行。东部农牧区受内地文化影响，渐有清明节到祖坟上供的习俗。婚礼形式各地虽有差别，但极尽热闹欢快之情景无一例外。

葬式有天葬、土葬、火葬等形式，以土葬最为普遍。诵经超度、服丧守孝、忌日致祭是普遍的风俗。

那达慕（意为游戏、娱乐）大会是内蒙古地区于夏季举行的大型群众活动，气氛欢腾热闹。大会以摔跤、赛马、射箭"男儿三艺"为主，兼具军事性、体育性和娱乐性，体现了团结向上、社会凝聚、公平竞争、敬畏自然等价值理念。

## 四、翻译互鉴体现文化交融

明清时期，内蒙古地区的翻译事业取得了突出的成就，各族之间在文化上相互尊重欣赏、学习借鉴。各族文化传统不断延续，共同造就了精彩纷呈、博大精深的中华文化。

明中期以前，从事翻译工作的人被称为"写番字书手"的榜什和"写汉字书手"的笔写契。[①] 明中期以后，随着蒙古、汉、藏等各族间经济文化的频繁交流，特别是藏传佛教传入内蒙古地区，翻译工作出现了一个高潮。从事翻译工作的有蒙古人、移居而来的内地人，以及从西藏请来的高僧。

1607 年（明万历三十五年），108 函《甘珠尔经》的译成，既是这一时期翻译工作的巨大成绩，更是内蒙古地区文化发展水平的标志。在明朝政府重视培养翻译人才的背景下，内地的蒙古人火原洁等奉诏编写《华夷译语》，对天文、人事、物类、服食、器用均有记载，为内蒙古地区提供了规范化的蒙汉翻译课本，培

---

① 王士琦：《三云筹俎考》卷二《夷语解说》，载薄音湖、王雄编辑点校：《明代蒙古汉籍史料汇编》（第二辑），内蒙古大学出版社 2000 年版，第 425 页。

养了大批从事翻译的人才。

清代前中期，内蒙古地区与中原文化的交流更加广泛，各族文化交相辉映，共同创造了灿烂的中华文化。一方面，许多蒙古文著作被译成汉文。最具代表性的是 1662 年（清康熙元年）成书的《蒙古源流》，先后被译成满文和汉文，流传于世。另一方面，中华优秀汉文典籍被译成蒙古文，如"四书""五经"、《东周列国志》《资治通鉴》《辽史》《金史》《元史》等。内蒙古地区的文人还把百余种汉文古典文学作品，如《三国演义》《水浒传》《西游记》《聊斋志异》《封神演义》等，或由汉文直接翻译成蒙古文，或由满文转译成蒙古文。这些小说中的主人公形象深受读者的喜爱，故事情节家喻户晓，反映了中华文学经典的魅力。

卓索图盟人哈斯宝，精通蒙汉文字，他以宝黛爱情为主线，将《红楼梦》编译成蒙古文四十回本《新译红楼梦》，且每回均有较为系统的点评。该书在内蒙古地区传播较广，体现了对中华优秀传统文化的认同。这一时期，还有不少汉文哲学、史学著作被译成蒙古文，影响着内蒙古地区的思想文化发展。

第五章

晚清民国时期

——全面融入国家一体进程与党领导下内蒙古自治区成立

1840 年鸦片战争后，中国逐步成为半殖民地半封建社会，内蒙古同全国其他地区一样，受到帝国主义、封建主义、官僚资本主义的沉重压迫。内蒙古地区的各族民众，开展各种形式的反抗斗争。中国共产党成立后，彻底改变了内蒙古地区反帝反封建斗争的面貌，内蒙古地区的革命融入全国革命洪流。为了应对统治危机，晚清政府逐步放松了对内蒙古地区的封禁，内地民众大量移入。清末和民国时期的放垦与设治，深刻改变了内蒙古地区的社会面貌。内蒙古地区各族之间、内蒙古地区与内地之间的交往交流交融成为常态，一体化程度达到前所未有的高度。在共同的生产生活过程中，在共同的反侵略斗争过程中，在共同参加中国共产党领导的革命过程中，内蒙古地区各族民众的中华民族意识日益觉醒，对伟大祖国的认同、对中华民族的认同、对中华文化的认同、对中国共产党的认同程度不断提高。在中国共产党领导下，内蒙古各族人民获得解放，于 1947 年 5 月建立了我国第一个省级少数民族自治区。随着 1949 年 10 月 1 日中华人民共和国成立，党领导内蒙古各族人民投入到建设新中国的伟大事业之中。

## 第一节　晚清民国对内蒙古的统治与
## 各民族的反帝反封建斗争

近代以来，西方列强的入侵和国内封建统治的腐朽，使得内蒙古地区各族人民遭受了帝国主义、封建主义和官僚资本主义的压迫剥削，饱经沧桑磨难。内蒙古地区各族人民掀起了持续不断的反帝反封建斗争。中国共产党成立后，内蒙古地区的革命面貌焕然一新，历经大革命、土地革命和抗日战争，最终在中国共产党的领导下，与国民党展开了两种前途、两种命运的决战。

### 一、晚清政府对内蒙古的治理

1840年爆发的鸦片战争，是中国近代史的开端。之后，内蒙古地区与全国一样，逐步成为半殖民地半封建社会。西方列强争先恐后地在内蒙古地区扩张势力。其中，俄国、日本的侵略最为严重。它们从输出商品到输出资本，从割占领土到划分势力范围，从经济掠夺到政治控制，使内蒙古地区半殖民地半封建化程度日益加深。1905年日俄战争后，内蒙古东部一些地区成为日本的势力范围和进一步入侵内蒙古地区的基地。伴随着帝国主义入侵，天主教、基督教和东正教等外来宗教开始在内蒙古地区传播，教会势力强占大量土地，奴役压迫各族人民，干预地方事务，进行精神控制，加剧了广大群众的苦难。与此同时，内蒙古地区社会内部的阶级矛盾也在加剧，封建剥削日益严重。

面对帝国主义和封建主义的剥削压迫，苦难深重的内蒙古地区各族人民一次又一次地掀起反帝反封建斗争。在第二次鸦片战争中，内蒙古科尔沁亲王僧格林沁率领包括蒙古骑兵在内的清军积极布防，并与英法联军激战天津大沽口，大败侵略者。之后在京津保卫战中，有近万名蒙古骑兵参战，并付出了巨大牺牲，昭乌达盟参战的 1000 余名蒙古骑兵战至最后仅剩百余人。1900 年夏秋，内蒙古地区义和团运动兴起，群众性的反洋教斗争普遍而激烈。从东部的昭乌达盟到西部的土默特、阿拉善等地，都掀起了以义和团为主、有广大群众和地方官兵参加的打击帝国主义

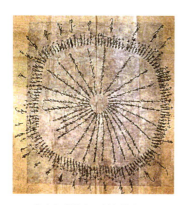

"独贵龙"运动的签名图

教会势力的斗争，内蒙古地区成为全国反洋教斗争最激烈的地区之一。与此同时，内蒙古东部的各族军民针对俄国武装占领我国东北和内蒙古东部地区的侵略活动，进行了英勇顽强的抗击。

在进行反帝斗争的同时，内蒙古地区各族人民还长期坚持反封建斗争。19 世纪 50 年代，伊克昭盟地区兴起"独贵龙"① 运动，反抗苛捐摊派、兵差徭役等暴政，迫使

---

① "独贵龙"系蒙古语音译，意为圆圈、环形。起事者聚会议事时坐成圆圈以表示成员身份平等，在呈报签名时组成环形，不知首尾，以免暴露领导者。

蒙古王公作出让步。"独贵龙"运动后来发展成有组织的人民起义和武装斗争。

面对外部的侵略和内部的反抗，清政府为了巩固政权，在20世纪初开始在全国推行"新政"。

在内蒙古地区，清政府在延续原有部分统治政策的基础上，除了推行与全国相同内容的"新政"措施外，还放垦土地，这是清政府"新政"的特殊内容。1902年，贻谷被任命为督办蒙旗垦务大臣，办理内蒙古西部地区的垦务。东部地区垦务由黑龙江、吉林、盛京将军和热河都统分别督办。由此，内蒙古地区进入全面放垦阶段。推行垦务的地区，除了锡林郭勒盟偏远牧区和已基本农耕化的卓索图盟等地，几乎遍及内蒙古所有盟旗。在数年内，出现了大片农业区。

同时，清政府还实行"筹蒙改制"，在内蒙古地区广设府、厅、州、县，特别是在放垦土地后出现的农业区，集中设置厅、县等地方治所。在内蒙古西部地区，清政府设置了武川、陶林、兴和、五原、东胜等厅；在内蒙古东部地区，设置了洮南府、辽源州、胪滨府、呼伦厅、林西县、开鲁县等。

编练新军是清末"新政"的一项重要内容。1901年，绥远城将军信恪从驻防的满洲八旗兵中挑选兵丁，组建新式常备军和续备军，同时挑选满洲八旗子弟作为武备学生，创建武备学堂。到清朝覆亡时，绥远地区已编练陆军步兵、骑兵共3个营。1903年后，察哈尔都统开始编练蒙旗马队，配备了新式武器。此外，还进行了创办实业、发展文教事业、开办近代邮电通信等活动。

随着上述措施的推行，"蒙禁"政策变得更加松弛并最终被废除。1910年9月，清政府明令废除禁止汉民到内蒙古地区开垦土地的规定。在已放垦的盟旗，允许汉民租佃蒙旗土地和汉蒙之间典当买卖田宅；在未放垦的盟旗，与蒙旗协商，奏请开放。废除蒙汉通婚的禁令，鼓励蒙汉通婚；废除内蒙古地区使用汉文和聘用汉文教师、书吏及用汉文命名等禁令，提倡教习和使用汉文。这是清政府完成对蒙政策转变的明显标志。

1911 年 10 月，辛亥革命爆发，内蒙古地区民众奋起响应。归绥、包头、河套等地先后爆发反清武装起义。各地纷纷组建革命军，攻克县城。在丰镇、包头等地还建立了革命政权。内蒙古地区最早的一批资产阶级革命者出现，有力支援了推翻清朝专制统治的斗争。

## 二、民国政府在内蒙古建立统治

1911 年的辛亥革命，推翻了清王朝，结束了中国两千多年的封建君主专制统治，建立了中华民国，但随后，中国便进入内忧外患、灾难深重的军阀统治时期。

### （一）民国北京政府对内蒙古的治理

1912 年袁世凯出任临时大总统后，废除清朝管理蒙藏事务的理藩部，在内务部下设蒙藏事务局，后升格为蒙藏院，地位与各部相同，直隶于大总统，负责管理蒙古和西藏地方事务。

辛亥革命爆发后，俄国策动外蒙古地区独立，阴谋推动内蒙古东部地区搞分裂、叛乱，内蒙古地区局势动荡不安。对此，民国北京政府沿用清朝旧制，对蒙古王公上层采取晋封爵位、虚荣恩赏等办法。1912 年，《蒙古待遇条例》正式颁布，清朝给予蒙古王公的待遇几乎全部得到保留，同时明确了中央政府对于内蒙古地区军事外交事务的控制权。同年冬，民国北京政府派兵进入内蒙古地区，与外蒙古来犯武装和内蒙古蒙旗"独立"武装作战，取得胜利，维护了内蒙古地区的稳定。1913年东、西蒙王公会议分别召开后，民国北京政府正式确立了在内蒙古地区的管辖权。

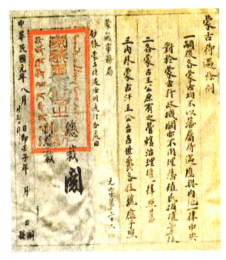

民国政府颁布的《蒙古待遇条例》

为加强对内蒙古地区的治理，民国北京政府积极推行清末民初酝酿的设省计划。1914年，民国北京政府先后在内蒙古地区分设绥远、察哈尔、热河三个特别区，作为改省的过渡形式。袁世凯委派都统掌管特别区的政治、经济、军事、财政、司法等事务。三个特别区下又分别设绥远道、兴和道、热河道，道下设县，并特别规定道尹治理民政兼管蒙旗事务。

1914年以后，民国北京政府还制定了《禁止私放蒙荒通则》《垦辟蒙荒奖励办法》等一系列政策，大量放垦土地。民国北京政府变私放为官放，基本上掌控了内蒙古各盟旗的放荒权。随着放垦的推行，民国北京政府设立了一些设治局并逐步将其升级为县。

20世纪20年代初，国内军阀频繁混战。内蒙古部分地区成为军阀混战的战场，特别是第一、二次直奉战争给内蒙古地区造成极大的损失。控制内蒙古地区的军阀各自为政，利用土地放垦，趁机圈占土地，大肆搜刮资财。在绥远地区，诸军阀以清丈和放垦土地作为筹集军饷、聚敛财富的主要手段。在东部地区，奉系军阀凭借武力推行放荒，大肆掠夺土地。内蒙古各族人民陷入了军阀的黑暗统治之中。

## （二）南京国民政府对内蒙古的治理

1927 年，蒋介石发动四一二反革命政变，随后在南京建立了国民政府，逐步确立了国民党在中国的统治。1929 年，国民政府设立了蒙藏委员会，隶属于行政院，地位与各部、委同。蒙藏委员会的职权除了掌管蒙古、西藏行政及各项兴革事项外，还负责协助行政院核办蒙古各盟旗设官、奖惩、军政、司法、宗教等事项。

1928 年 9 月，国民政府颁布政令，将热河、察哈尔、绥远三个特别区以及青海、西康等正式改设为行省。1929 年初，国民政府在内蒙古地区先后组建了热河、察哈尔、绥远 3 个省政府。其中，绥远省直辖乌兰察布盟六旗、伊克昭盟七旗和土默特总管旗，原属察哈尔特别区兴和道的丰镇、兴和、陶林、凉城、集宁五县划归绥远省；卓索图盟、昭乌达盟划入热河省；锡林郭勒盟、察哈尔部左翼各旗划入察哈尔省；阿拉善旗、额济纳旗划入宁夏省。至此，国民政府在内蒙古地区的治理体系正式确立。随后，国民政府开始将各盟旗境内已有的设治局纷纷升格为县，同时继续增设县或设治局。

改省设县后，各省为扩大县治区域，继续放垦。绥远省政府成立后，立即着手整理垦务，一方面整顿和扩大垦务机构，另一方面派员往各旗劝令报垦。热河省政府代表在 1930 年的蒙古会议上宣布，准备将热河行政区内王公保有的土地一律放垦。察哈尔省则计划在从未开垦的锡林郭勒盟进行大规模放垦。此外，各省还实行军垦。从 1932 年开始，阎锡山在包头成立绥区屯垦督办办事处，在绥远办理军垦。在内蒙古东部，张学良成立兴安区屯垦公署，在哲里木盟境内进行军队屯垦。各地军阀掠夺蒙旗所辖草场的做法激起底层民众的强烈反抗。其中，规模最大、影响最为深远的就是哲里木盟嘎达梅林领导的武装抗垦斗争。

1930 年，国民政府召开会议，讨论通过了有关蒙古政治制度、经济及文教卫生等方面的多种决议案。其中最重要的是制定了《蒙古盟旗组织法》，这是国民政府时期正式颁布的有关蒙古地方政治制度的重要法令，它确定了蒙古盟旗制度的合法地位，其在行政体制上与省县有同等的法律地位。

1931 年九一八事变发生后，东北和内蒙古东部地区相继被日本侵略者占领。然而，国民政府却对日本侵略者采取妥协退让的政策，对抗日行动予以压制。因此，蒙古王公上层在内蒙古西部地区掀起了"自治"运动。针对这种局面，1934 年 2 月，国民党中央公布《蒙古自治办法原则》。随后，蒙古地方自治政务委员会（简称"蒙政会"）在百灵庙成立。蒙政会一度与绥远和察哈尔两省尖锐对立。此时介图向内蒙古西部盟旗渗透的日本关东军乘机进入，竭力引诱和拉拢苏尼特右旗扎萨克、蒙政会秘书长德穆楚克栋鲁普（即"德王"）等人，策动内蒙古"独立"。1936 年 2 月，百灵庙蒙政会保安队官兵举行了武装暴动，反对德王投日。百灵庙的蒙政会名存实亡。

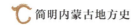 

### 三、中国共产党建立组织并开展革命活动

1919年5月4日，北京爆发了五四爱国运动。内蒙古地区各族青年积极响应五四运动，掀起了反帝反封建爱国运动热潮。经过洗礼，内蒙古地区各族青年有了新的觉悟，一批学生运动骨干崭露头角，开始深入思考国家和民族的未来，走上了寻求救国救民的道路。

#### （一）内蒙古地区共产党组织的创建与活动

1921年中国共产党成立后，开始关注国内民族问题并探索解决办法。1922年，中共二大提出了彻底的反帝反封建的民主革命纲领，同时把国内边疆民族问题列为大会讨论的重要议题。1925年，中共中央出台《蒙古问题议决案》，提出中共对内蒙古地区的工作方针是：联合蒙古族被压迫人民，反对共同的敌人（大地主、王公、帝国主义和军阀等），使蒙古人民的民族解放运动与全中国的解放运动结合起来。中共北方党组织负责人李大钊直接领导了在蒙古族青年学生中宣传马克思主义的工作。

中共中央第四届中央执委会第一次扩大会议通过的
《蒙古问题议决案》

从1923年开始，李大钊及中共北方党组织不断派共产党人

到国立蒙藏学校开展工作，培养进步青年，引导他们走上革命道路。荣耀先成为内蒙古地区走出的第一位蒙古族共产党员。1924年到1925年，多松年、李裕智、奎璧、乌兰夫、佛鼎等人陆续加入中国共产党。随着党员队伍的扩大，中共北方党组织在蒙藏学校建立了由蒙古族党员组成的支部，即中共蒙藏学校支部，多松年任党支部书记。这是中国共产党历史上第一个由少数民族党员组成的党支部。

从1924年开始，在党组织的安排下，蒙藏学校及内蒙古地区的共产党员被选送到广州黄埔军校和农民运动讲习所、苏联等学习深造，部分被派回内蒙古地区开展革命工作。在革命斗争的实践中，内蒙古第一批共产党人成长起来，成为内蒙古民族民主革命的中坚力量。

1924年第一次国共合作形成后，中共北方党组织着手开展内蒙古地区的工作。1925年初，中国共产党建立了热河特别区、察哈尔特别区、绥远特别区和包头（除负责包头地区外，还负责伊克昭盟、河套及土默特部分地区党的工作)4个工作委员会，以国民党的名义公开发动群众，建立基层组织，宣传反帝反封建的革命主张，开展革命活动。10月，中共张家口地方委员会成立，除领导张家口附近的支部外，还领导热河、察哈尔、绥远3个特别区和包头4个工作委员会。1926年春，中共北满地方执行委员会成立，在中东铁路沿线各站段，包括满洲里、海拉尔等车站建立党支部，发展党员。9月，中共绥远特别区地方委员会成立，下设中共归绥县委、中共归绥县西区委员会。中共绥远地委成立后，领导绥远人民开展广泛的革命运动，发展党团组织，成立农民协会，开展铁路工人斗争，支持国民军，反对军阀的统治。

大革命时期，中共北方党组织执行党的联合战线政策和民族

内蒙古农工兵大同盟成立旧址
张家口诚洁旅馆

政策，与各方面的革命力量广泛地结成统一战线，推动了内蒙古地区国民革命的开展。1925年11月底，内蒙古农工兵大同盟成立大会在张家口召开，来自热河、察哈尔、绥远特别区及其他地区的各族代表100余人参加大会。李大钊主持会议并发表讲话，阐述了中国共产党的民主革命纲领，号召内蒙古各族人民联合起来，谋

求解放。大会选举产生了内蒙古农工兵大同盟中央执行委员会，李大钊任书记。会后内蒙古农工兵大同盟在内蒙古各地积极发展盟员，建立基层组织，创办革命刊物，发动各族民众参加反帝反封建斗争。

冯玉祥的国民军在南口战役失败退到绥远后，中共北方区委、张家口地委和绥

五原誓师

远地委分别派出大批党员到国民军中工作，促使冯玉祥投身国民

革命。1926 年 9 月，冯玉祥率国民军在五原举行誓师大会，发表宣言，声讨军阀祸国罪行，抗议帝国主义侵华行径，宣布进行国民革命，参加北伐战争。誓师后，国民军在中国共产党的帮助下进行了整顿，不久分路出师，与北伐军会师中原。

内蒙古地区的农民运动也逐步发展起来。热河、察哈尔、绥远三个特别区许多县、区都建立了农民协会，开展反豪绅、反苛捐、反烟捐的斗争。1926 年晋系军阀占据绥远后，为开辟财源，以清丈地亩、开放烟禁等手段，对绥远各族民众进行大肆搜刮，导致各种社会矛盾日趋激化。1927 年 3 月 28 日，中共绥远地委和国民党绥远特别区党部发动各族各界群众数千人，在归绥旧城南的孤魂滩集会，声讨军阀的专制统治和经济剥削，要求停止清丈地亩，禁种罂粟，废除苛捐杂税，惩办贪官污吏。会后群众捣毁地亩清丈局，并向绥远都统府请愿。群众运动给军阀当局造成了强大压力，最终绥远都统商震被迫接受群众的要求。

1927 年，国民党右派先后发动四一二反革命政变和七一五反革命政变，第一次国共合作破裂，大革命失败。白色恐怖笼罩了内蒙古地区，中共党组织被破坏，大

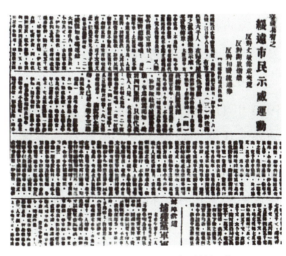

北京《晨报》对孤魂滩事件的报道

量共产党人和革命者被捕，惨遭屠杀，内蒙古地区的革命运动陷

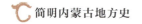

入低潮。

### （二）土地革命战争时期党领导的内蒙古地区革命斗争

1927 年 8 月 7 日，在关系党和革命事业前途命运的关键时刻，中共中央在汉口召开紧急会议（即"八七会议"），确立了实行土地革命和武装起义的方针。之后，中共中央和邻近内蒙古地区的党组织贯彻八七会议精神，制定了在内蒙古地区开展土地革命的指导方针。

1928 年 6 月，中共六大召开，指出中国境内少数民族的问题对于革命有重大意义，特委托中央委员会于第七次大会之前，准备少数民族问题的材料，以便在第七次大会中将其列入议事日程并加入党纲。会后，中共内蒙古特别支部和后来的内蒙古特委、主管内蒙古工作的中共顺直省委以及中共中央，按照中共六大要求，对内蒙古地区的社会政治状况、阶级关系、土地问题以及内蒙古革命的性质和任务等问题，进行了调查研究，并制定了关于内蒙古工作的基本方针。

1929 年发表的中共中央《给蒙委的信》及以此为基础于 1930 年 11 月制定的《关于内蒙工作计划大纲》，对内蒙古的政治经济状况、阶级状况、革命行动纲领等以及具体工作，进行了比较缜密的分析和部署。1931 年，中华苏维埃第一次全国代表大会在瑞金召开，会议提倡各民族一律平等，各民族联合起来共求解放。

上述中国共产党关于内蒙古工作基本方针和政策的制定，有力地指导了内蒙古革命的恢复与发展。在中共中央和上级党组织的领导下，内蒙古地区许多党的组织先后得以建立和恢复，担负起组织和领导内蒙古革命运动的使命。

1927 年 10 月，中共绥远特别支部在归绥成立，下设归绥城区、归绥铁路、归绥手工业工人、包头以及临河五个基层支部，这是大革命失败后党在内蒙古地区恢复建立的第一个党组织。之后，中共内蒙特别支部、中共内蒙古特别委员会、中共绥远地区特别委员会、中共归绥中心县委员会、中共绥远省特别委员会、中共乌审旗工作委员会、中共鄂托克旗工作委员会、中共垦区工作委员会等党组织先后成立。在各级党组织的领导和推动下，热河、察哈尔、绥远等地区的农牧民运动、工人运动、兵运工作逐渐恢复。

这一时期，中国共产党在内蒙古地区长期坚持斗争、成效显著的地方组织是中共西蒙工委。1929 年，佛鼎、乌兰夫、奎璧组成中共西蒙工委，以绥远农村为基地，扎根于蒙古族群众中，积极联络革命者，发展党员，培养干部，组织群众，开展革命活动，在土默川农村广泛建立了活动据点和联络线，并开辟了国际秘密交通线。1931 年，王若飞等从苏联回国，组建中共西北特别委员会，着手发展并组织西北的革命运动。中共西蒙工委全力配合此项工作。11 月，王若飞在包头被捕，中共西蒙工委全力营救无果，直到 1937 年才被组织营救出狱。1933 年秋，中共西蒙工委在包头与中共绥远特委成功取得联络。

## 四、日本帝国主义的侵略与各族各界奋起抗日

自九一八事变开始，日本侵略者持续发动侵华战争，不断扩大侵略范围，企图把中国变成它的殖民地。在亡国灭种的危

急关头，中国共产党坚定地举起抗日大旗。地处国防前线的内蒙古，各族各界掀起了轰轰烈烈的反抗日本帝国主义侵略的斗争。

### （一）日本对内蒙古的侵略与内蒙古地区的抗日救亡运动

1931 年，日本关东军发动九一八事变，短短数月间，中国东北三省被日军占领。1932 年 3 月，在日本关东军的直接操纵下，伪满洲国在长春成立。1933 年 3 月，日军又侵占热河省。至此，内蒙古东部的哲里木盟、昭乌达盟、卓索图盟以及呼伦贝尔地区全部沦陷，被纳入伪满洲国版图。

九一八事变强烈震撼了中国社会各阶层。中国共产党率先高举武装抗日的旗帜，号召全国人民抗日。从 1933 年 9 月到 1936 年 2 月，中共满洲省委领导的东北抗日武装在东北各地以及内蒙古东部地区消灭和牵制了大量日、伪军，沉重打击了日本侵略者的嚣张气焰。

在中国共产党积极抗日主张的影响下，全国抗日救亡运动迅速兴起。日本帝国主义的侵略、欺凌和压迫，激发了内蒙古地区各族民众的民族意识。高文彬、李海山、刘震玉等指挥义勇军在通辽等地不断与日、伪军血战。关玉衡在开鲁县组建辽北蒙边义勇军右路军，成为活跃在东北及内蒙古东部地区的一支重要民众抗日力量。苏炳文在海拉尔组建了东北民众救国军，在富拉尔基等地与日军激战。周荣久领导的奈曼旗抗日救国军，力克八仙筒镇，屡次破敌。

在绥远地区，中国共产党先后建立了绥远反帝大同盟、中华民族解放先锋队绥远队部、绥远牺牲救国同盟会、绥远省妇女会等反帝联盟组织，动员社会各界民众行动起来，积极开展抗日救亡斗争。

日军侵占热河以后，开始向内蒙古中西部蒙旗渗透，在锡林郭勒盟和察哈尔省采取各种手段拉拢蒙古王公，煽动他们进行分裂活动。1933 年 5 月，在中国共产党和抗日军民的支持下，冯玉祥、吉鸿昌等爱国将领在张家口组织

察哈尔民众抗日同盟军开赴前线

察哈尔民众抗日同盟军。同盟军与敌人浴血奋战，曾取得收复多伦的胜利。

1936 年 2 月，在日本人的操纵下，德穆楚克栋鲁普在苏尼特右旗成立了伪蒙古军总司令部，公开投靠日本侵略者。之后在乌兰夫等共产党人引导下，蒙政会保安队近千名蒙古族爱国官兵在百灵庙举行了武装暴动。暴动部队在中共西蒙工委努力下，保留了骨干，许多共产党员在部队中担任了重要职务，成为实际上由中国共产党领导的蒙古族抗日武装。

1936 年 11 月，日、伪军进犯绥远地区。国民党绥远省主席傅作义率部奋起反击，三战告捷，收复百灵庙。绥远抗战，是我国全面抗战前华北地区较大规模的一次战役，开创了中国军队主动迎击、战胜日、伪军的先例。毛泽东称其是"全国抗战之先声"。

### （二）全民族抗战爆发后内蒙古地区的抗日斗争

1937 年，七七事变爆发，日本发动全面侵华战争。日军沿平绥铁路向内蒙古西部地区发动大规模军事进攻，先后占领了张家口、集宁、归绥、包头等地。到 11 月，除伊克昭盟大部、河套地区以及阿拉善旗、额济纳旗以外，内蒙古西部地区基本沦陷。此后，日本侵略者通过扶植伪政权，在内蒙古地区实行残酷统治，给内蒙古人民造成巨大灾难。

日本军国主义的侵略和殖民统治激起了内蒙古各族人民的顽强反抗。中国共产党根据国内形势的变化，调整了对内蒙古地区的工作方针，号召内蒙古各族人民团结起来共同抗日。

在内蒙古东部地区，从 1939 年底至 1942 年，中国共产党领导的东北抗日联军先后 3 次进入呼伦贝尔地区，发动当地少数民族开展抗日斗争。从 1940 年 8 月开始，中共冀东地委和八路军冀东军分区派工作组到热河南部开展工作。1942 年，在承（德）平（泉）宁（城）地区建立了 4 个区级抗日政权。1943 年，中共承平宁联合县工委和承平宁联合县办事处成立，先后建立起 8 个区级抗日政权。1944 年，承平宁联合县游击区扩大到以宁城为中心，东至朝阳、凌源、建平，西到围场、隆化，北至赤峰，南到长城的广大地区，成为中国共产党在长城以北地区建立的深入伪满洲国境内最远的根据地。

在内蒙古西部地区，1938 年，八路军第一二〇师根据中共中央和毛泽东关于创建大青山抗日游击根据地的指示，决定由第三五八旅第七一五团和师直骑兵营一个连，组成八路军大青山抗日游击支队（简称大青山支队），共 1800 余人。另外，第二战区战动总会组建晋察冀边区工作委员会（简称总动委会），和太原成成中学师生组成抗日游击第四支队，与大青山支队同赴大青山开展抗日游击战争。大青山支队和总动委会及第四支队挺进大青山后，仅用 3 个多月时间，就在东起集宁附近的灰腾

八路军大青山支队在行军途中

梁，西到包头，南至黄河，北迄四子王旗的广阔地域，开辟了绥中、绥西、绥南 3 块游击区，打击日、伪势力，建立了基层抗日动委会，创建了大青山抗日游击根据地。大青山位于伪蒙疆政权的核心区，大青山抗日游击根据地的建立，打击了日、伪的嚣张气焰，极大地振奋了民众的抗日信心。

此外，杨植霖、高凤英等人在归绥一带组建的蒙汉抗日游击队，与河套垦区暴动后组建的抗日民族先锋队以及伊克昭盟绥蒙工作委员会等的抗日活动，也都有效地打击了日、伪军势力。

大青山蒙汉抗日游击队在警戒敌人

与此同时，中共中央也十分重视对国民党傅作义部队的统一战线工作。1937年8月之后，傅作义率部先后参加平绥路东段保卫战、忻口会战、太原保卫战。1938年冬，傅作义被任命为第八战区副司令长官，于1939年2月率第35军由河曲抵绥西五原。应傅作义商请，中共中央派出数十名党员和干部帮助其巩固部队、从事统一战线工作，帮助组织了绥远省战地动员委员会，一些中共党员和干部在各个机构中工作。在绥远省战地动员委员会的组织领导下，县、区、乡也成立了动员委员会（简称动委会），不少共产党员、进步人士任县、区、乡动委会区长和主任，还组织农民、工人、妇女、青年、儿童、蒙民救国会等群众组织，既壮大了抗战力量，又为大青山抗日游击战争奠定了深厚的群众基础。

为牵制华北日军南下，1939年12月至1940年3月间，傅作义奉命组织了包头、绥西、五原三场反击日、伪军侵略的战役。河套地区各级党组织积极配合，发动民众参加抗战。八路军大青山骑兵支队破袭了包头、归绥、集宁间的铁路，迟滞了日、伪军的行动，最终取得"五原大捷"。此后，蒙疆地区的日、伪军与河套的国民党军队沿乌梁素海、西山咀一线形成对峙局面，双方再没有举行大规模军事行动。

自1945年初，随着世界反法西斯战争形势的重大变化和中国抗战的不断胜利，日本军国主义必然失败的命运已不可避免。在中共中央领导下，晋察冀中央局和晋绥分局为在华北和热、察、绥地区的战略反攻做好充分准备。在抗日军民的强大攻势下，日本侵略者在绥蒙地区的统治摇摇欲坠，不得不放弃一系列据点，退守主要城镇和平绥铁路。

1945 年 7 月 26 日，中、美、英三国发表了敦促日本投降的《波茨坦公告》。8 月 8 日，苏联对日本宣战。8 月 9 日，毛泽东发表《对日寇的最后一战》的声明。8 月 10 日，朱德发布大反攻的命令。8 月 12 日，八路军晋绥部队与遍布绥南、绥中的游击队同时行动，以归绥为中心的北线反攻作战全面展开，解放了大青山地带，包围了归绥城。晋察冀部队向大同、丰镇、集宁、商都、张家口等地进军，配合苏联红军作战，解放了察哈尔及绥东地区。在内蒙古东部地区，随着苏联红军的出击，日伪政权纷纷瓦解。中共冀热辽中央分局迅速派遣干部和武装人员进入昭乌达盟、卓索图盟和哲里木盟等地接收政权，组建武装，开辟根据地。

晋绥部队向绥远进军

8 月 15 日，日本天皇宣布无条件投降。9 月 2 日，日本代表在无条件投降书上签字。至此，中国抗日战争暨世界反法西斯战争胜利结束。内蒙古沦陷地区各族人民也摆脱了日本侵略者的殖民统治。

## 五、抗战胜利后的局势与解放区的自卫

抗战胜利后，内蒙古地区出现了错综复杂的形势。国民党为恢复和加强在内蒙古地区的统治，极力阻挠八路军向敌伪收复失地，同时出动大批兵力抢占重要城市和战略要地，并向解放区发动进攻。中国共产党在力争实现国内和平的同时，在军事方面采取了针锋相对、寸土必争的方针，领导解放区军民与国民党展开斗争，以保卫胜利果实。随着国共两党斗争的加剧，内蒙古地区与全国一样，又处在内战阴云的笼罩下，各族人民面临着两种前途、两种命运的抉择。

面对严峻局面，如何将内蒙古地区的革命运动引向正确的发展方向，解决好内蒙古地区的民族问题，成为中国共产党面临的重大课题。早在抗日战争胜利前夕，中共中央就认识到绥蒙地区的重要性并高度重视绥蒙地区的工作。1945 年 7 月，绥蒙政府成立，乌兰夫被任命为主席。9 月，绥蒙区党委成立，全面领导绥蒙地区的工作。同时，中共中央提出以控制东北为核心内容的"向北发展，向南防御"的战略方针。10 月，中共中央指示晋察冀中央局和晋绥分局，提出实行区域自治是目前对内蒙古地区的工作方针。

日本投降后，国民党傅作义部抢占了大同以西的全部铁路及沿线要地，控制了绥蒙大部分地区，与驻平津地区的国民党军队相呼应，对热河、察哈尔两省解放区构成了严重威胁。在中国共产党领导下，内蒙古各解放区和各族人民开展了自卫战争。1945 年 10 月，晋察冀军区和晋绥军区联合发动了平绥战役，歼敌 1.2 万余人，阻止了傅作义部东进的企图，收复了丰镇、集宁、凉城

等县城，解放了绥东、绥南广大地区，巩固了绥蒙解放区，为在内蒙古中部地区建立解放区、配合进军东北夺取战略先机创造了有利条件。

1946 年 1 月国共停战令生效前，傅作义部又向绥蒙解放区进犯，企图抢占集宁。解放区军民进行猛烈反击，共歼灭国民党军 4000 余人，遏制住傅作义部进攻的势头，打破了国民党在华北地区抢占战略要点的图谋，为华北地区赢得了暂时和平，同时有力支援了在重庆召开的政治协商会议上进行的斗争和东北地区的军事斗争。

1945 年 9 月，中共中央决定成立东北局，并从各根据地抽调 2 万多名干部和 10 万多人的部队迅速挺进东北，内蒙古东部地区成为重要通道。国民党则在美国的帮助下，通过海运、空运调动军队大举北上，恢复原有建制，组织地方武装，妄图独霸东北。中共中央东北局根据中共中央制定的"让开大路，占领两厢"的战略决策，在距离大城市和交通要道较远的城镇、乡村创建根据地。有关的中央局、省委和军区陆续派出干部分赴内蒙古东部地区开展工作，广泛发动群众，创建和发展根据地。

热河省是东北的西南部屏障，是联系东北和华北的枢纽，所以中共中央把热河省作为必须完全控制的战略要地。从 1945 年 9 月至 1946 年 2 月，中共中央在赤峰地区先后建立了中共热中、热北、热辽 3 个地委。大批干部深入各地，建立党组织和政权，发展武装力量。一个以热河为中心，联结东北和华北的冀热辽根据地很快建立起来。

为打开内蒙古东部地区的工作局面，1946 年 4 月，成立了中国共产党东蒙工作委员会。中国共产党东蒙工作委员会深入群众，宣传党的路线、方针、政策，特别是民族政策，发展党员，建立党组织，建立干部学校，组建工会，领导群众开展锄奸反霸、减租减息斗争，为建立、巩固根据地奠定了基础。

至 1946 年初，中国共产党在内蒙古东部地区的各项工作初步展开。经过广泛、深入的宣传，中国共产党民族政策的影响力进一步扩大，团结争取了大批蒙古族进步青年以及部分上层人士，从而为促进内蒙古解放区和内蒙古自治运动健康发展创造了有利的条件。

## 第二节　产业的多元发展与深度融入国内经济体系

晚清民国时期，伴随着国内政治经济的巨大变革，内蒙古地区的经济也发生了重大变化，呈现缓慢曲折发展态势。传统的曾经占有主导地位的游牧业生产界线向北向西移动，区域在缩小。与此相应，清前期即移入的农业，范围和规模持续扩大，尤其是清末和民国的放垦政策，使得农业成为该地区的支柱产业。商业形式从传统向现代转变，一些区域性商业中心出现。近代工矿企业开始兴办，交通网络初步形成，与内地的经济联系日益密切。

### 一、牧业发展新态势与农业规模的持续扩大

清末，清政府为解决财政压力，在内蒙古放垦草原约 4300

万亩。民国时期，北京政府又放垦草原约 1400 万亩。[①] 适宜放牧的地区受到挤压。草原面积缩小，草场受到破坏。牧区的抗灾能力降低，灾害造成牲畜损失，数量普遍下降。

清朝中晚期以后，封禁政策逐步松弛。内地民众来到内蒙古地区垦荒谋生，内蒙古的农业区进一步扩大，广泛分布于适宜开垦耕种的河谷、平原，促进了农业发展。清末，兴和、陶林、武川、五原、东胜五厅的出现，正反映出内蒙古西部农业人口急剧增加、农耕区不断扩大的现状。河套地区所产粮食不仅满足当地需要，还被运销邻近蒙旗和包头、归化城等地，以至外蒙古地区。

农产品的种类、数量均有增加。内蒙古西部地区，主要种植谷子、小麦、莜麦，其次为荞麦、高粱、黍子。大青山前盛产糜、黍、粟、谷子，归化城一带出产高粱，五原、临河及大青山后盛产麦子。武川和绥远县产莜麦，远近驰名。以洮南为中心的科尔沁右翼三旗南部和郭尔罗斯前旗等地，盛产玉米、高粱、谷子等杂粮。到 1936 年，内蒙古全区农作物播种面积已经发展到 339.8 万公顷；1947 年内蒙古自治区政府成立时，全区农作物播种面积 347.9 万公顷，农业人口达 503.2 万人，占总人口的89.6%，农业在全区国民经济中居重要位置。[②] 但是，农作物产量广种薄收，生产技术较内地落后，农业生产力水平总体不高，整体发展水平有限。

---

① 内蒙古自治区畜牧业厅修志编史委员会合编：《内蒙古畜牧业发展史》，内蒙古人民出版社 2000 年版，第 56 页。

② 《内蒙古自治区志·农业志》编委会：《内蒙古自治区志·农业志》，内蒙古人民出版社 2000 年版，第 2 页。

晚清民国时期，牧区、农区、半农半牧区交错分布在内蒙古地区。在半农半牧区，部分牧民逐渐兼营农业生产，家庭成员分工劳作，有的人常年放牧，有的人专事农耕。秋收后，牧民利用田间农作物残茬杂草放牧。在大雪封冻、春草不接时，用农作物秸秆饲喂牲畜。农牧的结合，促进了农业对牧业的支援，牧业也为农业生产提供了充足的耕牛、挽马，增加了农田肥力的粪肥。

内地迁徙来的农民和手工业者，在草原城镇附近以及商路沿线开垦荒地并种植粮食、蔬菜，就地解决日常生活所需粮食和饲养牲畜的草料。从农民那里，有些牧民学会了耕耘、收获和打井、灌溉土地以及盖房、修棚、搭圈、储草、割草防灾等知识和技能。有些牧民还利用农产品酿造，制作食品和日用杂品，并学会了制造各种小生产工具、器皿和宗教用品，各种手工业作坊日渐增多。随着社会经济门类增多、生产发展，部分牧民逐渐走向定居或半定居生活。

## 二、曲折发展的商业

清朝中晚期以来，旅蒙商人活跃在内蒙古各地，商贸活动不仅集中在沿边集镇，还逐渐扩展到草原牧区。商路纵横，商旅如流，牛车驼队往来不断。每年有大批牲畜，各类皮张、绒毛、药材和蘑菇等土特产品，通过旅蒙商人运销到山西、河北、东北、河南、山东和京津等地。同时，江浙的丝绸、河北的土布、湖北的砖茶、山西的生烟以及京津等地的糖、酒和火柴等日用商品，又通过旅蒙商人源源不断供应到蒙古各地。旅蒙商人解决了牧区畜牧产品长期无人收、生活用品无处购买的困难，也解决了内地农业急需的耕役畜、工业需要的皮毛等原材料和城市居民肉食、药材等的需求。

召庙定期举行的庙会和草原上夏末秋初的那达慕大会，是各族群众进行宗教活动、文化娱乐和物资交流的特有形式。赶庙会的王公贵族、牧民群众和各路商客云集，寺庙周围商户帐篷和牧民蒙古包沿街林立，牲畜皮毛、布匹绸缎、茶酒烟糖，百货汇集，还有赛马、摔跤、射箭比赛。庙会及那达慕大会期间，人来车往，有买有卖，玩耍娱乐，盛况非常，形成了独具特色的草原集市。

晚清民国时期，一些政治中心、宗教中心或交通枢纽，逐渐发展成为内蒙古地区的商业重镇。归化城（今呼和浩特旧城）商店林立，行业齐全，东通京津，西达新疆，南至中原，北连外蒙古，四通八达。京绥铁路开通到包头，促进这一地区产生商业、手工业、饮食服务业门类众多的九行十六社，成为沟通西北与华北的粮食、皮毛、药材中转集散中心。多伦诺尔是清代著名的宗教活动场所，在道光至光绪年间，商铺多达4000余家，仅清真糕点铺就有40多家。海拉尔是内蒙古东部地区的经济中心。光绪年间，海拉尔的商铺发展到百余家，成为达斡尔、鄂温克、鄂伦春等少数民族牧业、林业和狩猎产品的集散地。阿拉善定远营（今巴彦浩特镇）建于清代，民国时期兴盛。定远营的大小商店多达百余家，来自甘肃、山西、宁夏、绥远、山东、河南、河北等地的客商，频繁往来于此，带来内地的粮、茶、酒、烟、糖、棉、布匹、丝绸等，输出草原地区的皮、毛、肉、苁蓉、甘草等，是内蒙古西北地区的重要商业中心。清朝末年，与山西省毗邻的丰镇县（今丰镇市）已发展成为商铺众多、客商云集的商贸重镇，仅从事往返漠南漠北运送茶叶、皮毛货物的板车运输业，就拥有牛车 2000 余辆。

内蒙古地区的商业，也是在内忧外患的环境中曲折发展的。清末，在内蒙古地区销售的 150 多种日用商品中，进口货物就有 120 多种。抗战期间，内蒙古大部地区处于伪满洲国、伪蒙疆政权等日、伪势力的统治压迫下，出现大量各种垄断性的株式会社。日伪政权辖区内的煤炭、木材、钢铁、电力、粮食、大豆、牲畜、皮毛、布匹、棉花等，均被作为日、伪战略物资，统由日、伪企业垄断经营。帝国主义的侵略与掠夺，导致内蒙古地区的商业举步维艰。

抗战胜利后，在中国共产党领导的解放区，诞生了新型的商业模式。1946 年 3 月，经中共晋察冀中央局批准，在张家口成立了内蒙古历史上第一家由中国共产党领导的内蒙古实业股份有限总公司。实业公司主动走访当地的王公贵族，宣传党的民族政策和全心全意为内蒙古各族服务的经营宗旨，恢复当地盐、碱、煤炭的生产经营，协助盟旗政府给牧民发放救济物资，派遣流动小组深入牧区赶庙会、串蒙古包，上门收购，送货到家。公司还收购农畜产品，销售日用工业品，一律实行明码标价，按质论价，公平交易。因此，公司受到了广大牧民的欢迎和信赖，也赢得了当地王公贵族的支持。内蒙古自治政府成立后，公营商业逐渐扩展到所辖区域的农村牧区和城镇。在内蒙古商业史上开创了买卖公平合理，全心全意为各族人民服务的贸易，受到广泛欢迎和信赖。

## 三、近代工矿企业开始兴办

内蒙古地区近代工业的发展较晚。在外国资本主义的刺激和国内洋务运动的影响下，部分商人、官僚、地主和王公贵族逐步投资新式的工矿企业。与此同时，个体手工业与带有资本主义因素的工场手工业也有了一定的发展。

### （一）近代工业萌芽

近代以来，内蒙古地区的手工业主要还是在原有基础上发展，经营方式、加工门类、产品品种都没有很大改进，而且主要集中于较大的城镇或农业区的商业集镇。其部门和产品，仍以传统的皮革加工、制毡、木器加工、打制铁器和其他金属器皿等为主，而且很多是由商业店铺兼营的附设小型作坊制作。

19世纪末，特别是清末新政倡办工商实业以后，内蒙古地区开始出现了具有资本主义性质的新式企业和实业，主要有归化城毛纺工艺局、哲里木盟郭尔罗斯前旗大布苏造碱公司、喀喇沁右旗综合工厂、大兴安岭祥裕木植公司、赤峰涌源隆面粉厂以及蒙古实业公司等，这给内蒙古地区增添了先进的近代资本主义经济成分。

民国以后，内蒙古地区的工业有了一定的发展。手工业作坊与工厂手工业在许多城镇逐渐建立和发展起来。归绥、包头、海拉尔、通辽、赤峰、多伦等城镇已成为手工业和商业贸易中心，地毯制造已形成一定规模和鲜明的民族特色和地区特色。

20世纪20年代后，随着铁路的修筑，近代工业在铁路沿线的归绥、包头、通辽、海拉尔等城市开始有了一定程度的发展。

1923 年，通辽电厂兴建。1926 年，赤峰电厂兴建。1929 年，绥远电灯股份有限公司兴建，后附设面粉厂。1930 年，包头电灯、面粉股份有限公司成立。此外，集宁、丰镇、乌兰浩特、扎兰屯、牙克石等地也相继建立兼营面粉或专营电业的小厂。1933 年，绥远省建设厅倡建的官商合营的绥远毛织厂是内蒙古第一个使用机械生产的毛纺织厂。此外，还兴办了包头水茂源甘草公司、归绥甘草膏厂、赤峰麻黄厂等。

### （二）采矿业的发展

内蒙古地域辽阔，矿产资源极为丰富，天然盐、碱和煤、铁、金、银、铅、铜等矿藏，遍布内蒙古各地。这些矿藏在 19 世纪以前还极少得到开采利用。1852 年，清政府为筹集军饷，谕令各地招商开采金银各矿，内蒙古地区出现了第一批采矿业，主要有阿拉善旗境内的哈勒津库察山银矿、翁牛特右旗境内的红花沟金矿、喀喇沁右旗境内的土槽子银矿、喀喇沁中旗境内的长杭沟银矿等。数年之后，由于矿产不丰、经营不善等原因多数停采。

1896 年，清政府再次谕令开采各地矿藏。在此前后，又有一批矿藏得到开采，其中主要有敖汉旗境内的金厂沟梁、转山子金矿，翁牛特右旗境内的红花沟金矿、水泉子沟金矿，喀喇沁右旗境内的土槽子银矿以及呼伦贝尔境内的扎赉诺尔、甘河煤矿等，甚至还一度购买外国机器用西法开采。

民国时期开采的主要是成本低、开采技术简单、易于开采的矿产，以煤炭、盐为大宗。1914 年，官商合办的漠南矿业股份有限公司开始在内蒙古西部石拐矿区开采煤炭、云母、石棉等矿产品。1931 年，绥远省政府对境内的已开各矿作了一次调查，总计有 28 个矿，其中石棉矿 1 个、盐矿 1 个，其余 26 个矿均为煤矿。

盐仓旧址
位于内蒙古阿拉善盟阿拉善左旗巴彦木仁苏木

内蒙古地区的工矿业虽然在近代得到了一定的发展，但在帝国主义经济侵略下，这些微弱的民族工业始终未能获得长足发展。到内蒙古自治区成立的 1947 年，全区工业总产值只有 0.53 亿元，仅占工农业总产值的 8.6%；到 1949 年，也只有 0.69 亿元。年度工业总产值在工农业总产值中所占比例，只有 10%。[1]

## 四、现代交通兴起，交通网略具雏形

晚清时期，内蒙古地区的道路交通延续了北京通往蒙古各地的五路驿站的基本格局。随着外国势力入侵，局部地区的交通发生了一些变化。1896 年，沙俄通过《中俄密约》攫取了满洲里经哈尔滨、绥芬河到海参崴修筑铁路的特权。1903 年，铁路通车运营，即中东铁路。该线横贯呼伦贝尔，是内蒙古地区的第一条铁路。铁路通车后，周围传统的驿站、驿传体系逐渐失去作

---

[1]　林蔚然、郑广智主编：《内蒙古自治区经济发展史（1947—1988）》，内蒙古人民出版社 1990 年版，第 14—15 页。

用。到 20 世纪二三十年代，张家口驿道、杀虎口驿道，或者改成了公路，或者基本废弃。民国时期，内蒙古地区现代交通运输开始兴起。公路、铁路运输业显著发展，民用航空线也陆续出现。

### （一）公路

内蒙古地区汽车运输的出现早于公路建设。1918 年，大成汽车公司开办了张家口至外蒙古库伦（今蒙古国乌兰巴托）的长途运输业务。1919 年，内蒙古地区第一家汽车运输公司——西北汽车运输公司成立，开办了归绥至丰镇、归绥至包头的运输业务。此后，海拉尔、通辽、赤峰、满洲里等地也相继出现了汽车运输公司。全民族抗战前夕，内蒙古西部地区已经形成归绥、包头、集宁 3 个汽车运输中心。

当时，汽车行驶的路线均为自然道路或车马大道，路况较差。随着汽车运输量的增加，各地也陆续开始对道路进行整修，相继出现了一些由马车道经整修而成的初级公路。1925 年，包头、五原一带的原有畜力车道修整为公路，时称包头宁夏汽车路。在此基础上，1929 年绥远省建设厅按照公路工程标准修筑了包宁汽车公路，在绥远省境内的一段称包乌汽车路。这是内蒙古第一条按工程标准施工修建的干线公路。此后，绥远省、察哈尔省以及内蒙古东部的昭乌达盟、哲里木盟、呼伦贝尔和西布特哈地区，都有计划地修建了公路。到 1937 年，内蒙古地区共有公路 10 条，总长 1408 千米。抗战期间，内蒙古的公路设施和公路运输业遭到严重破坏。到内蒙古自治政府成立时，能够勉强通车的公路仅有 10 余条。

内蒙古地区的公路，多是在自然路基础上发展起来的，人工整修的部分很少，桥梁更少，重要道路的主要隘口、关口、渡口变化不大。在一些偏远地区，人们出行、运输，仍主要使用畜力车驮。

### （二）铁路

1905 年，京绥铁路在工程师詹天佑的主持下动工，1921 年修至归绥，1923 年修至包头。这是由中国自筹资金、自行设计、自行施工的第一条铁路。该铁路全线 816.2 千米，内蒙古境内长度为 394.3 千米，是内蒙古地区东西运输的大通道，极大地便利了内蒙古中

平绥铁路白塔火车站旧址

位于内蒙古呼和浩特市东郊

西部地区与内地的人员往来和货物贸易。

20 世纪 20 年代后，内蒙古东部地区修建的铁路有平齐线、大郑线、牙林线和博林线等。九一八事变后，日本为掠夺中国东北的森林、矿产资源，先后修建了洮杜铁路、叶赤铁路、包石铁路。到 1947 年，内蒙古境内有铁路线 8 条，总长度 1839 千米。东部地区的各条铁路与东北铁路网相连，西部的京绥铁路与华北铁路网相连。在传统驿道基础上，以铁路交通线为主干道，以公路为支线，形成了初级的现代道路网。

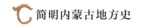

### （三）航空

20世纪30年代，内蒙古出现民用航空事业。1931年，中德合资兴办的欧亚航空公司，在满洲里、林西等地建立航空站，开辟了上海—南京—北平—林西—满洲里航线，这是内蒙古地区首条民用航空线路。1934年，该公司在包头修建机场，开辟兰州—银川—包头航线。抗日战争胜利后，国民政府管理下的中国航空公司于1947年开辟了北平—归绥—银川—兰州航线。1931年至1949年，内蒙古地区先后开辟民用航空线11条，通航里程为10275千米，通航城市9个。

现代交通的发展，使内蒙古地区原有的交通格局发生了很大变化。新兴的铁路、公路取代了传统驿道、商道。内蒙古地区的商业中心和交通枢纽随之转移到铁路沿线。铁路枢纽城市如包头、归绥、集宁、丰镇、海拉尔、满洲里等，因此得到较快发展。现代交通的兴起，也为内蒙古地区与其他地区间的经济文化交往、交流、交融提供了便利条件。

## 第三节　新式教育的兴办与文化认同程度提高

内蒙古地区的新式教育发端于清末新政，学制、课程与内地大体相同，不同的是内蒙古地区的新式教育发展缓慢，而且除了县域教育外，还有蒙旗教育。晚清以来，内蒙古地区各族之间以及与内地之间，交流越来越密切，文化认同范围越来越广，文化认同程度不断提高。

## 一、学校教育规模逐渐扩大

内蒙古地区的学校教育是在晚清教育改革中兴起的，中华民国成立后有了进一步发展。

### （一）小学教育兴起

清代内蒙古地区建有少量的书院，人才培养的目标是参加科举考试，教材以《百家姓》《千字文》等蒙养教材和"四书""五经"等儒家文化经典为主。创设较早的书院是乾隆年间建立的启运书院和赤峰书院，晚清先后有萨拉齐的育才书院、绥远的长白书院（1877年更名启秀书院）、多伦的兴化书院、归化的古丰书院创建。清末新政之际，书院大都改建为学堂。例如赤峰书院改为赤峰高等小学堂，启运书院改为土默特高等小学堂。

在清末新政的推动下，内蒙古地区开始兴办小学教育（亦称初等教育）。内蒙古地区的新式学堂和内地一样，以新式教法，教授修身、历史、地理、算学、理科等课程，兼及四书五经。蒙旗学校多采用蒙古语授课，兼学国语。①

1902年，卓索图盟喀喇沁右旗创办的崇正学堂开内蒙古地区新式教育之先河。崇正学堂主要招收旗内子弟，相邻蒙旗亦有学生入学。1903年，喀喇沁右旗又建立守正武学堂（军事学堂），

① 清政府于1911年明确"国语"须以"京音"和"官话"为基准。1912年民国政府把学校的语文课统一定名为"国文"课，1922年把"国文"课更名为"国语"课。

同年 12 月创办毓正女学堂，合称"三正"学堂，在近代内蒙古地区享有很高的声誉。

中华民国成立后，几次改定学制。1922 年，初等教育改为 6 年，即初小 4 年，高小 2 年。重新规定了小学课程，有党义、国语、自然、社会、算术、美术、体育、音乐等课程。民国时期，内蒙古地区的小学校有新设立的，也有由晚清的学堂和私塾转化的。从办学主体看，有蒙旗筹建的小学，也有县政府创办的小学。内蒙古地区的小学教育呈现较快发展的趋势。

与清末比较，蒙旗小学有了一定程度的发展。1918 年，索伦旗开办了呼伦贝尔私立蒙旗小学，鄂伦春族聚居地区建立了 7 所小学。至 1922 年，呼伦贝尔地区共设小学 11 所，大部分是蒙古族、达斡尔族、鄂伦春族和鄂温克族子弟。察哈尔八旗每个旗都建立了 1 所初级小学。到 20 世纪 30 年代，即使偏远的蒙旗，也建立了小学校。

县域小学发展迅速。在内蒙古东部地区，至 20 世纪 20 年代，开鲁县有国民初级小学男校 6 所、女校 1 所；赤峰县设立两级小学 7 所、初级小学 8 所、女子初级小学 2 所；林西县和突泉县各有 12 所县立初级小学；通辽县公立小学发展到了 54 所。在内蒙古西部地区，归绥县有 5 所小学，每校有初级班和高级班；武川县有 19 所小学校；和林格尔县有 73 所小学校；五原县有 28 所小学校。

抗战时期，内蒙古的小学教育受到严重的冲击。抗战胜利后，内蒙古地区的小学教育逐步恢复，但受战争等因素影响，发展缓慢。直至新中国成立后，内蒙古各地的小学教育才得以迅速发展。

### （二）中学教育日渐发展

内蒙古地区的中学教育亦始于清末，与小学教育比较，中学教育规模比较小，普及程度不高。清末建立的中学主要有1903年建立的热河中学堂和1904年建立的朝阳县中学堂。民国成立后，内蒙古地区的中学教育有所发展，但是学校和学生的数量不多。高级中学一般设在人口密度大的政治、商业中心地区，初级中学多设在县治所。所有课程均遵照教育部编订的学制设置，使用教育部指定的教材。蒙旗的学校，授课语言多用蒙古语，有的使用汉语，有的蒙古语和汉语兼用。因缺乏经费和师资，教育部所规定的科目难以全部开设。

直到1923年，呼伦贝尔才建立了呼伦贝尔蒙旗中学（今海拉尔第一中学的前身）。1926年，通辽建立了县立初级中等学校。热河地区，有赤峰初级中学和喀喇沁旗的崇正国民高等学校。内蒙古西部地区的中学教育略好一些，1912年，归绥中学堂改为归绥中学，1925年改名为绥远区立第一中学校。到1932年，绥远省中等学校增加到7处。与此同时，私立中学教育也有所发展，有正风中学校、河套中学校、恒清中学、奋斗中学，为数不多。

### （三）师范教育得到重视

师资是发展教育的关键。清末新政时期，内蒙古地区的师范教育得到初步发展。1905年，呼伦贝尔的东布特哈设立初级师范预备科。1908年，在省城（齐齐哈尔）创办黑龙江省满蒙师范学堂。1907年，归绥道设立简易师范科一个班，为绥远地区

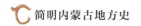

师范教育的开端。

民国成立后，内蒙古各地纷纷建立师范学校或师范速成班。1912年，蒙藏事务局在蒙古学堂的基础上创办了蒙藏学校，设立了二年制师范速成班和三年制师范科。呼伦贝尔地区，1928年在省城齐齐哈尔建立了黑龙江蒙旗私立师范学校，招收扎赉特旗、杜尔伯特旗、齐齐哈尔、呼伦贝尔、布特哈附近的蒙古族、满族和达斡尔族等各族子弟。在通辽县、突泉县、开鲁县、林西县、赤峰县、喀喇沁中旗均设立了师范讲习科、简易师范讲习所、师范传习所、乡村师范班等培养师资的教育机构。察哈尔地区，1914年在张家口创设了蒙旗师范讲习所，后改称察哈尔区立师范学校，1928年改称察哈尔省立第一师范。绥远地区师范教育发展较快，1922年成立的绥远师范学校，是绥远地区最早的一所中等师范，后改为绥远省立第一师范学校。据统计，1927年至1937年，在绥远地区先后创办的师范学校、师范班有绥远省立第一和第二师范学校、五族学院师范班、绥远区立女子第一师范学校、中央政治学校包头分校师资班、国立绥远蒙旗师范学校等。

抗战胜利后，国民党绥远省政府成立了绥远省河西师范学校，这是伊克昭盟境内第一所师范学校。1946年9月，成立国立绥远蒙旗师范学校。据绥远省教育厅统计，1947年绥远省的师范学校有省立师范学校、省立归绥师范学校、省立归绥女子师范等6所。

### （四）职业教育开始兴办

早在洋务运动时期，洋务派创办了一批旨在培养技工的新式学堂，这是中国近代职业教育的雏形。清末新政时，在普通教育中渗透职业教育。中华民国成立后，将实业学堂改称实业学校。1915年，将实业学校改为职业学校。

内蒙古地区的职业教育起步比较晚，发展缓慢，整体相对落后，而且发展不平衡，东部地区很少，西部地区发展较快。1915年，绥远设立归绥公立甲种矿业学校1所。1924年，在归绥成立了私立西北实业学校。该校相继改称绥远全区职业专门学校、绥远区立职业学校、绥远省立归绥农科职业学校，开设了商、农、牧3科。1934年，绥远省政府将中山学院改组为绥远省立归绥工科职业学校，设置了毛织科、制革科。归绥沦陷后该校停办。在科尔沁左翼三旗蒙汉学堂附设初级中学1所（农科），称哲盟农科职业中学。赤峰县于1927年曾设立职业学校商科，不久停办。

抗战胜利后，国民党控制的绥远地区设有归绥农科技术学校、五原初级农科职业学校、归绥高级助产学校等。在中国共产党领导的解放区，也创办了学制规模不等的职业学校。

晚清民国时期，随着西方教会势力在内蒙古地区扩张，各地纷纷建立教堂，附设了教会学校，招收教徒子女入学。中华民国成立后，绥远地区在教育部立案的教会学校多达131所。

抗战时期，内蒙古地区东部处在伪满洲国统治之下，西部处于伪蒙疆政权统治之下。日本在其控制区域内设立国民学校（普通小学）、国民优级学校（高小）、中等学校、职业学校和师道学校，建立以奴化教育为核心的殖民教育体系，大力推行奴化教育。

## 二、社会教育日渐开展

清末新政时期，随着教育改革的深入，创办了一些简易识字学塾、图书馆等，在内蒙古地区没有产生太大的影响。有记载的是 1908 年归化城创立了归化城图书馆。1912 年，南京临时政府成立了领导社会教育的组织机构——社会教育司，在全国推行社会教育。社会教育司将简易识字学塾改称简易识字学校或平民学校。此外，积极推动各地筹建民众学校、图书馆、各种补习学校、民众问字及代笔处、通俗讲演所、电影场、公园和国术馆等社会教育机构和设施，以致社会教育种类达 60 多项。内蒙古地处偏僻，社会教育的发展较为缓慢，大多开设成本低廉的识字学校。总体而言，内蒙古西部地区社会教育类型多样，民众学校、图书馆等社会教育机构数量较多。

民国时期识字类型的社会教育非常普遍。扎鲁特旗成立了识字运动委员会，在全旗推行识字运动。1931 年，开鲁县成立识字运动委员会，设有 3 所公立民众学校。通辽县城内有 1 所民众学校。这些学校以识字为主，并授以简易之工商农事职业常识。热河省每县有 1 所教育会，各县设立通俗教育馆、民众学校或补习学校。察哈尔省也在各地成立民众学校，招收 12 岁至 45 岁学员，开展识字运动。

绥远地区的社会教育较突出。1925 年，绥远全区通俗教育讲演所成立，后改为绥远社会教育所和绥远省立民众教育馆。1927 年春，绥远平民学校改名绥远第一平民学校，并设第二平民学校。在萨拉齐、托克托、武川、和林等县，由县教育局各办平民学校 1 所。据 1931 年统计，绥远省有民众识字处、公立民众学校、私立体育传习所（班），出现了妇女补习学校。此外，绥远省还设有公立民众阅报处、公立图书馆、通俗讲演所、公立民众问字及代笔处、公立音乐会所、公立电影厂等社会教育机构。①

抗战时期，社会教育较学校教育受到的冲击更大。抗战胜利后，各地开始恢复社会教育。绥远省立民众教育馆及归绥、萨拉齐、武川、固阳、托克托和陶林等县立民众教育馆恢复。这些民众教育馆大多附设民众学校或民众夜校，致力于识字、讲演等事宜，在扫除文盲和启迪民智上有一定作用。总体来说，远不及抗战前的社会教育。

抗战胜利后，中国共产党在内蒙古解放区积极推进社会教育，开展民众识字教育、通俗讲演，出版壁报，实施生活指导和卫生指导。但是，由于解放区不断遭到国民党军的围攻，社会环境不稳定，社会教育事业发展极不顺利。

### 三、报纸杂志陆续创办

清末民初以来，内蒙古地区以报刊为代表的大众传媒得到较快发展。

内蒙古地区最早的报纸是卓索图盟喀喇沁右旗王府创办的《星期公报》，1905 年已经出刊，具有政报性质。同年，崇正学堂出版了《婴报》，刊载科学知识、国内外新闻、各盟旗政治动

---

① 教育部编：《中华民国 20 年度全国社会教育统计》，南京大陆印书馆1934 年版，第 92—93 页。

态及针对时局的短评等内容。

民国成立后，内蒙古报刊业发展不平衡。东部地区少，有民办的《丙寅》。归绥和包头地区报刊业发展较快。1912 年，创办了内蒙古西部最早的报纸《归绥日报》。此后有民营小报《晋边日报》《绥远日报》《包头画报》等问世，这些报纸存续时间短，影响小。1918 年，绥远总商会创办《西北实业报》，是内蒙古地区第一份对开大报，影响比较大。

1913 年 1 月的《归绥日报》

现收藏于内蒙古博物院

1925 年，冯玉祥出任西北边防督办，官办报刊异军突起。绥远各机构大都创办了报刊。其中，绥远都统署出版了《绥远月刊》，绥远教育厅编印了《绥远教育季刊》，绥远垦务总局编印了《绥远蒙文周刊》。这些报刊以发布政令、宣传方针政策为宗旨。与官方报纸强势发展相反，民营报纸进一步式微。有归绥的《西北实业报》、包头的《国民日报》《国民新闻》等。这个时期，报刊受军阀混战的影响严重，时办时停，名称亦时有变更。

南京国民政府建立后，内蒙古地区的报刊种类较之前增加了很多，尤其是官方报刊占有极为突出的位置。属于绥远省政府系统的报刊有《绥远民政刊要》《绥远省政府公报》等近 20 种。属于国民党绥远省党部系统的报刊有《绥远民国日报》《绥远实业周报》《蒙古新闻社稿》等。属于军队系统的报刊有《七十三师军报》《第三十五军军报》等。此外各县（设治局）也有报刊，如《包头日报》《武川周刊》等。在内蒙古东部，有不定期出版的《赤峰热区民报》。在这一时期，社会组织也纷纷办报刊。绥远省农业学会创办有《寒圃》，蒙古文化改进会创办了《蒙古月刊》。

九一八事变后，内蒙古地区的报刊业遭遇了严重挫折。日、伪在其控制区内封闭进步报刊，创办服务其殖民统治的报刊，宣传奴化思想。

在内蒙古的国民党统治区，坚持通过报刊宣传国民党的抗日政策，发布抗日新闻及政令，影响比较大的有《绥远民国日报》等。蒙古文化馆创办了《文化专刊》，绥蒙服务团创办了《绥蒙月刊》（1945 年改为《新绥蒙》）。这些报刊以刊载国民党的方针政策为主，由于时局动荡，具有存续时间短、发行量小的特点。

在中国共产党领导的抗日根据地，八路军绥蒙游击支队政治部和绥察游击区行署油印出刊了《绥蒙抗战》和《蒙汉团结》等报，宣传中国共产党的抗日方针政策，报道抗日消息，成为根据地人民和沦陷区人民了解中国抗战的窗口。

抗战胜利后，内蒙古地区的报刊业得到恢复和发展。东部解放区，出版了《人民之路》等报刊，宣传中国共产党的方针政策，发动群众，争取民族解放。"四三"会议后，内蒙古自治运动联合会将《东蒙新报》改为《内蒙自治报》，成为引导各报宣传的核心。1948 年 1 月 1 日，改为《内蒙古日报》，成为中共内蒙古自治区委员会机关报。同年，内蒙古日报社创办《人民知识》，内蒙古自治政府编印了《内蒙古自治政府公报》。此外，在各盟、旗、县也创办报纸，如锡察行政委员会有《今日新闻》，中共昭乌达盟委员会有《牧农报》，呼伦贝尔地区有《呼伦贝尔报》，科尔沁右翼前旗有《草原之路》，等等。这些报刊有力地宣传了中国共产党的各项方针政策，及时报道各地的革命新闻。

在内蒙古西部，国民党党政机关迁返归绥后，国民党省党部的《绥远民国日报》复刊。绥远省政府继续出刊《绥远省政府公报》，新出刊了《奋斗日报》《绥蒙新闻日报》等。《包头日报》也于1946年复刊。包头市民众教育馆创办了《包头民众周报》。作为社会团体的蒙古青年励志社编印了《蒙古青年》。由于时局纷乱，办刊环境极差。

晚清民国时期，内地创办并有很大影响的《大公报》《申报》等，也在内蒙古地区发行。还有专门针对内蒙古地区发行的报刊，如北京的《蒙文白话报》《蒙文报》等，在内蒙古地区有一定的影响。1925年4月28日，由多松年、乌兰夫和奎璧在北京蒙藏学校创办的《蒙古农民》，是在中国共产党领导下创办的面向蒙古族民众的革命刊物。

《蒙古农民》

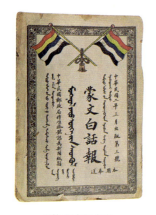

《蒙文白话报》

## 四、文学艺术在交融中发展

随着内地民众持续大规模移入，内蒙古地区各民族之间交往机会越来越多，极大地促进了各民族之间以及与内地之间在文学、艺术等领域的交流和交融。

### （一）文学领域的交流与交融

对于不同民族语言的文化产品来说，翻译是文化交流的常规渠道。

清朝中期到民国初期，大量的汉文小说，从满文本或汉文本，陆续翻译成蒙古文本，数量近百种。既有中长篇小说，也有短篇小说。小说题材有历史演义、言情世情、神魔灵怪、公案传奇、英雄传奇等等。直到 20 世纪初，这些书籍仍然以手抄本形式在内蒙古地区广泛流传。1924 年，卓索图盟喀喇沁右旗人特睦格图在北京创制蒙古文铅印方法后，蒙古文印刷品开始在较大范围内发行，极大地促进了中华文化以文学名著的形式在内蒙古地区的传播。

汉文文学作品被翻译成蒙古文作品并在内蒙古地区传播后，深刻地影响了内蒙古地区的文学创作，蒙古文学脱离对民间传说和历史故事的依附，开始了以现实生活为题材的文学专业创作。同时，极大地丰富了蒙古族民间说唱艺术的内容，中华文化通过说唱艺术在内蒙古地区各阶层广泛传播。

在文学史上，承受多民族文化滋养，取得巨大成就的作家中，为学界公认的当数尹湛纳希。尹湛纳希的青少年时期是在卓索图盟喀喇沁右旗王府度过的。他熟悉经史典籍，其写作的流传至今的文学名著《红云泪》《一层楼》《泣红亭》的素材都与喀喇沁王府有密切关系。《一层楼》《泣红亭》在思想内容、人物塑造及情节结构等方面，充分地借鉴了《红楼梦》的写作手法，同时又巧妙地融入民族的地域的历史、风俗习惯等文化元素。《青史演义》吸收《三国演义》的创作智慧，采用章回体形式，描述了从成吉思汗到窝阔台时期的历史。尹湛纳希的作品是内蒙古地区多民族文化深度交融的代表。

胡仁乌力格尔，即蒙古说书，是特有的一种民间说唱艺术形式。清朝中叶开始，民间艺人将传入内蒙古地区的汉文小说作为故事底本，结合汉族的说书艺术以及蒙古族的民间叙事传统，加工改造，配合四胡伴奏，用蒙古语说唱。胡仁乌力格尔说唱的内容多为中国古代文学名著，如《列国志》《西汉演义》《东汉演义》《隋唐演义》《薛刚反唐》《三国演义》《西游记》等等。胡仁乌力格尔对汉文文学原著内容的吸收不是简单的蹈袭，而是结合蒙古族民众文化习惯的再创作。既保持了蒙古族艺术传统，又承载了大量的汉族文化信息。

民国时期，主要是五四新文化运动后，内蒙古地区的文学与内地文学呈现出同步发展趋势。九一八事变后，中华民族面临着亡国灭种的危险，内蒙古已经成为国防的前线。受中国左翼作家联盟和中国左翼文化总同盟的影响，在内蒙古中西部的绥远地区，左翼文学异军突起，涌现了杨令德、章叶频（中共党员）、武达平（中共党员）、杨植霖（中共党员）等一批诗人、作家、散文家。他们组织了"火坑社""塞原社""燕然社"等进步的具有革命性的文化社团。受"左联"指导，1937 年 5 月，绥远的文化社团联合起来，成立了"绥远文艺界抗敌协会"。绥远的进步知识分子，以社团为联系纽带，以《火坑》《塞原》《燕然》等一系列刊物为舆论平台，与内地进步文学相呼应，不断推出诗歌、散文、杂文、小说、论文、译文等积极向上的富有感染力的作品，成为 20 世纪 30 年代内蒙古中西部地区文学领域的一道风景线。这表明在文学领域，内蒙古地区与内地交流同频共振，已经达到前所未有的高度。

### （二）民间艺术的交流与交融

清中后期开始，内地民众不断越过长城进入内蒙古西部，人们称为"走西口"。经过不断交往，民族之间很快建立起亲近共处关系。到清末，土默川以及伊克昭盟的沿黄河地带已成为以汉族、蒙古族为多数的各民族聚居区。各族人民在密切的交往交流过程中，生活习俗、文化兴趣甚至语言等方面，互相借鉴互相吸收。每逢年节、婚丧嫁娶，各民族的亲朋好友，围坐一起，酒过三巡，丝弦伴奏，欢歌助兴。既有蒙古族民歌，也有汉族民歌。兼通蒙古语和汉语的歌手，常常把一首民歌用两种语言交替演唱，被形象地称为"风搅雪"。经过长期演变，一些演唱者在演唱过程中情不自禁地加入表情和动作。一些艺人受到启发，加上一些简单的舞台服装和化妆，就形成了今天广泛流行于晋北、陕北和内蒙古西部的"二人台"艺术。

山西、陕西移民不断涌入土默川与河套地区，在文化领域结出的另一个硕果是漫瀚调。漫瀚调是蒙古族短调与晋、陕地区汉族音乐融合发展成的独特的音乐曲调。从民族文化偏向上看，在蒙古族短调和汉族民歌两极之间。有的漫瀚调偏向于蒙古族短调，有的漫瀚调偏向于汉族民歌，有的则是蒙古族短调与汉族民歌参半。从漫瀚调曲目数量上看，漫瀚调发展的早期偏向于蒙古族短调者居多，发展到中期出现了汉族民歌基础上形成的漫瀚调，发展到后期二者参半。同一首漫瀚调，用蒙古语演唱像蒙古族民歌，用蒙古化的汉语演唱像爬山调。结果就出现了著名的曲调《达庆老爷》和《天下黄河几十几道弯》。

### 五、国语使用范围扩大

"国语"是指清末开始官方推行的统一读音、字词和语法的汉语，民间习惯称"汉语""汉文"。

清朝建立后，为了巩固统治，曾经多次颁布禁令，严禁蒙古人学习汉语。1853 年，咸丰皇帝还谕旨内阁，"凡蒙古人务当学习蒙文，不可任令学习汉字"[1]。直至清末新政时期，清政府才废除限制蒙汉交流政策，允许蒙古地区人民学习汉语。

清政府的封禁政策并不能隔绝内蒙古地区与内地的联系。最初，内蒙古地区内地移民的生存策略是"依蒙旗，习蒙语，行蒙俗"。山西河曲县"凡出口外耕商者，莫不通蒙古人语"[2]。至于众所周知的旅蒙商，因生意需要，则必须学习掌握蒙古语。

随着内地移民的持续增加，尤其是汉族移民人数超过了蒙古族人数的地区，语言学习流向自然而然地发生了转变，由"习蒙语"，转向了"学汉语"。1902 年清政府颁行"癸卯学制"，把初

---

[1] 《清文宗实录》，中华书局 1985 年版，第 540 页。
[2] 金福增修：《河曲县志》卷五《风俗类·民俗》，1872 年版。

等小学堂语文课定名为"中国文字"科、高等小学堂语文课定名为"中国文学"科，并规定以"官话"作为授课语言。1911 年，清政府颁行《统一国语办法案》明确"国语"须以"京音"和"官话"为基准。清政府的举措，等于肯定了民间自发的"学汉语"行为，又从政策角度推动了国语的学习。

学校教育是广泛地学习和使用国语的重要领域。清末开始，内蒙古地区的学校课程设置中均设有"国语"课，并聘请国文教员。大部分蒙旗的学校，既有蒙古文教员也有国文教员，有少量的蒙旗学校只有国文教员。例如，伊克昭盟七旗各有 1 所小学，其中，有 1 所学校只有国文教员无蒙古文教员，其他 6 所小学蒙古文和国文教员各 1 人。所用教科书均是中华书局版新课程标准适用小学课本。即使地理位置最偏远的阿拉善旗，1932 年创办了 1 所学校，既教授蒙古文，也教授国文。

为了满足蒙古族学生学习蒙古文、满文和汉文的需要，民国北京政府蒙藏局编辑了《满蒙汉三文合璧教科书》，南京国民政府教育部编辑了《蒙汉合璧短期小学课本》《蒙汉合璧国语课本》，商务印书馆出版了《蒙汉合璧国文教科书》。这些蒙汉合璧的教科书，有利于更多的人学习国语。

《满蒙汉三文合璧教科书》书影

专门针对内蒙古地区创办的蒙古文与汉文对照形式的报纸和杂志，也扩大了国语的使用范围。最早的蒙古文汉文对照形式的期刊是民国北京政府蒙藏事务局于

1913 年创办的《蒙文白话报》。之后，民国北京政府蒙藏委员会创办的《蒙藏月报》和绥远蒙文周报社编辑的《蒙文周报》都是这种形式的杂志。《边疆通信报》《民众日报》则是蒙古文与汉文对照形式的报纸。此外，清末新政之后，种类和数量众多的汉文报纸、杂志和图书在内蒙古地区已经有了不小的市场。

随着儒家文化以典籍、文学作品等形式在内蒙古地区的长久传播，尤其是与农耕区域广泛的经济、文化、民俗的交流，蒙旗上层及知识分子深受儒家文化影响，早在新式教育开展之前，富有的王公贵族即延请内地的知识分子来到府中设馆教授子弟。因此，蒙旗的很多官员，兼通蒙古语和汉语，在蒙古名字之外还为自己取一个汉语名和字，已经是较普遍的现象。据 20 世纪 30 年代的调查，乌审旗和杭锦旗的扎萨克既有蒙古名字也有汉语名字，旗府的高级官员大部分如此。杭锦旗 7 名主要官员，有 5 人通国语。乌审旗和杭锦旗都是以游牧业为主业的蒙旗，其国语流行程度尚且如此之高。至于康熙朝以来迅速农耕化的归化城土默特旗，由于蒙古人生产方式已经转向农业生产，与内地迁入的农民杂居一处，不仅王公上层能够流利地使用汉语，就是普通民众也能够使用汉语交流。准噶尔旗"蒙人几于皆通汉语，年少者作蒙语，反不若汉语之纯熟矣"，"郡王旗（今伊金霍洛旗）于汉语能纯熟者十分之二，简单者十分之三"。[1] 卓索图盟和昭乌达盟（今赤峰市），到 20 世纪 40 年代末，"汉话、汉文大致普遍"[2]。

---

① 绥远通志馆编：《绥远通志稿》（第七册），内蒙古人民出版社 2007 年版，第 199 页。

② 邵郎：《土地在蒙古》（续），《大公报》（天津版）1947 年 3 月 23 日。

# 第四节　严重的社会问题与社会治理乏力

晚清民国时期的内蒙古地区，内忧外患，社会失序、灾荒频仍、土匪横行、鸦片烟毒泛滥，陷入严重的社会治理危机。从中央到地方，虽然不断出台治理方案，但是受制于腐败的政治制度，无法从根本上铲除滋生这些问题的土壤。

## 一、灾荒频仍救济乏力

历史上的内蒙古地区，自然灾害易发频发。晚清民国时期，内蒙古地区的自然灾害发生频率总体呈上升趋势。加之，政局动荡，天灾人祸交织，几乎无年不灾、无灾不荒。

### （一）灾荒频繁发生

旱灾、水灾是内蒙古地区发生数量最多、受灾范围最广、对经济社会影响最大的灾害。此外，雪灾、蝗灾、疫灾、风灾、地震等灾害也时常发生。内蒙古地区的灾害具有种类多、范围广、频次高、成灾面积大、危害严重等特点。

这一时期，内蒙古地区发生过较大的旱灾有 48 次，占有记录灾害总次数的近 20%。其中，特大旱灾有 3 次。第一次是史称"丁戊奇荒"的特大旱灾，从 1876 年持续到 1879 年，范围波及包括内蒙古地区在内的整个中国北方。这次旱灾致使大批流民涌入内蒙古中西部地区。第二次是 1891 年至 1900 年的特大旱灾，造成严重饥荒，人口大量流亡，仅归绥道人口就减少近 70%。[①] 第三次是 1926 年至 1929 年的特大旱灾，遍及内蒙古全境，其中绥远地区灾情最重，绥远省灾民有近 150 万人。察哈尔地区约有 58 万人受灾，热河 100 余万人受灾。整个内蒙古地区受灾人数达 300 余万人。[②]

水灾方面，较大的有 46 次，占有统计灾害总次数的 19%。1883 年赤峰县遭遇强降雨，山洪暴发，锡伯河、英金河水深 3 丈，人畜损失惨重。1917 年，赤峰、通辽地区暴雨成灾，西辽河、清河、细河等河水决堤，水深 1.5 米，房屋倒塌 1700 余间，1.2 万余公顷农田绝收，损失牲畜 3 万余头（只），万余人受灾。[③]1933 年至 1934 年，黄河泛滥，绥远地区遭受了严重的水灾。1933 年，萨拉齐县受灾严重，近 1.5 万顷农田被淹，受灾民众约 20 万人。[④]1934 年，绥远、察哈尔多地暴发水灾，平绥铁路多处被冲毁，造成经济损失达 30 万元之多。[⑤]

雪灾方面，1914 年冬天的大雪灾遍及内蒙古东部地区，导致一半以上家畜死亡。1935 年冬至 1936 年春，绥远及察哈尔蒙旗发生了特大雪灾，受灾区长达 4000 余里，宽达 1000 余里。[⑥] 多地降雪达 4 尺以上，草场被掩埋，仅四子王旗一地损失牲畜就

---

① 绥远通志馆编：《绥远通志稿》第九册，内蒙古人民出版社 2007 年版，第 15 页。

② 《绥远灾情》，《大公报》1929 年 1 月 18 日；《察哈尔灾情》，《大公报》1928 年 12 月 15 日。

③ 温克刚：《中国气象灾害大典·内蒙古卷》，气象出版社 2008 年版。

④ 《绥远重灾》，《大公报》1933 年 9 月 9 日。

⑤ 《绥远山洪冲断平绥铁路》，《大公报》1934 年 7 月 20 日。

⑥ 《蒙古雪灾》，《国际劳工通讯》1936 年第 20 期。

达 30 余万头（只）。①

## （二）救灾能力每况愈下

历届政府对灾荒问题虽然都采取了一些治理措施，但由于统治者对社会调控能力的下降，政令不畅，赈灾效果有限。

清政府曾经比较注重对内蒙古地区灾荒的赈济，形成了以报灾、勘灾、赈济养赡、借贷、蠲缓钱粮等为主要内容的灾害赈济体系。但在鸦片战争后，对内蒙古的赈济无论是规模还是力度都大不如前。加之，内蒙古地区地处边外，常平仓的设置较晚，在仓储方面的建设比较少。到 1892 年，归化城的常平仓仍没有存粮，萨拉齐存粮仅 1200 余石②，这样的仓储规模根本起不到应急的作用。

民国北京政府时期，曾尝试通过急赈、工赈、蠲缓等传统方式治理灾荒。但此时正处于军阀混战之际，各派军阀忙于巩固自身势力，为在混战中取得胜利，根本无心也无力组织救济工作。很长时期，内蒙古地区的赈灾机构都形同虚设。

1928 年，南京国民政府名义上统一全国。此时，包括内蒙古地区在内的整个华北、西北正蒙受严重的旱灾。南京国民政府成立了"国民政府赈灾委员会"，采取了调查、宣传、筹集发放救灾款物等措施。绥远、察哈尔等地方政府也采取过一些救灾措施。但此时国民党新军阀之间正忙于争权夺利的内战，实际的救灾投入和效果均不尽如人意。

---

① 《灾情惨重近古未有》，《绥远西北日报》1936 年 3 月 24 日。

② 内蒙古师范大学图书馆编：《归化城厅志》（上册），远方出版社 2011 年版，第 210 页。

抗日战争时期及抗战胜利后，国民政府颁行了一些防灾救灾条例和办法，组建了防灾防疫组织，但灾害发生后，政府往往不考虑实际情况，不但不设法救济，反而为了转移战争支出，加重人民赋役。

在政府灾荒救济失能的情况下，兴起于晚清的社会救济日渐发挥作用。以华洋义赈会、中国红十字会为代表的社会救济团体，积极参与内蒙古地区的救灾工作。但在大面积、长时间的灾荒面前，社会团体的救济力量十分微弱，受益者只是很少的一部分民众。

## 二、土匪横行，剿而不绝

匪患是这一时期严重的社会问题。由于社会动荡，内蒙古地区同样成为匪患重灾区。

### （一）土匪横行

清末，内蒙古地区开始大量出现土匪。这一时期，政府和蒙旗保持着较强的统治能力，土匪以零散活动为主。

民国初年开始，土匪蜂起，愈演愈烈，形成泛滥局面。西至后套，东至哲里木盟，各处皆有匪帮肆虐，其中热河、绥远、察哈尔等地最为严重。

据统计，民国前 20 年，绥远有名的匪首就有 265 人。[①] 热

---

① 绥远通志馆编：《绥远通志稿》第九册，内蒙古人民出版社 2007 年版，第 499—529 页。

河境内仅 1921 年 1 月统计，横行境内的大股匪就有 18 支，人数近 400 人。察哈尔地区的土匪也极其猖獗。①

大股的土匪被称为"绺子""胡子""杆子"，有至少几十人的队伍，骑马带枪，四处抢劫。小股土匪被称为"不浪队""棒子队"，聚则为匪，散则为民，不计其数。

除匪伙和散匪外，内蒙古地区的"兵匪"问题也比较突出。许多军阀部队扰害民众，所到之处，军纪荡然，滥杀无辜，形同土匪，名声极坏。有的军阀为扩充军队收编土匪，有的军队哗变后流为土匪。在"匪如梳，兵如篦"的状况下，一些军队难以确定是匪还是兵。这种匪变兵、兵变匪的恶性循环现象，在民国时期的内蒙古地区多次重演，危害甚烈。

日、俄侵入内蒙古地区后，曾对土匪大加利用。民国初年，内蒙古地区有名的匪首巴布扎布和色布精额等都曾得到列强的支持，在东北、内蒙古地区抢掠骚扰，罪行昭彰。1935 年，绥西匪首王英及其追随者先后投敌，打着"大汉义军"的旗号，充当侵华日军的马前卒。

七七事变后，绥远国民党军队西撤，内蒙古西部城镇和铁路沿线大部分处于日伪统治之下，乡村则成为土匪横行的地区，社会秩序更加混乱。当时在日伪占领区的大股匪伙，打着"绥远民众抗日自卫军"的旗号，吞并小股匪伙，控制地盘，以抗日名义行土匪之实。

抗战胜利后，社会秩序混乱，时局动荡，土匪再次活跃

---

① 《雪心室边事闲语·人物篇·尼玛鄂特索尔》，《蒙藏旬刊》1936 年第 127 期。

起来。

土匪被称为"三害"（土匪、烟土、天灾）之首。土匪所到之处，除抢掠财物外，还大肆烧杀奸淫，不仅杀害反抗者，毫无抵抗能力的老弱病幼也难以幸免。土匪横行严重破坏了社会秩序，阻碍了农业生产。同时，内蒙古地区的商业也受到严重影响，一些商业城镇屡遭抢掠，以致商路断绝。武川、清水河、丰镇、兴和、托克托、萨拉齐等商业城镇大都因为遭匪而衰落。

### （二）剿而不绝

为剿除匪患，清末设置了捕盗营（东部称巡警营），专事剿匪。民国北京政府时期，各派政治势力忙于争权夺利，对剿匪事宜不够用心。历次剿匪行动虽对匪势有所遏制，但都缺乏彻底清剿的能力和决心，无法根除积年匪患，只是采取"急则收抚，缓则不问"的政策。

官府时而围剿，时而拉拢，结果就是贼愈降愈多，匪愈剿愈盛。有限的剿匪行动也往往收效不大，陷入兵来则窜、兵去复聚，旧匪虽去、新匪又来的尴尬境地。

南京国民政府成立后，各地开始对土匪进行军事围剿。以绥远为例，经过持续的剿匪行动，到1930年，绥远省境内的土匪仅剩少数大股匪伙。1932年，绥远省的匪患暂时基本肃清。

九一八事变后，东北地区一部分土匪参加了义勇军，抗击日本侵略，更多的土匪被日军收编为伪军，助纣为虐。以打家劫舍、拦路抢劫为生的散匪，因不利于日本的殖民统治，遭到日、伪军警的围剿。

抗战胜利后，国民党为加速其接收内蒙古的进程，采取了大量收编土匪武装的策略。在内蒙古东部设立了"招抚办事处"，收编各股土匪，冠以各种番号，委任了众多的"司令""总指挥""队长"。在热河，一些土匪武装被国民党授以"地下军""别动军"等番号。一些被收编后又叛变为匪的各类武装攻城略地，阻断交通，窜犯于东北解放区和内蒙古解放区的中间地带，成为各族群众生产生活的严重祸患。

除官方组织的剿匪外，为抵御土匪侵扰，地方上还组建了保卫团、自卫队等半官方的地方武装，一些地方绅商也自发组织民间武装，但战斗力较弱，防匪作用极其有限。

### 三、烟毒泛滥，屡禁不止

鸦片自 19 世纪初大量输入中国以来，成为近代中国严重的社会问题之一。这一时期，内蒙古地区成为种植、贩卖、吸食鸦片的重灾区。鸦片种植和贩卖的利润极大，是政府的一大税收来源。中央政府虽不断出台禁烟政策，但往往流于形式，无疾而终，而伪满洲国、伪蒙疆政权根本不禁止鸦片。

#### （一）鸦片烟毒泛滥

早在咸丰初年，绥远部分地区已开始种植鸦片，之后在高额利润和巨大市场的驱使下，迅速向内蒙古其他地区蔓延。

到晚清民国时期，内蒙古地区毒卉遍地。这一时期的鸦片可以公开贩卖。除吸食和出售营利外，鸦片还变成了代用货币，商号往来、买房置地、娶媳聘女，甚至机关转账、税务收支、行贿送礼等都使用鸦片。吸食鸦片的人，从最初的贪官污吏、富商大贾，发展到社会各界，尤其是向下层社会蔓延。

日本侵华时期，在伪满洲国、伪蒙疆政权辖区内实行鸦片毒化政策，强迫民众种植鸦片，导致鸦片泛滥之势愈发严重。

鸦片泛滥带来极大的社会危害。鸦片种植占去大量农田，妨碍粮食生产。吸食鸦片严重危害吸食者的身心健康，还带来巨大的财富消耗，严重损害了社会风气。

### （二）屡禁不止

晚清政府虽多次颁布禁令，对鸦片施以重税，但不仅未能遏止，反而在征税名义下使鸦片种植贸易合法化。1909 年，清朝政府正式颁布禁烟办法，内蒙古地区的鸦片烟毒得到了一定程度的控制。

民国北京政府时期，割据各地的北洋军阀基本反对禁烟，多以鸦片为军费来源。他们袒护鸦片贩卖和运输，征收税银，鼓励甚至强迫民众种植鸦片，鸦片越发泛滥。

1927 年，南京国民政府高调宣布禁烟。1928 年，国民政府设立全国禁烟委员会，责令执行禁绝鸦片政策。1929 年，再修禁烟法。从政策层面看，禁烟声势浩大，而实际情况是社会制度没有变，经济环境没有变，军阀政治的本质没有变，禁烟的形式和效果并没有太大差别。

1931 年，傅作义主政绥远，虽然有励精图治禁烟之心，但军费没有着落，职员薪俸没有着落，金融秩序紊乱，"烟亩罚款"仍然是傅作义解决燃眉之急的灵丹妙药，甚至为了鸦片特税的征收权不惜派出军队与"蒙古地方自治政务委员会"兵戎相见。

日本占领时期，日本侵略者在沦陷区强迫种植鸦片，把鸦片作为收入来源和控制民众的手段。对鸦片吸食者毫不限制，只要登记名字，每月交纳灯捐，领取吸食证，即可随意吸食鸦片。

抗战胜利后，绥远省政府公告，重申禁烟，规定鸦片吸食者限期内到各乡镇公所登记戒烟，期满后考核，仍未戒掉烟瘾者按照再次吸食鸦片例判死刑或无期徒刑。相关禁烟法令看似十分严厉，实则不过是官样文章，国民党托克托县政府甚至公开解禁鸦片种植。

除灾荒、匪患、鸦片外，晚清民国时期内蒙古地区娼妓、赌博、秘密会社等社会问题也十分突出。各种社会问题盘根错节交织在一起，内蒙古各族人民群众生活在水深火热之中。

## 第五节　中国共产党领导内蒙古自治运动胜利和迎接新中国诞生

抗战胜利后，中国共产党把马克思主义民族理论同中国民族问题的具体实际相结合，创造性地提出运用民族区域自治政策解决内蒙古地区的民族问题。1945 年 11 月，成立了内蒙古自治运动联合会，把内蒙古地区争取民族解放的各种政治力量团结在自己周围，引领内蒙古自治运动沿着正确的方向发展。1947 年 5 月 1 日，内蒙古自治政府宣告成立，开启了内蒙古发展的新纪元。在中国共产党的领导下，内蒙古解放区进行了以土地制度为主的社会改革，废除了封建剥削，社会面貌焕然一新。内蒙古解放事业的发展，有力支援了全国的解放战争。在辽沈、淮海、平津三大战役取得胜利的形势下，绥远地区最终实现和平解放。不久，内蒙古全境获得解放，以崭新的面貌迎接了新中国的诞生。

## 一、中国共产党领导内蒙古自治运动的展开

抗战胜利后，中国共产党进一步明确运用民族区域自治政策解决内蒙古地区民族问题。1945 年 10 月 23 日，中共中央在对内蒙古工作的指示中指出，"对内蒙的基本方针，在目前是实行区域自治。……准备建立内蒙自治筹委会的组织，统一各盟旗自治运动的领导"[①]。随后，晋察冀中央局向中共中央提出成立内蒙古自治运动联合会报告，准备将来成立内蒙自治政府，中共中央予以同意。

1945 年 11 月 26 日，内蒙古自治运动联合会成立大会在张家口开幕，76 名代表出席大会。大会通过了《内蒙古自治运动联合会会章》，确立了该会的宗旨、组织原则、组织系统等。内蒙古自治运动联合会是中国共产党领导下，在内蒙古地区开展自治运动的半群众团体半政权性质的组织。它的成立是内蒙古地区在中国共产党领导下实现民族区域自治的重大举措，也是中国共产党统一领导内蒙古自治运动的开始。从此，内蒙古自治运动进入有统一领导、统一组织、统一目标的新阶段。

内蒙古自治运动联合会成立后，派出大批干部在各盟旗设立

---

① 《中共中央关于内蒙古工作方针给晋察冀中央局和晋绥分局的指示》（1945 年 10 月 23 日），载中共中央文献研究室、中央档案馆编：《建党以来重要文献选编》（一九二一——一九四九）第 22 册，中央文献出版社 2011 年版，第 760 页。

分会和支会，组织、宣传和发动群众开展自治运动。到 1946 年初，锡林郭勒盟、察哈尔盟、巴彦塔拉盟、乌兰察布盟及所属旗普遍建立了内蒙古自治运动联合会分会和支会。锡林郭勒盟、察哈尔盟还成立了盟政府。

内蒙古自治运动联合会成立大会会场

在中国共产党领导内蒙古自治运动开展的同时，从日本殖民统治下解放出来的内蒙古东部原伪满洲国兴安地区和中部原伪蒙疆政权辖区，各种政治势力纷纷活跃起来，出现了各种名号的自治运动。他们分别在苏尼特右旗建立了"内蒙古人民共和国临时政府"，在兴安盟王爷庙（今乌兰浩特市）成立了东蒙古人民自治政府，在海拉尔建立了呼伦贝尔自治省政府。各方提出的政治目标、纲领不尽相同，其中夹杂着要求内蒙古"高度自治""内蒙古独立"甚至"内外蒙合并"等错误主张。这些主张，本质上就是想分割内蒙古、分裂国家。

在决定前途命运的关键时刻，面对纷繁复杂的乱局，中共中央从内蒙古在全国革命大局中的战略地位考虑，运筹帷幄。晋察冀中央局、中共中央西北局、东北局、西满分局、冀热辽分局在内蒙古都以不同方式做了大量工作，把这三处自发的民族自治力量引入党领导的内蒙古自治运动的正确轨道。

1945 年 10 月上旬，晋察冀中央局派乌兰夫率领奎璧、陈炳宇、田户等赴苏尼特右旗解决"内蒙古人民共和国临时政府"问题。乌兰夫等人抵达后，向"临时政府"各方人士宣传了中国共产党的政治主张和民族政策，指出"内蒙古独立"的主张是不现实的，将对蒙古民族的解放事业造成不利影响。10月下旬，"临时政府"进行改选，乌兰夫当选为政府主席兼军事部长。因当地交通不便、补给困难，改组后的"临时政府"迁至张北县。随着内蒙古自治运动联合会的成立，原"临时政府"的大部分成员参加了内蒙古自治运动联合会的工作，该政府自行解散。

内蒙古自治运动联合会成立不久，内蒙古人民革命党东蒙党部代表包玉昆来到张家口，与内蒙古自治运动联合会取得了联系。经中共晋察冀中央局同意，乌兰夫派刘春等人组成代表团，赴王爷庙与东蒙古人民自治政府领导人接触，以促成内蒙古自治运动的统一。

根据中共中央指示精神，中共中央东北局、冀热辽分局为促成内蒙古自治运动联合会与东蒙古人民自治政府共同召开内蒙古自治运动统一会议，进行了各方面的准备工作。1946年3月30日至4月2日，内蒙古自治运动联合会与东蒙古人民自治政府各派出的7名代表在承德举行会议，共商自治运动统一问题。双方围绕内蒙古自治运动的方向、道路和领导权等问题进行了反复细致的协商。经过深入、耐心的工作，东蒙古人民自治政府代表接受了中国共产党解决内蒙古问题的方针，即在中国共产党的领导下，团结各民族人民，实行统一的民族区域自治。

4月3日，由双方全体代表参加的内蒙古自治运动统一会议正式举行，这就是著名的"四三"会议（也称承德会议）。会议通过了《内蒙古自治运动统一会议的主要决议》，明确了"内蒙古民族运动的方针是平等自治、不是独立自治，并且只有在中共领导帮助下才能得到解放。在目前的形势下以内蒙古自治运动联合会为内蒙古自治运动统一领导机关"①。

"四三"会议出席代表及列席代表

"四三"会议是党领导的内蒙古自治运动史上一次极其重要的会议，具有重大的历史意义。通过此次会议，确立了中国共产党对内蒙古自治运动的领导，明确了内蒙古自治运动的性质、方向、道路和领导权等核心问题，大大推进了内蒙古自治运动的发展，是内蒙古自治运动的历史转折点。

5月26日至28日，第二次东蒙古人民代表大会在王爷庙举行，会议宣布取消东蒙古人民自治政府，撤销所属各省建制，改设为盟；成立兴安省政府和省临时参议会，建立内蒙古自治运动联合会东蒙总分会；撤销东蒙古人民自治军番号，改称内蒙古人民自卫军，成立兴安军区。兴安省政府的正式成立，标志着中国共产党在内蒙古东部地区的领导地位进一步确立。从此，内蒙古东部地区的自治运动彻底汇入中国共产党领导的民族解放斗争的

①　《内蒙古自治运动统一会议的主要决议》（1946年4月3日），载内蒙古自治区档案馆编：《内蒙古自治运动联合会档案史料选编》，中国档案出版社1989年版，第51页。

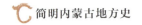

洪流中。

会后，中共西满分局根据东蒙形势，把中国共产党东蒙工作委员会改为中共兴安省工作委员会。1946年6月25日，中共兴安省工委北部分委在海拉尔建立，领导呼伦贝尔、纳文慕仁盟的工作。9月23日，中共中央决定成立中国共产党内蒙古委员会（简称内蒙古党委），乌兰夫任书记。内蒙古党委工作范围为察哈尔盟、锡林郭勒盟和绥远省的乌兰察布盟、巴彦塔拉盟。

这一时期，习仲勋同志作为中共中央西北局书记，主持召开会议研究伊克昭盟工作，作出阶段性总结和战略性部署。

## 二、内蒙古人民代表会议召开与内蒙古自治政府成立

1947年初春，从全国形势看，东北民主联军三下江南、四保临江战役即将结束，拉开了全国各解放区局部反攻的序幕。从内蒙古形势看，内蒙古自治运动经过一年发展已经发生显著变化。经过民主改革运动，各地建立起由群众民主选举产生的各级政府机构。广大农牧民政治地位得到提高，生活待遇得到改善，更加拥护中国共产党的领导。经过改编和自卫战争锻炼的内蒙古人民自卫军已经转变成一支革命军队。东北解放战争的局部反攻，使得内蒙古东部地区革命形势明显好转。内蒙古解放区各民族团结日益加强，要求成立内蒙古自治政府的呼声日益强烈，迫切希望实行内蒙古统一的民族区域自治。

1946年11月26日，中共中央向晋察冀中央局等发出指示，同意联合内蒙古东部、西部地区成立一个地方性的高度自治政府，要求"此事请即考虑提出具体意见，进行具体准备，以便于

最近期内实现"①。根据中共中央的指示，乌兰夫、刘春等与中共冀热辽分局和热河省委负责人程子华、胡锡奎等在林西召开会议，对内蒙古自治政府的性质、管辖区域、党的统一领导等一系列重大问题进行了商讨，并将讨论结果电告中共中央。同年底，中共中央指示内蒙古自治运动联合会领导机关东迁。1947年2月14日，乌兰夫和一批内蒙古自治运动联合会机关干部抵达王爷庙。乌兰夫向各族各界群众宣传了中共中央的指示精神，为召开内蒙古人民代表会议、成立内蒙古自治政府做准备。3月14日，乌兰夫向中共中央汇报，准备3月下旬召开内蒙古人民代表会议，组织内蒙古自治政府。中共中央指示："我们同意就在这次代表大会，产生内蒙统一的民族自治政府"②。

在中共中央的一系列顶层设计和正确领导下，经过内蒙古自治运动联合会的宣传发动、团结引导，党领导下的统一自治的方针政策得到各阶层人民群众的普遍拥护，建立内蒙古自治政府的时机已经成熟。4月23日，内蒙古人民代表会议在王爷庙隆重开幕。内蒙古地区各族、各界代表392人出席了大会。大会讨论并通过了乌兰夫作的政治报告和《内蒙古自治政府施政纲领》《内蒙古自治政府暂行组织大纲》。《内蒙古自治政府施政纲领》明确规定了内蒙古自治政府的性质、任务、方针、政策，就国家统

---

① 《中共中央关于考虑成立内蒙古自治政府给晋察冀中央局等的指示》（1946年11月26日），载中共中央文献研究室、中央档案馆编：《建党以来重要文献选编》（一九二一——一九四九）第23册，中央文献出版社2011年版，第572页。

② 《中共中央关于内蒙古自治问题的指示》（1947年3月23日），载中共中央文献研究室、中央档案馆编：《建党以来重要文献选编》（一九二一——一九四九）第24册，中央文献出版社2011年版，第119页。

一、民族关系、民主权利、军队建设、土地关系、经济建设、社会事业发展、妇女保护等方面作了规定。《内蒙古自治政府暂行组织大纲》对内蒙古临时参议会、内蒙古自治政府、地方制度等方面作了规定。这两个文件成为规范自治政府运行的指导性文件。

会议期间，内蒙古人民代表会议全体代表向毛泽东主席、朱德总司令发出致敬电："我们一定能遵从你们指示，团结民族内部，并与全国各民族联合起来，彻底粉碎蒋介石进攻，为建设和平民主的新中国与新内蒙而奋斗"①。同日，大会发布《内蒙古人民代表会议宣言》："接受了内蒙古全体人民的公意与要求，决定于今年五月一日成立内蒙古自治政府，这是我们内蒙古民族数百年来一件最大的喜事。"②

1947年5月1日，内蒙古第一届临时参议会召开选举会，博彦满都当选为内蒙古临时参议会议长，吉雅泰当选为副议长，乌兰夫当选为内蒙古自治政府主席，哈丰阿当选为副主席，特木尔巴根、奎璧、阿思根等19人当选为政府委员。内蒙古自治政府正式宣告成立。

次日，内蒙古人民代表会议闭幕式暨内蒙古自治政府成立典礼举行。乌兰夫等率全体政府委员及参议员宣誓就职。5月3日，内蒙古自治政府召开了首届政府委员会议，任命了各部、厅负责

---

① 《内蒙古人民代表大会致毛主席、朱总司令电》（1947年4月27日），载内蒙古自治区档案馆编：《内蒙古自治运动联合会档案史料选编》，中国档案出版社1989年版，第237页。

② 《内蒙古人民代表会议宣言》，载内蒙古自治区档案馆编：《内蒙古自治运动联合会档案史料选编》，中国档案出版社1989年版，第238页。

人。会议还决定内蒙古自治政府暂时以兴安盟王爷庙为驻地，5月1日为内蒙古自治政府成立日。5月19日，毛泽东主席、朱德总司令来电祝贺内蒙古自治政府成立。中共中央东北局、陕甘宁边区政府和晋察冀、晋冀鲁豫等解放区的党组织和人民政府也纷纷来电祝贺。

内蒙古自治政府部分政府委员

　　内蒙古自治政府的成立，有力地维护了国家统一和领土完整，书写了各民族平等团结互助和谐关系的新篇章，开启了内蒙古地区各族人民美好生活的新纪元，也标志着中国共产党领导的第一个省级少数民族自治区的诞生，成为解决国内民族问题的成功范例。这一事实有力地证明，只有在中国共产党领导下，才能找到解决中国民族问题的正确道路，没有中国共产党，就没有民族区域自治制度，就没有内蒙古各族人民的幸福生活。

　　1947年5月31日，内蒙古共产党工作委员会正式组成，乌兰夫任书记。7月9日，内蒙古自治政府在王爷庙举行群众大会，乌兰夫在会上公开宣布内蒙古共产党工作委员会正式成立。内蒙古共产党工作委员会的成立，在政治上、思想上、组织上进一步加强了中国共产党对内蒙古地区工作的领导，为内蒙古革命和建设走向新的胜利提供了有力的政治和组织保证。

## 三、内蒙古解放区的社会改革与各项事业的发展

清末以来，内蒙古地区土地开垦面积逐渐扩大，农业在社会经济中占有越来越重要的地位。内蒙古自治政府成立初期所辖的纳文慕仁盟东南部、兴安盟东部、察哈尔盟南部以农业为主，哲里木盟、卓索图盟、昭乌达盟的大部分地区也是农业区。长期以来，这些地区中占农村人口 90% 左右的广大农民，只占有全部土地的 20%—30%。封建地主土地占有制使得广大农民长期遭受着严重的封建剥削和压迫。

1946 年 5 月 4 日，中共中央发布《关于土地问题的指示》，决定将抗日战争时期实行的减租减息政策变为"耕者有其田"的政策。此后，内蒙古地区的解放区普遍开展了清算反霸、调剂土地的斗争。1947 年 10 月 10 日，中共中央颁布《中国土地法大纲》，明确规定"消灭封建性及半封建性剥削的土地制度，实行耕者有其田的制度"①。当日，内蒙古自治政府根据《中国土地法大纲》的精神与内容，发布了《内蒙古土地制度改革法令(草案)》和《内蒙古土地制度改革法令》。《内蒙古土地制度改革法令》规定了"废除内蒙古封建性及半封建性的土地制度""废除一切乡村中在土地改革以前的债务。但贫农、雇农、中农之间的债务应由农民自己解决，不在废除之列""内蒙古农业区实行耕者有其田。原来一切封建地主所占有的土地……按乡村全部人口，不分男女老少

① 《中共中央关于公布中国土地法大纲的决议》（1947 年 10 月 10 日），载中共中央文献研究室、中央档案馆编：《建党以来重要文献选编》（一九二一——一九四九）第 24 册，中央文献出版社 2011 年版，第 416 页。

统一平均分配"① 等内容。

1947 年 11 月 5 日至 16 日，内蒙古共产党工作委员会在兴安盟王爷庙举行兴安盟群众工作会议，决定在内蒙古解放区广大农村发起土地改革运动。11 月底，土地改革运动在呼伦贝尔、纳文慕仁、兴安、哲里木、卓索图、昭乌达等盟的广大农村开展起来。内蒙古自治政府和各相邻解放区抽调大批干部组成工作团和工作队，深入到盟、旗的乡村中，发动群众掀起了轰轰烈烈的土改斗争。通过土地改革运动，内蒙古地区解放区的农村封建地主阶级土地所有制被废除，广大无地、少地的各族农民群众分得了土地、房屋等生产生活资料。农村生产力获得解放，农业经济水平有了很大提高。

土地改革初期，由于对农村情况研究得不够、把握得不准，自治区各地不同程度出现了"左"的倾向，错划了部分农民的成分，扩大了打击面。党中央敏锐察觉到工作中的偏差，及时对土改政策和策略进行完善，并在内蒙古地区解放区的农村普遍进行了一次土地改革复查纠偏工作，使土地改革逐渐回到了正轨。

牧业是内蒙古地区的传统产业。在内蒙古地区的解放区，呼伦贝尔盟和锡林郭勒盟的绝大部分、察哈尔盟北部、兴安盟和纳文慕仁盟以及昭乌达盟的北部、哲里木盟和卓索图盟的一小部分都属于牧业区或牧业占优势区。一直以来，作为牧业生产者的广大牧民没有牧场支配权，拥有的牲畜也很少，而王公贵族和牧主依靠封建特权控制着大片肥沃的牧场并拥有大量牲畜。

---

① 《内蒙古土地改革法令》（1947 年 10 月 10 日），载中共内蒙古自治区委员会党史研究室编：《内蒙古的土地制度改革》，中共党史出版社 2008 年版，第 171—172 页。

与农业区的土地改革相比，牧业区的民主改革面临着更为复杂的情况。在牧区开展民主改革之初，由于忽视了畜牧业经济的特点，内蒙古一些地方按照农区土改方法简单地划分阶级、斗争牧主、平分牲畜，使畜牧业生产受到严重破坏。发现这个问题后，中共中央东北局高度重视，要求必须团结蒙古族的大多数，采取"慎重缓进"的方针。在中共中央东北局的有力指导下，内蒙古共产党工作委员会和内蒙古自治政府决定在牧业区进行民主改革并制定了改革的基本政策：承认内蒙古的牧场公有，废除封建的牧场所有制；废除封建阶级的一切特权，废除奴隶制度；保护牧民群众、保护牧场、放牧自由，在牧民和牧主两利的前提下，有步骤地改善牧民的经济生活，发展畜牧业。

1948 年 7 月，内蒙古干部会议围绕牧业区的民主改革问题进行了探讨。乌兰夫指出，今后牧业区民主改革的方针政策是："废除封建特权，适当提高牧工工资，改善放牧制度。在牧民与牧主两利的前提下，有步骤地发展畜牧业，改善牧民生活""罪大恶极的蒙奸恶霸，经盟以上政府批准，可以没收其牲畜、财产由政府处理，一般大牧主一律不斗不分。""实行民主改革，有步骤地建立民主政权，发展游牧区经济"。① 这是对"三不两利"政策第一次比较系统全面的表述。

在不断深入的牧业区民主改革实践中，"三不两利"政策也不断发展完善，逐步形成了以"牧场公有、放牧自由""不斗不分、不划阶级""牧工牧主两利"为主要内容的基本政策。在"三

---

① 乌兰夫：《蒙古民族的发展特点与解放道路》(1948 年 7 月 30 日)，载《乌兰夫文选》（上册），中央文献出版社 2013 年版，第 74 页。

不两利"政策指引下，各盟、旗对旧的牧业生产关系进行了改革，减轻了牧主对牧民的剥削，受到牧业区各阶层广泛拥护。

内蒙古解放区，存在着面积广阔的半农半牧区。与农业区和牧业区相比，这里的生产方式、阶级关系和民族关系又有所不同。因此，半农半牧区的社会改革不能套用农业区或牧业区的做法，而是要因地制宜，采取切合实际的方针政策。1947年11月，内蒙古共产党工作委员会和内蒙古自治政府决定在半农半牧区进行不同于牧业区的民主改革，实施"发展农业，发展畜牧业，适当地提高贫苦农民与牧民的生活"的方针。1948年7月，乌兰夫在内蒙古干部会议上提出："农业占优势的地方，大中地主的固定的大垄地和耕畜分给贫困农民，小地主与富农不动"，"牧业占优势的地方，大牧主的役畜可分给贫苦农牧民，但牧群不分"。[①] 内蒙古共产党工作委员会和内蒙古自治政府根据自然条件和广大人民群众的意愿，确定了半农半牧区范围，划分了农田、牧场界限，并从1949年开始实行轻税政策，提倡"蒙汉互助，发展生产"，使农牧业生产相互补充支援。

内蒙古解放区经过社会改革，社会生产力得到解放，农牧业开始走出衰退并逐步恢复和发展。1949年，农业总产值比1946年增加了36.6%，各类牲畜总数比1947年增长了13.6%。

内蒙古自治政府成立后，采取保护、恢复和发展私营工商业的政策，大力发展国营和合作社工商业。工业方面，在较大城镇初步建立起一些国营工厂，还大力发展畜产品加工业和森林工

---

① 乌兰夫：《蒙古民族的发展特点与解放道路》(1948年7月30日)，载《乌兰夫文选》(上册)，中央文献出版社2013年版，第75页。

业，在私营工商企业中实行"劳资两利"政策，逐步改善职工生活。同时内蒙古自治政府领导发展了合作社商业，大力开展城乡之间物资交流，恢复旧商路、开辟新商路以活跃经济。经过努力，内蒙古解放区工商业经济得到恢复并实现了新的发展。

内蒙古自治政府成立后，在中国共产党的领导下，提出了"学校教育向工、农、牧劳动人民开门"和"学校教育为少数民族开门"的办学方针，大力创办各类学校，同时扶持和改造已有的学校，教育事业得到快速发展。1949 年，全区有小学 4702 所，中学 38 所，中小学生人数达 35.4 万人，较 1946 年均有大幅度增长。

匪患是民国时期内蒙古地区严重的社会问题。"四三"会议后，内蒙古自治运动联合会各盟旗分会普遍开展了剿匪工作，给土匪以有力打击。1947 年 6 月至 7 月，内蒙古人民自卫军骑兵第十六师和察北骑兵师彻底消灭了额仁钦道尔吉这股危害极大的土匪。1948 年 12 月，锡察军区临时剿匪指挥部在贝子庙成立，开展了大规模剿匪斗争。到 1949 年夏，苏和巴特尔匪部、根敦丕勒匪部、胡图凌嘎匪部等先后被歼灭或打垮。剿匪斗争的胜利，使广大人民群众更加拥护共产党，为巩固解放区奠定了坚实的基础。

## 四、内蒙古全境解放，迎接新中国成立

1947 年下半年，人民解放战争由战略防御转为战略进攻。为了配合全国大反攻、彻底打倒国民党反动派，内蒙古地区各族人民踊跃参军参战、拥军支前，支援全国解放战争。人民群众节衣缩食，把大量的粮食和牛羊送往前线。为支援东北地区的解放战

争，"哲里木盟缴送了 3.2 万斤牛羊肉、8.4 万多斤羊草"，"昭乌达盟就动员了 4 个骑兵师、1 个骑兵旅的兵力，并组织了 28 万民工支前"。①内蒙古解放区各族青年纷纷参加人民军队，掀起了参军的热潮。在以人力、物力支援前线的同时，1947 年夏至 1949 年初，内蒙古人民自卫军和由其改编而成的内蒙古人民解放军的骑兵部队，参加了东北战场和华北战场的攻势作战和战略决战，与兄弟部队协同作战，为解放战争的胜利作出了重要贡献。

1948 年，经过察绥战役，绥蒙解放区进一步扩大，对绥远省西部地区的国民党统治区形成了半包围态势。1949 年 1 月 31 日，北平正式宣告和平解放。在北平和谈期间，中共中央就提出了和平解决绥远问题的主张。3 月 5 日，毛泽东在中共七届二中全会上正式提出和阐释了和平解决绥远问题的"绥远方式"，即"有意地保存一部分国民党军队，让它原封不动，或者大体上不动，就是说向这一部分军队作暂时的让步，以利于争取这部分军队在政治上站在我们方面，或者保持中立，以便我们集中力量首先解决国民党残余力量中的主要部分，在一个相当的时间之后（例如在几个月，半年，或者一年之后），再去按照人民解放军制度将这部分军队改编为人民解放军"②。

1949 年 4 月 20 日，国民党当局拒绝在《国内和平协定》上签字。21 日，毛泽东主席、朱德总司令发布向全国进军的命令。23 日，人民解放军解放南京，统治中国 22 年的南京国民政府覆

① 乌兰夫：《内蒙古各族人民在东北解放战争的作用与贡献》，载乌兰夫革命史料编研室编：《乌兰夫回忆录》，中央文献出版社 2013 年版，第 175—176 页。

② 毛泽东：《在中国共产党第七届中央委员会第二次全体会议上的报告》（1949 年 3 月 5 日），《毛泽东选集》第四卷，人民出版社 1991 年版，第 1425 页。

灭。接着，人民解放军继续追歼国民党残余军队。24 日，太原解放。5 月 1 日，大同和平解放。随着解放战争的胜利发展，绥远和平解放已是大势所趋。

1949 年 3 月初，关于绥远问题的谈判已在北平展开。6 月 8 日，《绥远问题协商委员会关于绥远划界、交通、金融、贸易、派遣驻归绥联络机构等具体问题的协议》（简称《绥远协议》），在北平正式签字。《绥远协议》明确，双方同意以归绥以东的陶卜齐与白塔间的古立板乌素为中点，向南北划定界线，停止一切冲突，和平相处。《绥远协议》签订后，绥远和平解放在望。1949 年 9 月 19 日，董其武率国民党绥远军政干部和地方各族各界代表 39 人，代表绥远省国民党军全体官兵和各级行政人员宣布起义。这就是绥远"九一九"起义。

随着绥远和平解放进程的发展，伊克昭盟支队等人民武装向国民党统治下的伊盟地区发动进攻，各旗的扎萨克和地方武装，或宣布和平起义，或接洽和平起义事宜。随着绥远"九一九"起义，绥远省下辖的伊克昭盟全境实现解放。西北地区的解放战争也节节胜利。1949 年 8 月 26 日，兰州解放。9 月初，中国人民解放军第十九兵团挺进宁夏。9 月 23 日，阿拉善旗和平解放。9 月 27 日，额济纳旗宣布与国民党政府脱离关系，接受中国共产党的领导。至此，内蒙古地区全部解放。

在中国共产党的领导下，内蒙古地区各族人民经过前仆后继的英勇斗争，终于彻底推翻了国民党反动派的黑暗统治，迎来了新中国的诞生。1949 年 10 月 1 日，中华人民共和国成立，开启了中华民族伟大复兴的历史新纪元，内蒙古各族人民从此迎来了光明幸福的新生活。

# 参 考 文 献

## 一、基本史料

何建章注释:《战国策注释》,中华书局 1990 年版。

司马迁撰:《史记》,中华书局 1959 年版。

班固撰:《汉书》,中华书局 1962 年版。

陈寿撰:《三国志》,中华书局 1982 年版。

范晔撰:《后汉书》,中华书局 1965 年版。

桓宽撰,王利器校注:《盐铁论校注》,中华书局 1992 年版。

林幹编:《匈奴史料汇编》,中华书局 1988 年版。

房玄龄等撰:《晋书》,中华书局 1974 年版。

陈桥驿校证:《水经注校证》,中华书局 2007 年版。

魏收撰:《魏书》,中华书局 1974 年版。

李延寿撰:《北史》,中华书局 1974 年版。

李百药撰:《北齐书》,中华书局 1972 年版。

令狐德棻等撰:《周书》,中华书局 1971 年版。

沈约撰:《宋书》,中华书局 1974 年版。

萧子显撰:《南齐书》,中华书局 1972 年版。

姚思廉撰:《梁书》,中华书局 1973 年版。

魏徵、令狐德棻等撰:《隋书》,中华书局 1973 年版。

刘昫等撰：《旧唐书》，中华书局 1975 年版。

欧阳修等撰：《新唐书》，中华书局 1975 年版。

宋敏求编：《唐大诏令集》，中华书局 2008 年版。

王溥撰：《唐会要》，上海古籍出版社 2006 年版。

杜佑撰：《通典》，中华书局 1988 年版。

段成式撰，方南生点校：《酉阳杂俎》，中华书局 1981 年版。

王钦若等编修：《册府元龟》，凤凰出版社 2006 年版。

薛居正等撰：《旧五代史》，中华书局 1976 年版。

欧阳修撰：《新五代史》，中华书局 1974 年版。

司马光编著：《资治通鉴》，中华书局 1956 年版。

乐史撰，王文楚等点校：《太平寰宇记》，中华书局 2007 年版。

李吉甫撰：《元和郡县图志》，中华书局 1983 年版。

叶隆礼撰，贾敬颜、林荣贵校：《契丹国志》，上海古籍出版社 2014
年版。

宇文懋昭撰，崔文印校证：《大金国志校证》，中华书局 1986 年版。

李心传撰：《建炎以来系年要录》，中华书局 1956 年版。

李心传撰：《建炎以来朝野杂记》，中华书局 2000 年版。

脱脱等撰：《宋史》，中华书局 1977 年版。

脱脱等撰：《辽史》，中华书局 1974 年版。

吴广成撰，龚世俊等校证：《西夏书事》，甘肃文化出版社 1995 年版。

张鉴撰：《西夏纪事本末》，甘肃文化出版社 1998 年版。

周春撰：《西夏书校补》，中华书局 2014 年版。

脱脱等撰：《金史》，中华书局 1975 年版。

宋濂等撰：《元史》，中华书局 1976 年版。

乌兰校勘：《元朝秘史》，中华书局 2012 年版。

李逸友编著：《黑城出土汉文文书》，科学出版社 1991 年版。

彭大雅：《黑鞑事略》，丛书集成初编本。

孟珙撰，王国维笺证：《蒙鞑备录》，《王国维全集》第 11 册，浙江教育出版社 2009 年版。

苏天爵辑撰：《元文类》，商务印书馆 1958 年版。

陈高华等点校：《元典章》，中华书局、天津古籍出版社 2011 年版。

顾祖禹撰：《读史方舆纪要》，中华书局 2005 年版。

马可·波罗撰，冯承钧译：《马可波罗行纪》，上海书店出版社 2001年版。

张廷玉等撰：《明史》，中华书局 1974 年版。

《明实录》，台湾"中央"研究院历史语言研究所影印校勘本，1962 年。

薄音湖、王雄、于默颖编辑点校：《明代蒙古汉籍史料汇编》（第 1—7、第 12 辑），内蒙古大学出版社 2006—2015 年版。

珠荣嘎译注：《阿勒坦汗传》，内蒙古人民出版社 1990 年版。

萨囊彻臣撰，沈曾植、张尔田笺证：《蒙古源流笺证》，中华书局 1962年版。

程子龙等编：《明经世文编》，中华书局 1962 年版。

《清实录》，中华书局 1985—1987 年版。

《大清会典》，光绪二十五年刊本。

会典馆编，赵云田点校：《钦定大清会典事例·理藩院》，中国藏学出版社 2006 年版。

赵尔巽等撰：《清史稿》，中华书局 1977 年版。

温达：《亲征平定朔漠方略》，清文渊阁四库全书本。

昆冈等修：《钦定大清会典事例》，光绪二十五年刻本。

纪昀等纂修：《钦定八旗通志》，吉林文史出版社 2002 年版。

穆彰阿等纂修：《大清一统志》，中华书局 1986 年版。

祁韵士撰：《皇朝藩部要略》，道光二十五年筠渌山房刻本。

《蒙古律例》，全国图书馆文献缩微复制中心，1988 年。

杨选第、金峰校注：《理藩院则例》，内蒙古文化出版社 1998 年版。

包文汉整理：《蒙古回部王公表传》（第 1—2 辑），内蒙古大学出版社 1998、2008 年版。

内蒙古政协文史资料委员会编:《内蒙古文史资料》(第1—40辑)。

教育部编:《中华民国二十年度全国社会教育统计》,南京大陆印书馆1934年版。

绥远通志馆编:《绥远通志稿》,内蒙古人民出版社2007年版。

内蒙古师范大学图书馆编:《归化城厅志》,远方出版社2011年版。

中共中央文献研究室、中央档案馆编:《建党以来重要文献选编》(一九二一——一九四九),中央文献出版社2011年版。

《乌兰夫文选》,中央文献出版社2013年版。

乌兰夫革命史料编研室编:《乌兰夫回忆录》,中央文献出版社2013年版。

## 二、著作

白翠琴:《魏晋南北朝民族史》,社会科学文献出版社2007年版。

本书编写组:《蒙古民族通史》(五卷本),内蒙古大学出版社2002年版。

本书编写组:《蒙古族简史》,民族出版社2009年版。

本书编写组:《蒙古族通史》(三卷本),民族出版社1997年版。

本书编写组:《中国北方民族关系史》,中国社会科学出版社1987年版。

本书编写组:《中国古代北方各族简史》,内蒙古人民出版社1977年版。

卜宪群主编:《中国通史》,华夏出版社2016年版。

曹永年:《明代蒙古史丛考》,上海古籍出版社2012年版。

曹永年:《中国古代北方民族史丛考》,上海古籍出版社2012年版。

曹永年主编:《内蒙古历史沿革地图集》,中国地图出版社2018年版。

曹永年主编:《内蒙古通史》,内蒙古大学出版社2007年版。

常建华编著:《清史十二讲》,中国国际广播出版社2009年版。

陈得芝:《蒙元史与中华多元文化论集》,上海古籍出版社2013年版。

陈琳国:《中古北方民族史探》,商务印书馆2010年版。

成崇德主编:《18世纪的中国与世界》(边疆民族卷),辽海出版社1999

年版。

崔明德：《中国古代和亲史》，人民出版社 2005 年版。

达力扎布主编：《蒙古史纲要》，中央民族大学出版社 2006 年版。

戴逸主编：《简明清史》，人民出版社 1984 年版。

杜家骥：《清朝简史》，福建人民出版社 1997 年版。

杜家骥：《清朝满蒙联姻研究》，人民出版社 2003 年版。

段连勤：《丁零、高车与铁勒》，广西师范大学出版社 2006 年版。

费孝通主编：《中华民族多元一体格局》，中央民族大学出版社 2003 年版。

耿世民：《古代突厥文碑铭研究》，中央民族大学出版社 2005 年版。

国家文物局主编：《中国文物地图集·内蒙古自治区分册》，西安地图出版社 2003 年版。

韩儒林主编：《元朝史》，人民出版社 2008 年版。

郝维民、齐木德道尔吉主编：《内蒙古通史纲要》，人民出版社 2006 年版。

郝维民主编：《内蒙古通史》，人民出版社 2012 年版。

何天明：《中国北方草原古文化祭》，内蒙古大学出版社 2012 年版。

贾敬颜疏证：《五代宋金元人边疆行记十三种疏证稿》，中华书局 2004 年版。

李大龙：《从天下到中国——多民族国家疆域理论解构》，人民出版社 2015 年版。

李锡厚、白滨：《辽金西夏史》，上海人民出版社 2016 年版。

李治安：《元代行省制度》，中华书局 2011 年版。

李治亭主编：《清史》，上海人民出版社 2002 年版。

林幹、王雄、白拉都格其：《内蒙古民族团结史》，远方出版社 1995 年版。

林幹：《中国古代北方民族通论》，内蒙古人民出版社 2007 年版。

林幹：《东胡史》，内蒙古人民出版社 2007 年版。

林幹:《突厥与回纥史》,内蒙古人民出版社 2007 年版。

林幹:《匈奴史》,内蒙古人民出版社 2007 年版。

林蔚然、郑广智主编:《内蒙古自治区经济发展史 (1947—1988)》,内蒙古人民出版社 1990 年版。

刘国祥:《红山文化研究》,科学出版社 2015 年版。

刘浦江:《松漠之间——辽金契丹女真史研究》,中华书局 2008 年版。

马大正:《中国边疆经略史》,中州古籍出版社 2002 年版。

马长寿:《北狄与匈奴》,广西师范大学出版社 2006 年版。

马长寿:《突厥人和突厥汗国》,上海人民出版社 1961 年版。

马长寿:《乌桓与鲜卑》,广西师范大学出版社 2006 年版。

彭丰文:《两晋时期国家认同研究》,民族出版社 2009 年版。

清格尔泰、刘凤翥、陈乃雄等:《契丹小字研究》,中国社会科学出版社 1985 年版。

史金波:《西夏社会》,上海人民出版社 2007 年版。

苏秉琦:《中国文明起源新探》,生活·读书·新知三联书店 1999 年版。

塔拉主编:《草原考古学文化研究》,内蒙古教育出版社 2007 年版。

谭其骧主编:《中国历史地图集》,中国地图出版社 1982 年版。

唐长孺:《魏晋南北朝史论丛》,武汉大学出版社 2013 年版。

田余庆:《拓跋史探》,生活·读书·新知三联书店 2011 年版。

王雄:《古代蒙古及北方民族史史料概述》,内蒙古大学出版社 2008 年版。

王钟翰主编:《中国民族史》,武汉大学出版社 2012 年版。

王仲荦:《北周地理志》,中华书局 1980 年版。

翁独健主编:《中国民族关系史纲要》,中国社会科学出版社 2001 年版。

乌云格日勒:《十八至二十世纪初内蒙古城镇研究》,内蒙古人民出版社 2005 年版。

吴天墀:《西夏史稿》,广西师范大学出版社 2006 年版。

吴玉贵:《突厥汗国与隋唐关系史研究》,中国社会科学出版社 1998

年版。

向南编:《辽代石刻文编》,河北教育出版社 1995 年版。

晓克主编:《草原文化史论》,内蒙古教育出版社 2007 年版。

晓克主编:《土默特史》,内蒙古教育出版社 2008 年版。

杨策、彭武麟主编:《中国近代民族关系史》,中央民族大学出版社 1999
年版。

杨富学、陈爱峰:《西夏与周边民族关系》,甘肃民族出版社 2012 年版。

杨浣:《辽夏关系史》,人民出版社 2010 年版。

袁行霈主编:《中华文明史》(全四卷),北京大学出版社 2006 年版。

张碧波、董国尧:《中国古代北方民族文化史》,黑龙江人民出版社 2001
年版。

张帆:《中国古代简史》,北京大学出版社 2007 年版。

张久和、刘国祥主编:《中国古代北方民族史》(10 卷本),科学出版社
2021 年版。

张久和:《原蒙古人的历史:室韦—达怛研究》,高等教育出版社 1998
年版。

赵云田主编:《北疆通史》,中州古籍出版社 2003 年版。

中共内蒙古自治区委员会党史和文献研究室编:《中国共产党内蒙古历
史》(第一卷),中共党史出版社 2021 年版。

周清澍主编:《内蒙古历史地理》,内蒙古大学出版社 1994 年版。

周伟洲:《敕勒与柔然》,广西师范大学出版社 2006 年版。

周一良:《魏晋南北朝史论集》,北京大学出版社 2010 年版。

周振鹤主编:《中国行政区划通史》丛书,复旦大学出版社 2016 年版。

# 后　记

习近平总书记指出，必须坚持正确的中华民族历史观，不断增强对中华民族的认同感、归属感、自豪感。深入挖掘和有效运用内蒙古各民族交往交流交融的历史事实、考古实物、文化遗存，形成完整的史料体系、话语体系、理论体系，从根本上证明各民族你中有我、我中有你、谁也离不开谁，有助于为铸牢中华民族共同体意识提供深厚历史滋养，引导各族人民牢固树立休戚与共、荣辱与共、生死与共、命运与共的共同体理念。

为深入贯彻落实习近平总书记关于加强和改进民族工作的重要思想，自治区党委宣传部组织编写了《简明内蒙古地方史》。内蒙古自治区社会科学院、内蒙古大学、内蒙古师范大学等单位的专家学者担任编委会和编写组成员。李春林、张兆刚同志负责全书的统筹协调工作。

中国历史研究院、北京大学、中国人民大学、北京师范大学、中央民族大学、首都师范大学等院校的国内知名专家学者，组成专家委员会。卜宪群、陈琳国、彭丰文、李鸿宾、刘后滨、李大龙、史金波、包伟民、李华瑞、张帆、张永江、乌云高娃、彭勇、万明、赵现海、成崇德、赵令志、李孝聪、郑师渠、金以林等，或审定提纲，或审读书稿，提出了珍贵的意见建议。曹永年、薄音湖、张久和、孙杰、牛敬忠等，多次参加编写组研讨，倾力指导编写工作。成崇德、李春林、杜轶鑫、陈永志、李玉伟对本书进行了统稿。

参加本书编写工作的有（按章节顺序）：王绍东、李春梅、孙永刚，胡玉春、李荣辉、袁刚，翟禹、王丽娟、冯科、邓进荣、李艳洁、于默颖、宁侠、刘文波、杨建林、张旭，于永、陶继波、王学勤、刘春子、宣百松、王功。

张兆刚同志主持本书的编写工作。王虎、布和、杜婧同志参与了起草、修改和统稿等工作，翟禹牵头负责编委会和编写组各项具体协调工作。全荣牵头负责编写所需文献资料的收集整理等工作，蔺小英、吉雅参与了书稿前期的编辑排版工作。陈永志、杨国华负责书稿插图工作。区内外相关领域的专家学者，为本书稿提出了许多有价值的意见，特此致谢！

内蒙古博物院提供了书稿中有关文物、遗存等的插图，内蒙古测绘地理信息中心提供了不同历史时期的内蒙古地区区划图，内蒙古出版集团、内蒙古人民出版社等单位，对本书的编写工作给予了大力支持。

人民出版社社长蒋茂凝、副总编陈鹏鸣全力推动本书的编辑出版工作。在此表示感谢。

由于编写者水平有限，本书不足之处，恳请批评指正。

本书编写组
2022 年 11 月